THEORY AND PRACTICE OF
INTELLIGENT PLANT CONSTRUCTION IN
DEFENSE INDUSTRY

军工智能工厂
建设的理论与实践

周 华 编著

北京理工大学出版社
BEIJING INSTITUTE OF TECHNOLOGY PRESS

版权专有 侵权必究

图书在版编目（CIP）数据

军工智能工厂建设的理论与实践/周华编著．—北京：北京理工大学出版社，2020.4

ISBN 978-7-5682-8228-4

Ⅰ．①军… Ⅱ．①周… Ⅲ．①军工厂-智能制造系统-研究-中国 Ⅳ．①F426.48

中国版本图书馆 CIP 数据核字（2020）第 038420 号

出版发行 /	北京理工大学出版社有限责任公司
社　　址 /	北京市海淀区中关村南大街 5 号
邮　　编 /	100081
电　　话 /	（010）68914775（总编室）
	（010）82562903（教材售后服务热线）
	（010）68948351（其他图书服务热线）
网　　址 /	http：//www.bitpress.com.cn
经　　销 /	全国各地新华书店
印　　刷 /	保定市中画美凯印刷有限公司
开　　本 /	710 毫米×1000 毫米　1/16
印　　张 /	20
字　　数 /	310 千字
版　　次 /	2020 年 4 月第 1 版　2020 年 4 月第 1 次印刷
定　　价 /	86.00 元

责任编辑 / 时京京
文案编辑 / 时京京
责任校对 / 周瑞红
责任印制 / 王美丽

图书出现印装质量问题，请拨打售后服务热线，本社负责调换

序

　　国防科技工业是国家战略性产业,也是国家先进制造业的代表。我国国防科技工业经过70年的建设,主要依靠自己的力量,走出了一条"从无到有、从小到大"自主发展的道路,取得了举世瞩目的成就,已跻身于世界军工大国行列。但是,我们必须深刻地认识到,我国还不是一个军工强国,军工制造大而不强的事实客观存在。

　　如何实现军工大国向军工强国迈进,习近平总书记指出,"要以智能制造为主攻方向,推动产业技术改革和优化升级,推动制造业产业模式和企业形态根本性转变"。总书记的重要指示为国防科技工业由大变强指明了方向和道路。智能制造作为新一代人工智能技术与先进制造技术的深度融合产物,成为新一轮工业革命的核心驱动力,为国防科技工业跨越发展提供了历史性机遇。未来十五年,正是新一轮工业革命核心技术智能制造发展的关键时期,国防科技工业应紧紧抓住这一千载难逢的历史机遇,按照自主创新、重点突破、支撑发展、引领未来的思路,实现我国国防科技工业换道超车、跨越发展。

　　本书结合我国军工行业的特点和难点,较为系统地介绍了军工制造和智能制造的关系,并对军工制造面向数字化、网络化、智能化制造的发展路径进行了较为深入的探索研究。

　　本书取材既考虑了学术性,又突出了实用性。书中按照军工项目建设管理模式,对智能工厂建设方案设计、建设的重点及难点进行了系统分析,并列举了诸多实例,介绍了军工行业在智能制造方面取得的成果和经验,对于军工企业建设智能工厂,具有较强的借鉴、指导作用。

中国工程院院士　刘永才

前 言

随着云计算、物联网和大数据为代表的新一代信息通信技术与先进制造技术的融合创新发展，全球兴起了以智能制造为核心的新一轮产业变革，智能制造正促使我国制造业发生巨大变化。国防科技工业是国家安全和国防建设的脊梁，是国家制造业的重要组成部分。当前，我国国防科技工业正处在由大变强的重要时期，抓住了智能制造，就抓住了国防科技工业实现跨越式发展的核心支撑和关键驱动，就有望在新一轮军事变革中抢占制高点，重塑国防科技工业竞争新优势。

当前，世界主要军事强国都把智能制造作为实现军工企业和国防工业核心能力转型升级的发展重点，并从战略层面出台了一系列政策措施，推动智能制造技术在国防工业领域的发展和应用。比如，美国为实施"国家制造创新网络"计划，组建了由国防部牵头、以智能制造关键技术研发推广为主攻方向的制造创新机构，既服务武器装备建设需求，又引领全国智能制造发展，国防工业成为美国国家智能制造发展的领跑者。俄罗斯按照国家计划"数字化技术"战略部署，牵引俄航空工业稳步推进数字工厂建设，同时推动俄联合发动机制造集团旗下土星公司启动智能工厂计划，全面推进研发、生产、运营等各环节数字化改造。德国发布《德国建设数字化战略》，为德国防工业加强数字化能力、基础设施、转型创新等建设提供发展目标。与此同时，英国、法国、日本、韩国等都相继推出了各自的制造业智能制造计划，以期实现军工企业和国防工业核心能力的转型升级。2015年，我国发布了《中国制造2025》纲要，这是中国促进制造业向中高端迈进、实现制造强国的整体谋划。相关部门以此推出了智能制造试点示范专项行动计划,在各行业大力推进数字化、网络化、智能化改造,引导行业循序渐进推进智能制造。

"十一五"以来,国防科技工业加强了军工行业信息化发展的统筹规划,开展了数字化生产线、管理信息化等方面的建设,推动了军工核心能力升级,有效保障了军工任务的完成,为形成数字化、智能化的军工科研、生产和管理体系奠定了基础。2015年以来,航天、航空、船舶、电子等行业部分军工企业在工业和信息化部"智能制造试点示范专项行动"的牵引下,积极开展智能工厂建设,并取得了一定的成效。2018年,国家国防科技工业局公开发布了《国防科技工业强基工程军工智能制造专项行动计划项目指南》,旨在充分调动全社会优势力量资源参与军工智能制造科研任务,提升国防科技工业核心制造能力。

国防科技工业行业智能制造是一项复杂的系统工程,牵涉的专业面广、内容多。本书以军工企业的智能工厂建设为主要切入点,采用基本理论与实践案例相结合的方式,分析如何在国防科技工业领域推动智能制造发展的问题。

本书共分为三篇,分别为理论篇、发展篇、实践篇。书中介绍了智能制造与军工制造的关系,以及智能制造在军工制造领域的应用情况;分析了数字化工厂、数字互联工厂和智能工厂建设的参考模型、体系架构及实现方案;介绍了美国、欧洲、日本等国军工企业开展智能工厂建设的情况,并对我国军工行业开展智能工厂建设的必要性、重要性、政策环境和建设思路等进行分析。实践篇结合我国军工项目建设特点,初步阐述了军工智能工厂的建设内容;并以虚拟设计、智能装备/生产线、工厂物联网、智能生产管控平台、工业大数据应用、工厂网络与数据安全、生产工艺流程及组织管理优化等为建设重点,分析了军工智能工厂建设需要解决的要素。最后,对典型军工企业前期开展智能工厂建设的情况进行了梳理分析,初步归纳一些具体做法和经验。

本书编写的目的,旨在持续推进军工制造数字化、网络化和智能化的发展,可为政府部门、军工企业、科研院所和智能制造产品供应服务商中从事政策制定、项目管理、工程技术、决策咨询的人员提供借鉴和参考。

本书编写得到了国家国防科技工业局军工项目审核中心领导和同事们的大力支持;在成稿过程中,还受到了业内众多智能制造专家的指点,得到了中国航天科工三院有关领导的帮助,对此一并致以最诚挚的谢意。同时，感谢北京理工大学出版社为本书出版付出的辛勤工作。

本书还参考了国内外各种文献资料，为此，对被本书参考及引用文献的作者的工作成就表示敬意。

由于智能制造和智能工厂建设尚处于实践和发展中，同时，受时间和水平的限制，书中难免存在疏漏和不足，恳请读者给予批评与指正。

周　华

目录

⊙ 理论篇

第1章 智能制造与军工制造／003

1.1 智能制造概述／003
  1.1.1 智能制造的内涵／003
  1.1.2 智能制造的特征／005
  1.1.3 我国发展智能制造的背景／008
  1.1.4 智能制造与传统制造／009
  1.1.5 实施智能制造的目标／010
  1.1.6 智能制造系统／011
  1.1.7 智能制造技术及其发展趋势／013
  1.1.8 智能制造的实现方案／015
  1.1.9 智能制造的实施要点／017

1.2 智能制造技术在军工制造领域的应用／019
  1.2.1 军工制造的概念／019
  1.2.2 军工制造技术与先进制造技术／019
  1.2.3 军工信息化建设与智能制造／025
  1.2.4 智能制造技术对军工制造的促进作用／029
  1.2.5 智能制造在国外军工制造领域的应用／030
  1.2.6 智能制造在我国军工制造领域的应用现状及问题／038
  1.2.7 小结／040

第2章　智能工厂建设基本理论 / 043
　2.1　数字化工厂概述 / 044
　　2.1.1　数字化工厂的概念 / 044
　　2.1.2　数字化工厂的结构模型 / 046
　　2.1.3　数字化工厂的核心要素 / 046
　　2.1.4　数字化工厂转型路径 / 048
　　2.1.5　数字化工厂与自动化工厂 / 051
　2.2　数字互联工厂概述 / 052
　　2.2.1　数字互联工厂的内涵 / 052
　　2.2.2　数字互联工厂的实现方式 / 054
　　2.2.3　数字互联工厂的网络架构 / 055
　2.3　智能工厂的概述 / 056
　　2.3.1　智能工厂的内涵 / 056
　　2.3.2　智能工厂的特征 / 057
　　2.3.3　智能工厂的作用 / 060
　　2.3.4　智能工厂的关键技术 / 060
　　2.3.5　智能工厂的基本架构 / 061
　　2.3.6　智能工厂的建设模式 / 065
　　2.3.7　智能工厂的建设重点 / 067
　　2.3.8　智能工厂与传统工厂 / 069
　　2.3.9　智能工厂与数字化工厂 / 071
　　2.3.10　智能工厂与数字化车间 / 071

⊙ 发展篇

第3章　国外军工智能工厂发展及启示 / 075
　3.1　美国军工智能工厂的发展 / 075
　　3.1.1　通用电气公司 / 076
　　3.1.2　雷神公司 / 079
　　3.1.3　纽波特纽斯造船厂 / 082
　　3.1.4　洛克希德·马丁公司 / 084

3.2 欧洲军工智能工厂的发展 / 085
    3.2.1 西门子公司安贝格工厂 / 085
    3.2.2 空中客车公司 / 097
    3.2.3 空中客车防务与航天公司 / 103
3.3 日本智能工厂的发展 / 105
    3.3.1 山崎马扎克公司 / 108
    3.3.2 牧野机床公司 / 117
    3.3.3 三菱电机公司 / 120

第4章 我国军工智能工厂的发展情况 / 127

4.1 军工智能工厂建设的必要性 / 127
    4.1.1 开展军工智能工厂建设的重要意义 / 127
    4.1.2 当前军工智能工厂建设面临的问题 / 128
4.2 军工智能工厂建设的政策环境 / 131
    4.2.1 智能制造政策 / 131
    4.2.2 大数据政策 / 135
    4.2.3 "互联网+"政策 / 136
    4.2.4 物联网政策 / 137
    4.2.5 工业互联网政策 / 138
4.3 军工智能工厂建设的思路建议 / 139
    4.3.1 军工智能工厂特征及建设难点 / 139
    4.3.2 国内外智能工厂建设思路分析 / 140
    4.3.3 军工智能工厂建设的总体思路 / 141

⊙ 实践篇

第5章 军工智能工厂的建设方案 / 147

5.1 方案设计流程 / 147
5.2 军工企业数字化水平现状评估 / 150
    5.2.1 宏观评估 / 150
    5.2.2 微观评估 / 156
5.3 需求分析 / 166

5.3.1　企业的发展战略是需求分析的总输入 / 166
　　5.3.2　军工核心能力是需求分析的落脚点 / 167
 5.4　实施方案 / 168
　　5.4.1　建设原则 / 168
　　5.4.2　建设目标 / 169
　　5.4.3　总体框架 / 169
　　5.4.4　建设规划 / 178

第6章　军工智能工厂的建设重点 / 184

 6.1　智能设计仿真平台建设 / 184
　　6.1.1　研发设计仿真的演进历程 / 185
　　6.1.2　基于MBD的设计仿真平台 / 187
　　6.1.3　基于MBE的设计仿真平台 / 191
　　6.1.4　产品全生命周期管理（PLM）系统建设 / 203
　　6.1.5　知识库和专家系统的设计 / 210
 6.2　智能装备/生产线建设 / 221
　　6.2.1　智能装备的建设内容 / 221
　　6.2.2　智能生产线的建设规划 / 224
 6.3　智能工厂物联网环境建设 / 231
　　6.3.1　工业物联网在智能工厂中的定位 / 231
　　6.3.2　智能工厂对物联网环境的要求 / 233
　　6.3.3　物联网环境建设的核心问题 / 233
　　6.3.4　工业物联网的体系结构 / 234
　　6.3.5　智能工厂的物联网平台搭建 / 235
 6.4　智能生产管控平台建设 / 236
　　6.4.1　总体框架 / 237
　　6.4.2　智能装备与控制系统 / 238
　　6.4.3　智能仓储和物流系统 / 241
　　6.4.4　智能制造执行系统 / 244
 6.5　工业大数据应用平台建设 / 251
　　6.5.1　大数据催生军工科研生产大变革 / 251
　　6.5.2　军工大数据特征 / 256
　　6.5.3　军工大数据管理和应用面临问题 / 256

6.5.4　军工大数据应用平台建设/259
6.6　工厂网络与数据安全平台建设/262
　　6.6.1　智能工厂网络与数据安全防护需求/262
　　6.6.2　智能工厂网络与数据安全体系架构/262
　　6.6.3　智能工厂的整体安全/263
　　6.6.4　智能工厂的内部安全/265
　　6.6.5　智能工厂的接口安全/266
6.7　生产工艺流程及组织管理优化/267
　　6.7.1　智能工厂背景下的工艺改进/267
　　6.7.2　智能工厂背景下的组织优化/270
　　6.7.3　智能工厂背景下的管理变革/271

第7章　军工智能工厂的实施案例/275

7.1　工信部智能制造试点示范专项概况/275
　　7.1.1　背景情况/275
　　7.1.2　军工行业参与试点示范的情况/277
7.2　军工智能工厂的实施案例/278
　　7.2.1　运载火箭筒体壳段数字化装配生产线/278
　　7.2.2　基于MBD的小卫星数字化设计方案/281
　　7.2.3　旋翼系统制造智能工厂建设方案/284
　　7.2.4　航空智能生产管控中心建设方案/290
　　7.2.5　基于MBE的数字化仿真设计方案/294
　　7.2.6　武汉船用智能生产线建设方案/297
　　7.2.7　沪东中华智能生产线/车间建设/299

参考文献/301

理 论 篇

第1章 智能制造与军工制造

《中国制造2025》是中国推动传统制造业转型升级、应对新技术革命和实现高端化跨越发展的整体谋划。智能制造是中国传统制造实现转型发展和跨越发展的最佳途径。通过智能制造能够带动和提高国民经济各产业发展水平。其中,数字化、网络化、智能化是智能制造的主攻方向。

国防科技工业是国家战略性产业,是国家制造业的重要组成部分,也是工业4.0的决胜之地。武器装备科研生产多为复杂产品,一般为多厂所协同设计制造,需要具有快速反应、多品种小批量生产、全生命周期支持等多方面的能力,充分体现了一个国家工业化的基础能力和管理水平,处于中国工业4.0发展的核心地位。国防科技工业要在"中国制造2025"战略中发挥优势作用,大力发展智能制造技术,集智攻关、重点突破,实现军工大国向军工强国转变。

军工智能制造是实现军工强国的重要举措。加快推进军工智能制造,是促进国防科技工业转型升级、推动国防科技工业供给侧结构性改革的重要着力点,对重塑国防科技工业竞争新优势具有重要意义。智能生产是智能制造的主线,而智能工厂是智能生产的主要载体,开展军工智能工厂建设是实现军工智能制造的重要基础。

1.1 智能制造概述

1.1.1 智能制造的内涵

智能制造起源于20世纪80年代人工智能在制造业领域中的应用,发展于20世纪90年代智能制造技术和智能制造系统的提出,成熟于21世纪基于信息技术的"Intelligent Manufacturing(智能制造)"的发展。对于智能制造的定义,目前国内外尚未形成统一的、明确的说法。

(1)美国。

2011年6月,美国智能制造领导联盟(SMLC)在《实施21世纪智能制造》报告对智能制造的定义是，智能制造是先进智能系统强化应用、新产品快速制造、产品需求动态响应，以及工业生产和供应链网络实时优化的制造；其核心技术是网络传感器、数据互操作性、多尺度动态建模与仿真、智能自动化以及可扩展的多层次的网络安全。智能制造企业将融合所有方面的制造，从工厂运营到供应链，并且使得对固定资产、过程和资源的虚拟追踪横跨整个产品的生命周期，结果是在一个柔性的、敏捷的、创新的制造环境中，优化性能和效率，并且使业务与制造过程有效地串联起来。

2014年12月，美国政府建立了国家制造创新网络中的第8个创新机构，即"智能制造创新研究院"，该研究院由能源部牵头组织建设。能源部对智能制造下的定义是，智能制造是先进传感、仪器、监测、控制和过程优化的技术和实践的组合，它们将信息和通信技术与制造环境融合在一起，实现工厂和企业中能量、生产率、成本的实时管理。智能制造需要实现的目标有4个，即产品智能化、生产自动化、信息流和物资流合一、价值链同步。

（2）欧洲。

2013年，德国在汉诺威工业博览会上正式推出了"工业4.0"战略，是欧洲各国的智能制造发展战略中最为典型和完善的发展计划。德国学术界和产业界认为，本质上工业4.0概念是以智能制造为主导的第四次工业革命，其内涵主要有以下两点。

一是数字化、智能化、人性化、绿色化。产品的大批量生产，已不能满足客户个性化订制的需求。要想使单件小批量生产能够达到大批量生产同样的效率和成本，需要构建可以生产高精密、高质量、个性化智能产品的智能工厂。

二是分散网络化和信息物理的深度融合，由集中式控制模式向分散式增强型控制模式转变。其目标是建立一个高度灵活的个性化、数字化产品与服务的生产模式。在这种模式中，传统行业界限将消失，并会产生各种新的活动领域和合作形式，即创造新价值的过程正在发生改变，产业链分工将被重组。

（3）中国。

2015年，工信部在其公布的《2015年智能制造试点示范专项行动实施方案》中，对智能制造做了一个比较全面的描述。即智能制造是基于新一代信息技术，贯穿于设计、生产、管理、服务等制造活动各个环节，具有信息深度自感知、智慧优化自决策、精准控制自执行等功能的先进制造过程、系统与模式的总称。智能制造具有以智能工厂为载体，以关键制造环节智能化为核心，以端到端数据流为基础，以网络互联为支撑，可有效缩短产品研制周期、降低运营成本、提高生产效率、提升产品质量、降低资源能源消耗等。

2015年12月，《国家智能制造标准体系建设指南（2015年版）》提出了智能制造系统架构模型。该模型从生命周期、系统层级和智能功能三个维度来阐述智能制造的内涵，所构建的智能制造标准体系结构包括基础共性标准、关键技术标准和重点行业标准三大部分。其中，关键技术标准包括智能装备、智能工厂、智能服务、工业软件和大数据、工业互联网5个部分。

从上述定义可以看出，随着各种制造新模式的产生和新一代信息技术的快速发展，智能制造的内涵在不断变化，人工智能的成分在弱化，而信息技术、网络互联等概念在强化；同时，智能制造的范围也在扩大。横向上，从传统制造环节延伸到产品全生命周期；纵向上，从制造装备延伸到制造车间、制造企业甚至企业的生态系统。

1.1.2 智能制造的特征

智能制造是一个大系统，主要由智能产品、智能生产及智能服务三大功能系统，以及工业智联网和智能制造云两大支撑系统集合而成。智能生产是智能制造的主线，智能工厂是智能生产的主要载体。

智能制造的特征主要有以下几个方面。

（1）人在智能制造中仍处于核心地位。

智能制造不是无人制造，同样，智能工厂不是无人工厂。德、美、日等国都是传统制造业强国，我国是制造业大国。然而，德国制造企业的发展实践证明，工业3.0并不需要达到100%的自动化，并非所有生产业务都能靠机器来完成，未来智能工厂里，人依然将发挥重要的控制和决策作用。人与机器和谐相处，人有丰富的经验和更高的灵活性，机器则在某些方面具有较好的一致性，人与机器各有所长，要充分发挥各自的长处。因此，中国制造企业应将生产自动化程度提高到70%~80%，作为工业3.0的实现目标，但迈进思路要以智能制造业的理念为指导。

（2）业务组织管理和生产流程再造是实现智能制造的前提。

智能制造追求精益生产的理念。与传统的生产方式相比，精益生产的特色是"多品种""小批量"。精益生产是通过系统结构、人员组织、运行方式和市场供求等方面的变革，使生产系统能很快适应需求的不断变化，并能消除生产过程中无用、多余的环节，最终达到包括市场供销在内、各方面最为精简的一种生产管理方式。

当然，由于不同行业生产特点不同，其业务组织管理和生产流程也不尽相同。比如，对于流程行业（如化工、医药、金属等），由于需要运用一系列的特定设备，这些设备的运行状况，极大地影响着产品的质量，因此，流程行业的组织管理和生产流程更多偏重于生产工艺设备的管理。对于离散行业（如机械、航空、航天、船舶、电子等），由于工厂布局、产线排布及生产工序，都是影响生产效率和质量的重要因素，因此，离散行业注重生产管理标准化、准时制生产（Just In Time，JIT）、看板管理以及零库存管理等。

（3）信息物理系统是实现智能制造的基础。

信息物理系统包括智能机器、仓储系统以及生产设备的电子化，并基于通信技术，将其融合到整个网络，涵盖内部物流、生产、市场销售、外部物流以及延伸服务，并使得它们相互之间可以进行独立的信息交换、进程控制、触发行动等，以此达到全部生产过程的智能化，从而将资源、信息、设备以及人紧密地联系在一起，从而创造物联网及服务互联网，并将生产工厂转变为一个智能环境。这是智能制造实现工业4.0的基础。

（4）人、机器和产品互联互通是实现智能制造的前提。

传统生产模式下，工厂、车间内的信息流通只发生在人与设备、人与人之间，且人只能与本工位设备或者上下道工位的人进行信息交流。而在智能制造模式下，机器之间可以直接进行信息交互，人与机器之间的通信结构为扁平网状，这样就大大提高了工厂内部生产信息交互的效率，为多品种、小批产或个性化定制生产提供了更有效的生产模式。

（5）信息化和网络化集成是实现智能制造的重要手段。

智能制造是对传统制造工厂的革新，其革新的重要手段是信息化和网络化的集成，主要包括纵向集成、横向集成以及端到端的集成。

①纵向集成。

纵向集成又称为"纵向集成和网络化制造系统"，其实质是将各种不同层面的IT系统集成在一起（如执行器与传感器、控制、生产管理、制造和执行及企业计划等不同层面的连接），通过将企业内不同的 IT 系统、生产设施（以数控机床、机器人等数字化生产设备为主）进行全面的集成，建立一个高度集成化的系统，为将来智能工厂中的网络化制造、个性化定制、数字化生产提供支撑。

纵向集成是解决信息孤岛问题的基础。纵向集成将企业内部各单元进行集成，使信息网络和物理设备之间进行联通，以解决信息孤岛的问题。纵向集成中，企业信息化的发展经历了部门需求、单体应用到协同应用，伴随着信息技术与工业融合发展。换言之，企业信息化在各个部门发展的里程碑，就是企业内部信息流、资金流和物流的集成，是生产环节上的集成（如研发设计内部信息集成），是跨环节的集成（如研发设计与制造环节的集成），是产品全生命周期的集成（如产品研发、设计、计划、工艺到生产、服务的全生命周期的信息集成）。智能制造追求的，就是在企业内部实现所有环节信息的无缝链接，这是所有智能化的基础。

②横向集成。

横向集成是指"将各种应用于不同制造阶段和商业计划的 IT 系统集成在一起。这其中既包括一个公司内部的材料、能源和信息的配置，也包括不同公司间的配置（价值网络）"（《德国工业 4.0 战略计划实施建议》），也就是以供应链为主线，实现企业间的三流合一（物流、能源流、信息流），实现社会化的协同生产。

③端到端的集成。

端到端的集成是指"通过将产品全价值链和为满足客户需求而协作的不同公司集成起来，现实世界与数字世界完成整合"（《德国工业 4.0 战略计划实施建议》），即集成产品的研发、生产、服务等产品全生命周期活动。最典型的例子，如小米、苹果手机围绕产品的企业间的集成与合作。端到端集成的终极目标是消灭中间环节。

（6）生产数据自动采集是实现智能制造的关键环节。

在智能制造生产中，通过对采集到的生产数据，运用大数据的分析方法进行分析，结合故障以及寿命预测算法，对设备的寿命进行预测分析。同时，可以通过对设备状态的检测，实时了解设备的运行状态，为任务的动态调度提供依据。

生产数据的采集是实现生产故障预测的前提。生产故障预测主要包括故障检测、故障定位和故障隔离。一般而言，故障诊断就是指故障检测和故障隔离的过程。其中，故障检测是指利用检测方法，判断生产系统和设备是否存在故障的过程；在此基础上，进一步确定故障所在大致部位的过程，是故障定位；要求把故障定位到实施修理时、可更换的产品层次（可更换单位）的过程称为故障隔离。通常，故障检测和故障定位同属网络生存性范畴。

（7）标准化、模块化和数字化是实现智能制造的重要技术基础。

标准化是为适应生产组织的需要，在产品质量、品种规格、零部件通用等方面，规定统一的技术标准。当前，国内的智能制造设备更多是系统集成，设备指标、性能、规格及差异性较大，国内智能制造设备商首先应建立行业联盟，建立标准化体系，然后结合应用的具体场景，提升工艺装备的模块化、自动化水平。

模块化是指解决一个复杂问题时，自顶向下，逐层把系统划分成若干模块的过程，具有多种属性，分别反映其内部特性。

数字化是指将许多复杂多变的信息，转变为可以度量的数字、数据，再基于这些数字、数据，建立起适当的数字化模型，并把它们转变为一系列二进制代码，引入计算机内部，进行统一处理。

基于标准化、模块化和数字化的生产流程和业务管理，将极大规划生产过程，提高生产效率。

1.1.3 我国发展智能制造的背景

我国发展智能制造，是基于我国制造业的现状和首要任务决定的。

经过几十年的快速发展，我国制造业规模跃居世界第一位，建立起门类齐全、独立完整的制造体系，我国的世界制造大国地位确定无疑。但目前我国制造业尚处于机械化、电气化、自动化、数字化并存，不同地区、不同行业、不同企业发展不平衡的阶段；与先进国家相比，大而不强的问题突出。面对进一步发展的资源压力、环境压力、成本压力，以及市场竞争激烈、利润空间压缩和用户需求增高的状况，我国制造业唯有通过转型升级走向制造强国这条出路。

中国工程院在规划《中国制造2025》时，调研了世界主要国家制造业发展的状况，在大量数据分析的基础上，按照规模发展、质量效益、结构优化和持续发展4项一级指标，以及18项二级指标构成的制造强国评价指标体系，计算出制造强国综合指数，把这些国家划分成3个方队。第一方队是制造业居于全球绝对领先地位的美国，第二方队是德国和日本，第三方队有英国、法国、韩国、中国等。考虑到目前中国制造业发展不平衡的状况，尚处在总体上没有完成工业2.0（大规模制造机械化）和工业3.0（工业自动化），就需要面对工业4.0（工业自动化和信息化深度融合）的形势，因此，中国制造业的发展，不像西方发达国家走的是工业2.0、工业3.0，进而工业4.0的串行发展，而应该是工业2.0、工业3.0和工业4.0并行发展的道路。从现在起到2025年，属于中国制造2025阶段，争取使中国制造进入第二方队。再经过十年发展，到2035年，进入第二方队的前沿。然后再经过十五年，到2050年挺进全球制造的第一方队。全球制造业发展趋势如图1.1-1所示。

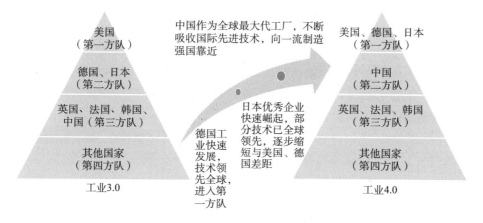

图1.1-1　全球制造业发展趋势

要实现上述的规划，中国制造业首先面临的是，要努力完成四个转变：由要素驱动向创新驱动转变，由低成本竞争向质量效益竞争转变，由资源消耗大、污染排放多向绿色制造转变，由生产型制造向服务型制造转变。而完成这些转变的技术方向恰恰是工业3.0和工业4.0已经选择的和正在选择的方法。即信息技术和制造技术及工业自动化技术的深度融合，用精益制造管理取代粗放型制造管理，由产业集群取代产业集聚，从而完成由生产低端产品向制造高端装备的过渡。而这些需要转变的技术和选择的方法，唯有通过智能制造才可以完成转型升级。

1.1.4　智能制造与传统制造

智能制造是一种由智能机器和人类专家共同组成的人机一体化智能系统，通过人与智能机器的合作，去扩大、延伸和部分地取代人类专家在制造过程中的脑力劳动。智能制造更新了制造自动化的概念，使其内涵扩展到柔性化、智能化和高度集成化。

智能制造与传统制造的区别,主要体现在产品的设计、加工、管理以及服务等4个方面,具体如表1.1-1所示。

表1.1-1 智能制造与传统制造的区别

分类	传统制造	智能制造	智能制造的影响
设计	常规产品; 面向功能需求设计; 新产品周期长	虚实结合的个性化设计,个性化产品面向客户需求设计; 数值化设计,周期短,可实时动态改变	设计理念与使用价值观的改变; 设计方式的改变; 设计手段的改变; 产品功能的改变
加工	加工过程按计划进行; 半智能化加工与人工检测; 生产高度集中组织; 人机分离; 减材加工成型方式	加工过程柔性化,可实时调整; 全过程智能化加工与在线实时监测; 生产组织方式个性化; 网络化过程实时跟踪; 网络化人机交互与智能控制; 减材、增材多种加工成型方式	劳动对象变化; 生产方式的改变; 生产组织方式的改变; 生产质量监控方式的改变; 加工方法多样化; 新材料、新工艺不断出现
管理	人工管理; 企业内管理	计算机信息管理技术; 机器与人交互指令管理; 延伸到上下游企业	管理对象变化; 管理方式变化; 管理手段变化; 管理范围扩大
服务	产品本身	产品全生命周期	服务对象范围扩大; 服务方式变化; 服务责任增大

1.1.5 实施智能制造的目标

制造业实施智能制造的总目标是构建高效率、高品质、客户满意、环境友好的制造环境,如图1.1-2所示。不同行业具体实施智能制造的目标存在一定的差异。比如,航空、航天、船舶、汽车等行业实施智能制造的目标是实现复杂零件的高品质制造;钢铁、石化、电力装备等行业的智能制造的目标是在保证高效率的同时,实现可持续制造;工程机械、重型装备等行业实施智能制造的目标是提升产品价值,拓展价值链;家电、3C、服装等行业实施智能制造的目标是为创新设计、满足客户的个性化需求。

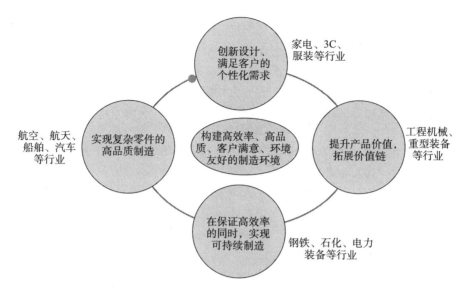

图 1.1-2 实施智能制造的目标图

1.1.6 智能制造系统

智能制造包含智能制造技术和智能制造系统。其中，智能制造系统是实施智能制造的载体。智能制造系统不仅能够在实践中不断地充实知识库，而且还具有自我学习功能，具有搜集与理解环境信息和自身的信息，并进行分析判断和规划自身行为的能力。

从宏观到微观，可划分为不同层次的智能制造系统。

——智能制造生态系统：智能企业 + 第三方服务（电网、金融、物流）+ ……。

——智能企业：智能产品 + 智能工厂 + 智能供应链过程。

——智能工厂：智能车间 + 智能设计 + 智能运营过程。

——智能车间：智能制造装备 + 智能工艺/生产/物流过程。

——智能制造装备：智能加工机床/生产线/机器人等。

从结构来看，智能制造系统由智能产品、智能制造过程和智能制造模式三部分组成。

（1）智能产品。

智能产品是指深度嵌入了传感、通信、控制等信息技术，在其制造、物流、使用和服务过程中，能够体现出自感知、自诊断、自适应、自决策等智能特征的产品，是面向使用、制造、服务等过程的产品智能化。

(2) 智能制造过程。

智能制造过程主要包括智能产品设计过程、智能装备与工艺过程、智能生产过程和智能服务过程4个方面。

①智能产品设计过程。

通过大数据智能分析手段精确获取设计需求,通过智能创新方法进行产品概念设计,通过知识工程实现产品优化设计,通过科学计算和仿真优化实现产品高性能设计,通过并行协同策略实现设计信息的有效反馈。智能产品设计过程如图 1.1-3 所示。

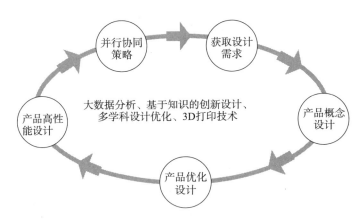

图 1.1-3　智能产品设计

②智能装备与工艺过程。

智能装备与工艺过程包括智能装备的工况在线自感知、工艺知识自学习和装备自律执行等。智能装备与工艺和数字化装备与工艺的区别如表 1.1-2 所示。

表 1.1-2　智能装备和工艺和数字化装备与工艺的区别

智能装备与工艺	数字化装备与工艺
机床自动采集工况信息,根据实时状态优化调整加工参数,设备自律执行	数控机床按照预先给定的指令进行加工
机器人和人协同工作,其位置不再固定,行为不再预设,能自适应环境变化	工业机器人在固定位置按照预先设定的程序自动进行重复式工作
在虚拟环境或者虚实结合环境中完成全部制造工艺的验证	制造工艺的验证基本在物理环境中完成

③智能生产过程。

在车间或工厂层面，引入智能技术手段，实现生产资源最优化配置、生产任务和物流实时优化调度、生产过程精细化管理和智慧科学管理决策。

——自适应性：柔性、可重构和自组织，高效支持多品种、多批量、混流生产。

——动态调度：产品、设备、软件间相互通信，基于实时反馈信息动态调度。

——自省性：对未来的设备状态、产品质量变化、生产系统性能等的预测。

④智能服务过程。

智能服务过程即将物联网、大数据分析、远程诊断等智能技术应用于产品使用及服务保障过程，从而达到提升服务水平、创造服务价值、创新产品设计的目的。

（3）智能制造模式。

智能制造模式主要包括从大规模流水线生产转向定制化规模生产模式；产业形态从生产型制造向生产服务型制造、"互联网＋制造"转变，如众包设计、云制造、网络化制造等。

1.1.7　智能制造技术及其发展趋势

（1）关键技术。

①先进制造工艺技术。

比如增材制造技术（3D打印）。增材制造技术已经成为先进工业国家振兴制造业的战略手段，是基于离散－堆积原理，由零件三维数据驱动直接制造零件的科学技术体系。

②数字建模与虚拟仿真技术。

与传统制造技术相比，数字化制造技术的关键是建模与虚拟仿真技术。在数字化制造中，利用建模技术建立与物理过程或环境相似的数字化生产过程或环境，并通过对该过程或环境的仿真、试验、评估和优化，达到提高生产决策水平、优化资源结构和生产过程、减少实物原型制造及试验周期和费用以及提高新产品上市速度的目的。所以，建模和虚拟仿真技术不仅仅是一种计算机辅助分析的支撑技术，也是企业从传统制造向可预测制造转变的一种新方法、新模式。

③现代工业工程技术。

综合运用数学、物理和社会科学的专门知识和技术，结合工程分析和设计的原理与方法，对人、物料、设备、能源和信息等所组成的集成制造系统，进行设计、改善、实施、确认、预测和评价。

④先进制造理念、方法与系统。

理念是并行工程、协同设计、云制造、可持续制造、精益生产（LP）、敏捷制造（AM）、虚拟制造（VM）、计算机集成制造（CIM）；系统包括产品全生命周期管理（PLM）、制造执行系统（MES）、企业资源计划（ERP）、供应链管理（SCM）等。

⑤新一代信息技术。

如智能感知技术（传感器网络、RFID、图像识别等）、物联网技术（泛在感知、网络通信、物联网应用等）、云计算技术（分布式存储、虚拟化、云平台等）、互联网技术（服务网架构、语义互操作、移动通信、移动定位、信息安全）、虚拟现实（Virtual Reality，VR）和增强现实（Augmented Reality，AR）技术（应用于产品体验、设计与工艺验证、工厂规划、生产监控、维修服务等环节）。

⑥人工智能技术。

人工智能可应用于制造过程的各个环节，比如智能产品设计、智能工艺设计、机器人，加工过程、智能控制、智能排产、智能故障诊断等；同时它也是一些智能优化算法的基础。人工智能的实现离不开感知、学习、推理、决策等基本环节，其中知识的获取、表达和利用是关键。

⑦智能优化决策技术。

制造系统中许多优化决策问题是极其复杂、求解困难。近十几年来，通过模拟自然界中生物、物理过程和人类行为，诞生了许多智能优化算法，已广泛应用于智能制造系统的方方面面，包括智能工艺过程编制、生产过程智能调度、智能监测诊断及补偿、设备智能维护、加工过程智能控制、智能质量控制、生产与经营智能决策等。

⑧大数据分析与决策支持技术。

大数据概念拓展了数据挖掘、知识发现、决策支持等技术在制造过程中的应用。来源于设备实时监控、RFID 数据采集、产品质量在线检测、产品远程维护等环节的大数据，与设计、工艺、生产、物流、运营等常规数据一起，共同构成工业大数据。通过大数据分析，可以提前发现生产过程中的异常趋势，分析质量问题产生的根源，发现制约生产效率的瓶颈，从而为工艺优化、质量改善、设备预防性维护，甚至产品的改进设计等提供科学的决策支持。

（2）发展趋势。

当前，智能制造技术已成为制造业的发展趋势，得到工业发达国家的大力推广和应用。发展智能制造符合全球制造业发展的内在要求，也是重塑各国制造业新优势、实现转型升级的必然选择。各国发展智能制造的趋势主要有以下几点。

①各制造强国积极出台智能制造发展战略。

主要体现在世界主要工业化发达国家提早布局，并且将智能制造作为重振制造业战略的重要抓手。

②智能制造技术创新及应用贯穿制造业全过程。

智能制造技术的加速融合，使得制造业的设计、制造、管理和服务等环节逐渐智能化，产生新一轮的制造业革命。

③数字化制造技术得到应用和推广。

数字化制造技术有可能改变未来产品的设计、销售和交付方式，使大规模定制和简单的设计成为可能，使制造业实现随时、随地、按不同需要进行生产，并彻底改变自"福特时代"以来的传统制造业形态。

④供应链动态管理、整合与优化得到普遍关注。

供应链管理是一个复杂、动态、多变的过程，供应链管理更多地应用物联网、互联网、人工智能、大数据等新一代信息技术，更倾向于使用可视化的手段来显示数据，采用移动化的手段来访问数据；供应链管理更加重视人机系统的协调性，实现人性化的技术和管理系统。企业通过供应链的全过程管理、信息集中化管理、系统动态化管理实现整个供应链的可持续发展，进而缩短了满足客户订单的时间，提高了价值链协同效率，提升了生产效率，使全球范围的供应链管理更具效率。

1.1.8 智能制造的实现方案

智能制造的实现方案是：在数字化、网络化、智能化的相互递进与配合下，企业转型智能工厂、跨企业价值链延伸、全行业生态构建与优化配置将得以实现。

第一步：数字化转型，"感受"工业过程，采集海量数据。

通过将种类繁多的工业传感器布置于生产与流通的各个部分，可以将工业过程各主要参数制式数字化，产生大量工业数据，为智能化奠定数据基础。其关键途径包括以下两个方面。

①为配合工业智能化、实现智能制造，制造业工厂在进行数字化、网络化、智能化的软硬件应用之前，更为基础的是在生产流程上打通设计、生产、检测、搬运、仓储、配送等主要环节，为高效、科学的生产流程设计带来提质增效、降本减存的机会。

②工业传感器成为工业数据的"采集感官"。人工智能的基础是大量的工业数据，而工业传感器是获得多维工业数据的"感官"。除了设备状态信息以外，人工智能平台需要收集工作环境（如温度、湿度）、原材料的良率、辅料的使用情况等相关信息，用以预测未来的趋势。这就需要部署更多类别和数量的传感器。现在的工业传感器可以提供监视输出信号、为预测设备故障做出数据支持，可有助于确认库存中可用的原材料，可代替指示表更精确地读数，以及在环境恶劣的情况下收集数据等。

第二步：升级网络化，实现高速传输、云端计算、互联互通。

工业通信将传感器采集到的工业数据传输至云端。工业云是工业互联网最核心的部分，进行海量数据的汇聚、提炼、模型计算等，实现资源优化与预测。其关键途径包括以下两个方面。

①使工业通信成为数据传输至云端的"高速公路"。

得到大量数据后，如何将数据传输至云端呢？这需要依托先进的工业级通信技术。和过去在车间内直接对数据进行简单响应不同，企业需要把不同车间、不同工厂、不同时间的数据汇聚到同一个地方（云数据中心），进行复杂的数据计算，以提炼出有用的数学模型。这就对工业通信网络架构提出新要求，推动标准化通信协议及5G等新技术在车间的普及。

②把工业云变成汇聚、提炼海量数据，模型计算和资源优化的场所。

人工智能进行计算的场所是云平台。工业生产中产生的海量数据与工业云平台相连，采用分布式架构进行分布式数据挖掘，提炼有效生产改进信息，最终用于预测性维护等领域。在云平台上可首先打通数据流和物流，在云平台上汇聚工厂内部的不同维度、产品生命周期不同阶段、供应链上下游不同行为主体；其次，可以通过运用大数据及人工智能技术进行分析，提炼数字分析模型。

第三步：实现智能化，重点是三个维度的整体智能化。

依托图像、语音、机器学习等人工智能技术，制造企业得以在网络化的基础上进一步实现智能化，如依托图像技术进行自动光学检测和仓储机器人的使用、依托语音技术进行物流语音拣选、依托机器学习进行预测性维护和车货匹配等。其关键途径包括以下三个方面。

①打通工厂内部的数据流。

过去传统的制造业工厂的内部存在信息系统和生产管理系统两个相对独立的子系统。未来的智能工厂，需要打通设备、数据采集、企业信息系统、云平台等不同层级的信息壁垒，实现从车间到决策层的纵向互联。

②打通供应链各个环节数据流。

供应链各个环节之间的物流会产生大量的数据。这些物流信息的收集能够帮助物流行业提升效率，降低成本。未来的智慧物流，通过智能化收集、集成处理物流的采购、运输、仓储、包装、装卸搬运、流通、配送等各个环节的信息，实现全面分析、及时处理和自我调整。这需要将这些数据数字化，并累积成足够的数据库，且需要大量的基础设施建设。

③产品生命周期全过程数字化。

通过搭建整合制造流程的数字生产平台，实现从产品设计、生产计划到制造执行的全过程数字化，将产品创新、制造效率和有效性水平提升至一个新的高度。

1.1.9 智能制造的实施要点

并非必须先实现工业 3.0 才能追求工业 4.0。在进行升级改造过程中，企业应总体规划自动化、数字化、网络化、智能化升级方案，并行推进。但这并不意味着工业 2.0 和工业 3.0 的技术基础是可以省略和跨越的。根据工业 2.0、工业 3.0、工业 4.0 的主要特征，应从制造本体出发，规划出实现智能制造的一个基本路线。这条实现路线如图 1.1-4 所示。

在图 1.1-4 中，工业 2.0 到工业 3.0 的最重要内容，是采用 ERP 和 MES（两者融合趋势明显）等生产管理系统（或称 IT 信息系统），进行运营和生产管理，并实现与自动化系统（或称 OT 运行系统）的纵向集成。图 1.1-4 中工业 4.0 阶段尚未实现制造系统的自适应、自组织、自决策并跨企业、跨行业、跨地域调动生产资源等智能制造愿景，因此将其称为准智能化。工业 3.0 到工业 4.0 的最重要内容是实现产品全生命周期管理，实现信息流与价值流（含物流、资金流）的协调整合。

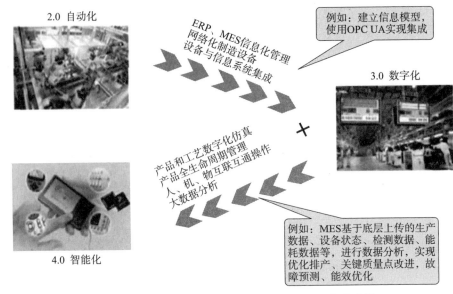

图 1.1-4　工业 2.0→工业 3.0→准工业 4.0 实现路线

进一步聚焦工厂或车间内部，首要任务是补齐自动化与信息化短板，应实现的基本功能要素如图 1.1-5 所示。同时，还应实现设计、物流、生产运行、调度、检测等各子系统之间的协同，以及持之以恒地建立企业各种生产资源数据库（技术、零件、产品、工艺、可靠性、供货商等）。

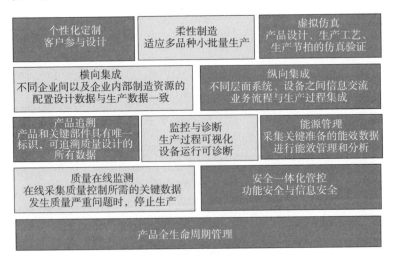

图 1.1-5　数字化车间基本功能要素

此外，安全（功能安全与信息安全）对于信息化、网络化和智能化的保障作用需要高度重视，必须注重研究智能化时代安全风险防范手段，建立基于风险分析的、与国内、国际标准相协调的分级管理制度，系统地协调政策保障体系，发挥各方面的主动性，共建安全生态。

1.2 智能制造技术在军工制造领域的应用

1.2.1 军工制造的概念

军工制造是指研制、生产武器装备（包括系统、整机、零部件等）和具有明显军工高技术特色的主导产品的制造业的总称。现代军工制造业广泛采用先进制造技术，即针对武器装备和国防科技发展等需求，在传统制造技术的基础上不断吸收机械、电子、材料、能源、信息和现代管理等多学科、多专业的高新技术成果而形成的系统性综合技术；主要包括制造系统集成技术、特种加工技术、精密超精密加工技术、先进成型技术、先进连接技术、表面防护及改性技术、微电子组装技术、专用设备与自动化技术等。

1.2.2 军工制造技术与先进制造技术

（1）军工制造技术与先进制造技术的关系。

先进制造技术是指在制造过程和制造系统中，融合电子、信息和管理技术，以及新工艺、新材料等现代科学技术，并将其综合应用于产品设计、加工、检测、管理、销售、使用、服务，乃至回收的制造全过程，以实现优质、高效、低耗、清洁和灵活生产，提高对动态多变市场的适应能力和竞争能力的制造技术的总称。

先进制造技术由现代设计技术、先进制造工艺技术、先进制造模式及先进制造自动化技术4部分组成。其中，先进制造模式是制造业生产组织管理的新模式，包括虚拟制造、并行工程、敏捷制造、精益生产、智能制造及绿色制造等。

美国是最早提出先进制造技术的国家。20世纪90年代，美国开始了制造业信息化。1993年，美国政府开始实施先进制造技术（Advanced Manufacturing Technology，AMT）计划。该计划的目标是研究世界领先的先进制造技术，以满足美国对先进制造技术的需求，提升美国制造业的竞争力。

先进制造业是国民经济的根基，是国家综合实力的源泉，军工制造业是一个国家先进制造业的代表，对一个国家制造业转型升级具有极其重要促进作用。一方面，军工制造为先进制造业的发展提供强大动力。武器装备的研制、生产是军工制造业的中心任务。新军事革命促进越来越多的新概念武器装备研发,推动新的制造理念、更先进的生产模式和更好的制造工艺与装备向前发展。另一方面,先进制造业为军工制造发展提供基础性支撑。先进制造技术作为发展武器装备的重要基础性技术,在军工制造业和国防现代化中起着极其重要的作用。高技术武器装备的更新换代,总是伴随着新材料、新工艺和新技术的重大突破,只有发展先进制造技术,才能提高军工制造业的生产能力和技术水平,才能为高技术武器装备的设计制造奠定基础。

军工制造业的特殊要求是先进制造技术发展的重要动力。随着武器装备性能的不断提高,对制造技术提出了更高的要求,并推动着先进制造技术的发展。19世纪后期到20世纪初,武器装备研制不断提高标准和精度要求,直接推动了制造母机——切削机床技术和机床制造业的发展。在两次世界大战中,大显神威的坦克的发明和使用,大大带动了(履带)锻造、(车身)焊接、(炮塔)整体铸造等制造技术的发展;飞机复杂型面零件加工要求,导致了数控机床的出现;现代客机和先进战斗机的研制,导致了数字化设计制造技术的出现;精密惯导仪器制造使精密与微细加工技术得到了发展。此外,受先进武器装备批量制造的需求驱动,计算机辅助设计/计算机辅助制造(CAD/CAM)、现代集成制造(CLMS)、敏捷制造、精益生产等制造技术应运而生。

先进制造技术是军工制造业的重要技术支撑。高新技术武器装备及其产品的更新换代总是伴随着新材料、新工艺、新技术的重大突破,制造技术的进步为加速这些产品的更新换代提供了坚实的技术基础。如,飞机整体梁框、发动机整体叶盘等整体零(构)件的应用,大大简化加工工序,并提高了强度和抗疲劳性能,也只有在采用了多坐标数控加工技术和设备后,才能进行生产;并且由于采用高速切削技术,才使生产率大幅提高。实践证明,没有先进的制造技术,就没有真正强大的军工制造业;只有研究发展高新技术,提高军工制造业的生产能力和技术水平,为各种武器装备的设计制造奠定坚实的基础,才能建立起稳固可靠的军工制造业,实现国防现代化。

(2)军工先进制造技术的发展。

先进制造技术作为发展武器装备的重要基础性技术,在军工制造业和国防现代化中起着极其重要的作用。因此,发展先进制造技术在先进工业国家备受重视，被列入国家的重要发展计划。如2008年，美国国防工业委员会制造分会发布的《维持可持续性发展的国防工业基础》白皮书，将制造技术列为"影响美国国防工业的、与制造有关的七大关键因素"之首，并指出，"如果失去制造技术的领先优势，那么将失去国家安全"。2009年，美国在公布的《国防部制造技术项目战略规划》中指出："国防制造技术的愿景是，在国防武器系统整个生命周期内，实现快速响应的、世界一流水平的制造能力，并在经济可承受的条件下，快速满足战争的各种需求。"2016年，美国商务部部长、总统行政办公室、国家科学与技术委员会等向国会联合提交了首份《国家制造创新网络计划年度报告和战略规划》，围绕确保美国在先进制造业领域始终处于全球领先地位的愿景，列出了"国家制造创新网络"计划。在计划实施中，国防主导和引领作用凸显，在14家制造创新机构中，国防部负责8家。2018年，美国发布《美国先进制造业领先地位战略》，提出先进制造是美国经济实力的引擎和国家安全的支柱；坚实的国防工业基础，包括具有弹性供应链和创新力的国内制造业是国家头等大事，对经济繁荣和国家安全至关重要。因此，必须不断创新，以保持经济竞争力，并为军队作战提供在任何冲突中都能占据优势的能力。未来军工先进制造技术呈现出以下发展趋势。

① 数字化技术成为发展核心。

要缩短武器装备的研制周期、提高设计质量、降低武器装备全生命周期成本和提高武器装备研制的经济可承受性，就必须提升军工制造数字化能力和水平。该技术主要包括以下几个方面。

——多学科优化设计技术。武器装备十分复杂，其设计过程涉及多个学科，且各学科性能相互影响和制约，要使装备性能整体最优，需要综合加权考虑各学科的性能指标，对它的功能、行为、性能提供统一建模。在该模型基础上，针对实际装备特征和需求，用多学科解耦体系和优化技术，获得高精度、高性能和高性价比的设计模型。例如，欧洲军工领域联合构筑基于 Modelica 的欧洲系统库（Eurosyslib），来支持多领域统一建模和多学科优化设计技术。

——虚拟制造技术。虚拟制造作为信息时代制造技术的重要标志，是在不断吸收信息技术、管理科学成果的基础上而发展起来的，它可在不消耗现实资源和能量的前提下，对想象中的制造活动进行仿真，主要表现为三个方面。一是运用软件对制造系统中的五大要素（人、组织管理、物流、信息流、能量流）进行全面仿真，使之达到前所未有的高度集成。二是对生产过程、制造系统整体进行优化配置，以更好地指导实际生产。三是全面改进企业的组织管理工作。其技术内容主要包括：设计信息和生产过程的三维可视化、虚拟环境下系统全局最优化决策理论和技术、虚拟制造系统的开放式体系结构、虚拟产品的装配仿真、虚拟环境中及虚拟制造过程中的人机协同作业等。一般来说，虚拟制造的研究都与特定的应用环境和对象相联系。例如，美国在完全虚拟的环境下设计了美国海军的下一代航母——CVN 21，并在计算机上进行了虚拟的建造；人机交互的虚拟装配、装配顺序的智能优化、零工装柔性装配工艺等技术现在已在美国飞机、潜艇制造中广泛采用，大大提高了制造效益。

——数字化工艺技术。数字化工艺技术要实现三维环境下的数字化工艺规划和工艺知识重用，使制造资源可得到充分地利用和实现制造工艺过程计算机管理与控制。如，在美军DDG 1000驱逐舰的数字化建造过程中，有专门的规划软件工具用于生成数字化工艺规划。美军建设了先进材料、制造与测试信息和维护技术分析中心和知识库，采用以网络为中心的方法捕获制造工艺知识，使工艺过程实现数字仿真和优化工艺知识重用。在切削加工工艺方面，结合机床系统动态特性刀具路径仿真、切削力、刀具寿命和加工精度等条件，实现约束优化自适应控制，以提高加工效率等。

——质量保证和资源管理技术。武器装备研制周期和批量生产过程中的协同质量控制、质量问题追溯、快速检测等都是保证质量合格的重要技术。例如，美国洛·马公司采用Visiprise公司的MES软件实现多个工厂之间的协同质量控制；美军已经将质量问题追溯技术（RFID）广泛应用于武器装备的采办管理和武器装备研制供应链中，使用RFID实现对后勤物资从制造过程、工厂到士兵的全程跟踪。研制资源管理技术方面有：可重组制造系统、面向武器装备试制的车间制造执行，以及基于PLM的系统集成、基于网络的异地协同技术等。

②精密化技术是发展的关键。

精密化是指加工精度向精密化方向发展。精密化技术根据精度不同可划分为精密加工技术和超精密加工技术两类。其中，精密加工技术广泛地应用于武器装备的动力系统、武器系统、测控系统等零部件制造中。精密加工技术面临的技术难题是：针对特殊材料（如特软、特硬、脆、耐磨、难切削），特殊形状尺寸（特大、特小、特薄、特复杂）或其他特殊条件约束下高精度加工新原理和新方法的研究，如发动机、薄型舱壳、相控阵雷达天线等复杂仪表结构件的制造等。超精密加工技术一般不是指某种特定的加工方法或是加工精度比某一个给定的加工精度更高的一种加工技术，而是在机械加工领域，在一个时期内能够达到最高加工精度的各种加工方法的总称。目前的超精密加工，以不改变工件材料物理特性为前提，以获得极限的形状精度、尺寸精度、表面粗糙度、表面完整性为目标。

出于国防尖端技术发展的需要，美国率先发展超精密加工技术，开发出金刚石刀具超精密切削技术，用于加工激光核聚变反射镜、战术导弹和载人飞船用球面、非球面大型零件等。20世纪初，超精密加工技术的误差是10微米，20世纪70—80年代为0.01微米，现在仅为0.001微米，即1纳米。从海湾战争、科索沃战争，到阿富汗战争、伊拉克战争，武器的命中率越来越高，其实质就是武器越来越"精确"，导致现代战争向精确作战方向发展。现代超精密机械对精度要求极高，如人造卫星的仪表轴承，其圆度、圆柱度、表面粗糙度等均达到纳米级；基因操作机械，其移动距离为纳米级，移动精度为0.1纳米；细微加工、纳米加工技术可达纳米以下的要求，如离子束加工可达纳米级，借助于扫描隧道显微镜与原子力显微镜的加工，则可达0.1纳米。

③超常化技术是发展的焦点。

超常化是指在极端条件下，特需产品的制造技术，主要以微细加工技术和特种加工技术为主。其产品能在高温、高压、高湿、强冲击、强磁场、强腐蚀等超常条件下工作，或有高硬度、大弹性等特点，或极大、极小、极厚、极薄、奇形怪状的产品等，都属于超常化产品。

——微细加工技术。微细加工技术起源于半导体制造工艺，是指加工尺度在微米级的加工方式；在微机械研究领域中，它是微米级、亚微米级乃至纳米级微细加工的统称。微细加工方式十分丰富，目前常用的微机械器件加工技术主要有三种，即以日本为代表的精密机械加工技术，以德国为代表的LIGA技术（微系统），以美国为代表的硅微细加工技术（微机电系统）。以微机电系统应用为例，在军事武器中，用于精确制导技术、精确打击技术、微型惯性平台、微光学设备；在航空航天领域，用于微型飞机、微型卫星、"纳米"卫星（0.1千克以内）；在微型机器人领域，用于各种医疗手术、管道内操作、窃听与收集情报，等等。"微机电系统"可以完成特种动作与实现特种功能，乃至可以沟通微观世界与宏观世界，其深远意义难以估量。

——特种加工技术。特种加工技术是主要利用电、磁、声、光、热、液、化学等能量单独或复合对材料进行去除、堆积、变形、改性、镀覆等的非传统加工方法。特种加工技术主要包括电火花加工、电化学加工、高能束加工、超声加工、液体喷射加工、化学加工、复合加工等技术。如，美国采用"梅尔德"的新型固态金属沉积加工技术，该技术结合了搅拌摩擦焊接和增材制造的优势，用于战地废旧军事设备、废料回收再利用，以及战车轻质高强材料制造创新、高抗弹性能装甲防护涂层制备等方面。

④自动化技术是发展的条件。

自动化是指机械或工具的自动化，它是减轻、强化、延伸、取代人的有关劳动的技术或手段。自动化总是伴随有关机械或工具来实现的。机械是一切技术的载体，也是自动化技术的载体。今天自动化的内涵与水平已远非昔比，从控制理论、控制技术到控制系统、控制元件等，都有着极大的发展。自动化已成为军工先进制造技术发展的前提条件，是实现武器装备由机械化向信息化转变的重要基础。

例如，当前，大型航空复合材料部件制造主要由以自动丝束铺放（AFP）和自动铺带（ATL）为核心的自动化工艺完成，自动化在线检测综合利用传感器、大数据、机器学习、数字化和自动化技术，终结人工检查环节，能够带来的最大优势就是速度和效率的提升，同时还会带来额外的成本节省和潜在的质量提升。欧盟希望通过开发和应用自动化在线检测系统，能够将复合材料部件生产效率提升30%~50%，这将解决当前质量控制系统无法跟上飞机生产速度增加的问题（每月60架），帮助空客等制造商达到所需的生产率。而且，相关的人力节省和效率提升将进一步缩减制造成本。据空客估算，如果在A320neo复合材料机翼蒙皮制造中采用自动化在线检测系统，每年预计将节省1.5亿欧元。

⑤集成化技术是发展的方法。

集成化技术是指机械加工技术的集成化。目前，集成化技术主要包括以下几点。

——现代技术的集成。机电一体化是个典型，它是高技术装备的基础。

——加工技术的集成。特种加工技术及其装备是个典型，如激光加工、高能束加工、电加工等。

——企业的集成，即管理的集成，包括生产信息、功能、过程的集成，也包括企业内部的集成和企业外部的集成。通过集成，可以减少制造数据冗余，实现信息共享，便于对数据的合理规划和分布，便于进行规模优化，便于并行工程的组织实施，有利于保证制造数据的唯一性。

⑥网络化技术是发展的道路。

制造技术的网络化是先进制造技术发展的必由之路。制造业在市场竞争中，面临多方的压力：采购成本不断提高，产品更新速度加快，市场需求不断变化，全球化所带来的冲击日益加强，等等。网络技术的飞速发展，使得制造业突破了地域空间的限制，能够达到快速设计、快速制造、快速检测、快速响应和快速重组的目的。制造技术的网络化会导致一种新的制造模式，即虚拟制造组织，这是由地理上异地分布的、组织上平等独立的多个企业，在谈判协商的基础上，建立密切合作关系，形成动态的"虚拟企业"或动态的"企业联盟"。此时，各企业致力于自己的核心业务，实现优势互补，实现资源优化动态组合与共享。

⑦智能化技术是发展的前景。

智能化是指制造机械和工具的智能化。近20年来，制造系统正在由原先的能量驱动型转变为信息驱动型。这就要求制造系统不但要具备柔性，而且还要表现出某种智能，以便应对大量复杂信息的处理、瞬息万变的市场需求和激烈竞争的复杂环境。因此，智能制造越来越受到重视。可以说智能制造作为一种模式，是集自动化、集成化和智能化于一身，并具有不断向纵深发展的高技术含量和高技术水平的先进制造系统，也是一种由智能机器和人类专家共同组成的人机一体化系统。对于军工制造领域而言，智能化装备可以更有效、更经济地实现飞机、坦克装甲车辆、导弹、舰船等武器装备领域、普通数控装备难以实现的超常规制造任务，是保障当前及未来武器装备研制生产能力的重要基础。

1.2.3 军工信息化建设与智能制造

智能制造在军工制造业的演进与发展，是军工企业信息化建设的必然结果。

通过如图1.2-1所示的制造业信息化的发展阶段，可以看到制造业信息化如何从数字化走到网络化，再走到智能化。

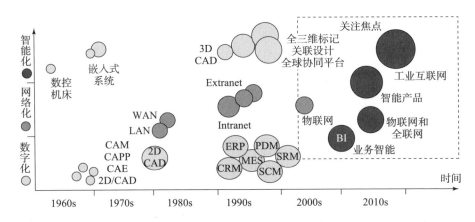

图 1.2-1 制造业信息化的发展阶段

军工企业的内部业务和外部业务，构成了企业信息化最基本的内涵。因此，军工企业的信息化建设，主要是围绕企业的业务而展开。这里面包含了两个层次的建设内容：内部信息化和外部信息化。

内部信息化包括研发信息化、产品信息化、生产信息化、管理信息化以及业务流程和组织再造，简称"四化一再造"。其中，产品信息化主要是指带有嵌入式系统的产品，其复杂程度各不相同。

外部信息化主要是指与企业关联的上游供应链和下游产品需求使用方关系的问题，上游包括原材料、零部件、工艺装备等，下游则与产品使用、维修保障等相关联。

军工企业信息化最早就是从数字化开始的。计算机刚刚发明的时候，本来是做科学计算的，很快就被用来做业务处理，提升管理效果。这是一个从下往上发展的过程，开始是做一些数据处理系统，如财务管理，包括一些统计报表处理；随后，逐渐上升到管理层，也就是开发管理信息系统（MIS），从财务管理、人事管理，到生产管理，一层层往上走；最后，上升到了决策层和开发决策支持系统（DSS）。因此，企业信息化建设，一开始就是处在数字化时期，此后逐步发展到网络化、智能化。

——数字化起步。通过信息化条件建设，数字化对传统军工企业的改造效果是显而易见的。比如，武器装备科研、生产制造环节使用的数控机床，从一轴到三轴、五轴、七轴，对军工制造企业的生产效率和业务流程产生了革命性的影响；又如，各种各样的计算机辅助系统，从计算机辅助设计（CAD）到计算机辅助工程（CAE）、计算机辅助制造（CAM）等，都对提高军工企业的核心能力产生了深远的变革。

需要指出的是，在军工企业的整个信息化建设改造中，工业软件扮演了一个非常关键的角色，可以说支撑了军工企业的数字化发展。但不足之处是，目前，中国制造业体量世界第一，占世界制造业份额的20%，但工业软件90%以上依靠进口，稍微复杂一点的，都不是国产；而且，中国工业软件的市场份额，仅占世界工业软件市场份额的1.7%。未来中国制造业、国防工业的发展，背后的根本支撑，很大程度上取决工业软件。今天在讨论中国还不能生产的工业产品时，很重要的原因，就是没有相应的工业软件支撑的制造设备。集成电路有很多难以突破的核心技术。其中，集成电路的设计就是重要的一环。高端集成电路的设计图纸，人工是画不出来的，是靠计算机辅助设计软件画出来的。没有最先进的这种软件，就不可能设计出最先进的集成电路。如果国外只卖给我们前二代、前三代的设计软件，那么中国也就只能去设计前二代、前三代的相关产品。工业软件的重要性由此可见一斑。

目前军工信息化建设中，已经投入了大量的财力和人力，在设计、生产制造、管理、装备、集成上采购了许多软硬件技术产品，包括计算机辅助设计（CAD）、计算机辅助工艺规划（CAPP）、计算机辅助工程（CAE）、计算机辅助制造（CAM）、产品数据管理（PDM）、产品全生命周期管理（PLM）、制造执行系统（MES）、办公自动化（OA）、企业资源计划（ERP）、供应链管理（SCM）等，主要目的就是将信息技术、自动化技术、现代管理技术与制造技术这四大技术相结合，实现设计制造的数字化、生产过程的自动化、制造装备的数字化、咨询服务的网络化和企业管理的信息化。但是，在实现方面主要还是采用的国外体系和标准，从底层基础软件到上层专业设计制造软件，大部分采用的还是国外的软硬件产品（如表1.2-1所示），从本质上来说核心技术和关键产品受制于人，安全不可控。

表1.2-1 制造信息化主要软硬件产品列表

序号	名称	产品类型	生产厂商
1	SolidWorks 3D CAD	设计制造专业软件	SolidWorks
2	PLM	设计制造专业软件	西门子（Siemens）
3	CATIA	设计制造专业软件	达索（Dassault）
4	Autodesk Alias Studiotools	设计制造专业软件	欧特克（Autodesk）

续表

序号	名称	产品类型	生产厂商
5	Pro/Engineer	设计制造专业软件	参数技术（PTC）
6	JobDISPO MES	设计制造专业软件	德国（Fauser）
7	Oracle	数据库基础软件	甲骨文（Oracle）
8	Windows	操作系统基础软件	微软（Microsoft）
9	WebSphere/Rational	中间件基础软件	IBM
10	Intel 处理器/AMD	处理器芯片基础硬件	INTEL/AMD

——网络化崛起。20 世纪 90 年代初，互联网开始在全球普及，企业的网络化也随之快速发展。除了应用互联网之外，企业的网络化有两个主要的方向。一是内部网，即将企业内部各个部门和下属单位所有的信息系统全部连在一个网上，这样极大地提高了企业内部业务的运行效率和有效性。另外一个是外部网，即把企业内部网的一部分向外部合作单位开放，求得横向打通，做到外部信息系统的一体化。经过"十一五"以来的信息化建设，军工信息化的发展存在两个不足之处。一是网络化的内向性，比如很多军工企业只做了内部网，几乎没有做外部网，这种情况与军工业务保密特殊性有关；二是业务智能的使用，在军工行业发展缓慢，这可能是因为"拍脑袋做决策"已经成为习惯。

制造业网络化带来的重大技术突破，至少表现在三个方面。一是关联设计系统。在虚拟设计与制造的环境下，网络可以支持成百上千个在线用户同时进行实时设计，使一个系统或者一台装备的总体、子系统之间的三维设计结果相互关联。二是网络化协同平台，网络化带来的不仅仅是交换信息，而且可以带来人员的协同工作。如 2000 年 9 月，以波音、洛·马、雷神、BAE 及 R&R 等为代表的美、英航空巨头，发起组建了大名鼎鼎的 Exostar，探索航空行业的供应链网络协同。目前，通过 Exostar 进行供应链管理和协同的有六大主制造商，涵盖 16 000 个不同规模的专业供应商。随后，欧洲航空企业的空中客车、达索航空、赛峰和泰雷兹，也跟随美国竞争对手的脚步，发起设立了一个属于欧洲航空工业的网络化协同制造平台（Boost Aero Space），于 2011 年正式对行业内客户提供服务。三是全三维标注技术。任何一个产品只要把三维图做出来，零部件的图纸就可以利用计算机软件和系统自然而然地分解和生成，这就使得企业得以形成单一的数据源管理。近几年，美国国防部和NASA非常重视的数字主线（Digital Thread），也正是三维标注技术的发展和延伸。

——智能化发展。企业智能化的发展起源，可以回溯到20世纪60年代初。

本质上，制造业的智能化和数字化基本上是同步的，不过在早期，只是单机或者单台设备。比如，像CAE这种非常复杂的软件，需要把计算、工程知识和人类的经验，都融合在里面。因此，工业软件并不简单是软件，而是一门非常精深的工业软件和行业学问。就智能化而言，若从数据处理的角度来看，早期业务智能（Business Intelligence）也是很重要的一个发展。

判断制造企业的智能化发展，需要回归到智能化的概念上来。2005年，美国总统信息技术咨询委员会提出，计算科学是由三个不同的元素组成的：计算机与信息科学、建模与模拟软件和计算的基础设施，这三点缺一不可。从计算科学的角度出发，智能化实际上包含四个基本的要素：模型、算法、软件和数据。研究任何一个问题，必须首先要把物理问题的数学模型构造出来。之后需要有一套模型计算的算法，例如各种微分方程和代数方程的求解；需要形成可以按算法重复执行计算的软件；而在计算的时候，则需要大量的数据处理和分析。如果只是做了信息的采集、存储、处理、检索和利用，这不是智能的系统，而只是一个简单的信息系统；即使把它们都连成网络了，仍然只是一个联网的信息系统，而不是一个智能的系统。因此，判定一个企业信息化发展是否真正到了智能化的程度，需要从这四个方面去评估。目前，一些制造企业搞智能制造，开展智能工厂建设，如果需要仔细推敲其真伪，最好的衡量方法，就是利用这把具有四个维度的尺子。

1.2.4 智能制造技术对军工制造的促进作用

在军工科研、生产活动中运用智能制造技术，不仅能实现武器装备的高质量、低成本研制，提高武器装备研制的快速响应能力，而且有助于推动武器装备研制手段向数字化、智能化转型升级，满足未来武器装备研制需求。

（1）有利于实现武器装备的快速、高质量、低成本研制。

在军工制造业发展智能制造技术，一方面，可以使CAD、CAM、CAPP、数字化制造装备等得到快速发展，大幅提升生产系统的功能、性能和自动化程度；另一方面，这些技术集成可形成柔性制造单元、数字化车间乃至数字化工厂，使生产系统的柔性自动化不断提高，并向着具有感知、决策、执行等功能特征的智能化系统发展，将显著提高武器装备研制生产的自动化、智能化水平；武器装备制造过程更加稳定，有助于提高武器装备质量，进一步降低武器装备研制成本，缩短武器装备研制周期，提升武器装备快速响应能力。

目前，以智能机器人为典型代表的智能制造装备，已经开始得到应用。例如，美、英、日等国均已全面采用机器人焊接设备，实现舰船船体、坦克、战车、导弹舱段、火箭燃料储箱等装备的全自动智能焊接。

（2）有利于加速武器装备研制手段向数字化、智能化转型升级。

数字化、智能化是制造业发展的必然趋势，也是各国争夺第三次工业革命先发优势的主战场。武器装备研制也要顺应时代发展潮流，通过增材制造、基于模型的新型设计方法、虚拟制造、虚拟试验等数字化技术，以及工业机器人、传感器技术、智能控制识别技术、智能仪表等智能化技术的研究突破，推进工业机器人、精密仪表、新型传感器、智能工控机等在武器装备研制中的应用，将有利于形成新的武器装备制造工艺体系，加速武器装备研制手段向数字化、智能化方向转变，为未来武器装备研制提供有力技术保障。

（3）有利于实现武器装备的节能环保和安全可靠生产。

发展智能制造，可以应用更节能环保的先进装备和智能优化技术，有助于从根本上解决军工生产制造过程的节能减排问题。另外，智能工业机器人能够代替人从事一些单调、频繁和重复的长时间作业，或是在危险、恶劣的工作环境下作业，或是用于弹药、火工品等高危产品制造，能够有力保障武器装备生产的本质安全性。

1.2.5 智能制造在国外军工制造领域的应用

为了适应新军事变革和信息化战争的要求，国外国防工业领域都在不断推进以数字化、网络化和智能化为核心的工业体系建设，并取得了显著成效。

（1）政府出台智能制造发展战略，促进军工智能制造技术发展。

①美国。

美国为实现制造业整体复兴，重塑高端制造业，从2011年起，连续发布《美国先进制造业领先地位战略》《国家先进制造战略规划》《赢得本国先进制造竞争优势》等战略性文件，均将智能制造作为重要内容，作为21世纪占领世界制造技术领先地位的基石。

——2011年，美国确定了智能制造的4个优先行动计划。在搭建工业建模与仿真平台方面，为虚拟工厂和企业创建社区平台（包括网络、软件），开发用于生产决策的下一代软件和计算架构工具箱，将人类因素和决定融入工厂优化软件和用户界面中，为多个行业扩展能源决策工具的可用性。在工业数据采集和管理系统方面，为各个行业建立一致的、有效的数据模型，如数据协议和接口、通信标准等。在业务系统、制造工厂和供应商集成方面，通过仪表板报表、度量、常用的数据架构和语言等优化供应链绩效。在智能制造的教育和培训方面，加强建立智能制造的人才队伍，如培训模块、课程、设计标准、学习者接口。

——2012年，美国政府宣布实施"国家制造创新网络"计划，组建制造创新机构，打造辐射全美的技术研发成果转化协同创新体系，加速整个国家的制造创新。目前，已组建的14家制造创新机构中有13家由国防工业行业主导（8家由国防部主导、5家由能源部主导），其中"增材制造""数字化制造与设计""制造环境中的机器人""智能制造"4家创新机构以智能制造关键技术研发推广为主攻方向，前3家由国防部牵头组建，第4家由能源部牵头组建，既服务武器装备建设需求，又引领全国智能制造发展，国防工业成为美国国家智能制造发展的领跑者。

②德国。

2000年，德国政府发布"微系统技术2000"规划，该规划为期4年，旨在开展微系统技术和成果的转化应用，扩大微系统技术在国防、经济中的普遍影响。2006年，德国首次从政府层面提出了《德国高科技策略》，并多次提到应加强创新，在新一轮工业革命中与美国、日本、中国开展竞争。2010年，发布《数字德国2015》，具体内容包括：发展电子能源和智能电网、智慧国防，研究电动车，建设智能交通体系，将云计算技术应用于工业领域中。2011年，首次提出"工业4.0"概念，旨在利用物联网技术提高德国制造业水平。2014年，发布《数字化议程：2014—2017》。2015年，发布《德国工业4.0实施战略报告》，明确"工业4.0"战略实施的核心模块及相关课题领域，以军工企业西门子等大公司带小公司的途径发展。2016年，德国发布《数字化战略2025》，提出包括"工业4.0"在内的面向未来的10个行动步骤，以应对在数字化转型过程中面临的诸多挑战，缩短整个国家在数字化建设和应用方面与美国的差距。

③英国。

作为曾经的"现代工业革命的摇篮"和"世界制造工厂"，英国的现代化发展绝大多数来源于制造业。然而，在出现第三产业和金融业后，英国制造业开始低迷，制造业从业人员从 30 年前的 500 万人下降到 300 万人；同时，在 2008 年金融危机中，英国损失惨重，政府当局认识到"要强大和富国，必须靠制造业"，并以此为依托，开展"再工业化"。为促进制造业回流，抢占制造业新的制高点，力保"全球工厂"和"当代工业革命的摇篮"的荣誉，英国试图将已经挪到其他地区的公司、生产线和交易搬回本国，推出了"高价格制造"策略，期望鼓舞英国公司在本国制造出更多全球高附加值产品。2012 年，英国启动了对未来制造业开展预知的策略研究项目，即"英国制造 2050"。该项目通过分析制造业面临的问题，提出英国制造业发展与重新崛起的政策。2014 年，英国贸易、创造和技能部发布了《工业策略：国家与工业之间的合作关系》，旨在加强英国制造业的竞争性，促使其可持续成长，并减少未来的不确定性。

④法国。

2010 年，法国政府在"新产业政策"中，明确将工业置于国家发展的核心位置，提出了法国必须进行再工业化。2013 年，推出了"新工业法国"战略，旨在通过创新重塑工业实力，使法国处于全球工业竞争力第一梯队。2015 年，法国推出"新工业法国Ⅱ"战略，战略布局优化为"一个核心、九大支点"。其中，一个核心为未来工厂，九大支点为新资源开发、可持续发展城市、环保汽车、现代化物流、新型医疗、大数据经济、智能装备、网络与信息安全、新型食品等。2016 年，法国公布"未来工厂"标准化战略。

⑤日本。

1990 年，日本政府提出了智能制造研究十年计划，并联合欧美国家，协商共同成立 MS（智能制造系统）国际委员会。1992 年，日、美、欧三方共同提出研发合作系统，该系统中人和智能设备不受生产操作和国界限制。1994 年，启动了先进制造国际合作研究项目，包括全球制造、制造知识体系、分布智能系统控制等。为应对德国"工业 4.0"、美国工业互联网对日本制造业的挑战，在分析本国制造硬件及嵌入式软件技术方面优势及产业特点的基础上，日本政府将机器人发展作为向智能制造迈进的主要抓手。2015年，日本政府发布《机器人新战略》，旨在将机器人与IT技术、大数据、网络、人工智能等深度融合，使日本成为世界机器人创新高地、世界一流的机器人应用国家，引领世界机器人产业的发展。

（2）智能工厂成为推进军工智能制造发展的重要抓手。

德国"工业4.0"战略、欧盟委员会"单一数字市场"战略、法国"新工业法国Ⅱ"战略、韩国"制造业创新战略3.0"等均明确提出将智能工厂作为推进智能制造发展的重要抓手和着眼点，一些军工企业和机构也开始积极探索智能工厂建设。

2015年2月，美国通用电气公司按照"工业互联网"理念建立了柔性制造工厂，该工厂将通过数据与硬件设备连接，实时感知、分析、优化制造资源与制造过程，无须人员和设备调整即可按照订单迅速转产，使产品研发周期缩短20%，制造及供应链效率提高20%。英国谢菲尔德大学先进制造研究中心研究建造投资4 300万英镑的世界上首个完全可重构装配和零部件制造的2050未来工厂。日本山崎马扎克机床公司提出SMART工厂概念，目标是将先进制造装备、自动化技术、先进生产实践全部数字化集成，实现过程控制和操作监控数据信息共享，工厂内所有制造系统都被设计成"可快速转换"，适应小批量、多组件的生产需求。

围绕智能工厂建设，虚拟制造、增材制造、智能传感器、机器人、智能机床网络实物系统、大数据、云计算、物联网等智能制造发展重点也在稳步开展。例如，2015年1月，美国数字化制造与设计创新机构开展了智能制造相关技术领域的项目招标，主要包括："工厂网络安全基础设施评估""智能机床通信标准""车间增强现实和可穿戴计算""面向网络实物制造的操作系统"等。英国谢菲尔德大学先进制造研究中心正在开展"智能加工：机床和刀具的内嵌传感器"研发，旨在使传感器变得更小，将仅有几分之一毫米的温度传感器植入切削刀具刀刃中，以降低传感器的制造成本。与此同时，智能制造的新技术也开始投入使用，如芬兰JOT自动化公司2015年推出一种自适应加工机器人系统，在一个连续工序中完全实现喷气发动机涡轮叶片机加工、检测以及抛光的自动化，解决了加工协调性问题，避免了手工精加工工序，减少了切削时间，显著提高了零件尺寸精度。

（3）数字化能力建设成为牵引军工智能制造实施的关键。

围绕缩短装备研制周期，节约研制成本等发展需求，军工领域的设计/制造/管理集成技术在系统集成解决方案实施应用等方面取得了一定进展。

2018年，美国国防部发布《国防部数字工程战略》，将国防部以往线性、以文档为中心的采办流程，转变为以模型和数据为核心的数字工程生态系统，使国防部逐步形成以模型和数据为核心的工作方式。目前，美国国防部已实施数字系统模型、数字线索、飞行器机体数字孪生、工程弹性以及计算研究和工程采办工具与环境等多个数字工程转型计划和项目。

俄罗斯政府积极推进数字化制造工程。俄罗斯工贸部联合几家军工企业，在莫斯科MAKS-2017航展上，展示了"俄罗斯4.0"（4.0RU）数字化工业制造方案模型。该模型以MS-21客机的一个螺栓为例，模拟了从企业提出需求到设计生产、再到交付运货商的整个数字化制造过程。

为适应飞机研发制造全球协同研发模式这一需求，法国达索航空公司于2015年推出了"面向运营的生产"（Build to Operate）工业解决方案。该方案可以提供所有生产能力的实时可见，包括生产车间、生产线、生产单元及单个生产设备等，是实现制造企业持续改进的一个关键技术；可用于加速新生产线的启动，达到最佳的生产速度。通过实施该方案，可使故障率下降25%，材料利用率提高25%，首次质量改进提升15%以上。

英国罗尔斯·罗伊斯公司通过深度参与美国"数字化制造与设计"创新机构的项目，来提升数字化水平。一个典型项目是关注供应链MBD/MBE改进，目标是利用现有的和新兴的基于模型的定义（MBD）和基于模型的企业（MBE）技术，扩展现有的以零件几何尺寸标注为主的产品定义方法，实现产品全生命周期内的语义模型标注、行为参数标注、环境定义标注等，提升MBD/MBE在整个供应链上的互操作能力。此外，数字孪生、数字线索也是该公司研究发展的重点方向之一。

（4）虚拟/增强现实技术显著提高武器装备研制生产效率。

虚拟现实技术是一种可以创建和体验虚拟世界的仿真系统，它利用计算机生成一种模拟环境，用户可以沉浸到该环境中，实现一种多源信息融合的交互式三维动态视景和实体行为的系统仿真。在虚拟现实技术基础上，还发展出了增强现实和混合现实等技术。

虚拟现实技术在国防领域的应用迅速扩大，可构建出更加真实的装备研发和制造场景，佩戴专用设备的设计人员和用户可异地实时共享设计制造信息，取得显著效果，有助于改进研制方案，缩短研发周期，同时满足武器装备在质量、安全性和精度上的严苛要求。

——提升装备设计合理性和研制效率。美国洛·马公司利用虚拟现实技术构建无缝数字化环境，能够将设计和制造集成在过程中，使工程人员在沉浸式虚拟环境中进行产品研发，对产品设计和制造工艺进行验证、测试和优化，以此减少返工。目前，洛·马公司已将其用于制造卫星零部件，并将会扩展到导弹研制上。雷神公司、英国BAE系统公司等军工集团也已将虚拟现实技术用于导弹等武器装备的设计开发过程，并验证虚拟现实技术在生产过程中的应用效益。美军已将增强现实技术应用于福特级航母和"弗吉尼亚"攻击性核潜艇研制。2015年，美国国防部启动"基于增强现实和可穿戴设备的车间布局"项目，旨在提高武器装备设计制造效率。

——改进产品制造过程和缩短制造时间，并逐渐成为推进智能制造的关键技术之一。2015年，法国发动机制造商、斯奈克玛公司将最先进的激光投影技术和虚拟现实辅助系统，用于新型LEAP发动机脉动装配生产线建设中，显著提升工人在整个装配过程中不同工位的舒适度和效能，以进一步缩短发动机装配时间。空客、洛·马、通用电气等军工集团在应对智能制造这一发展趋势中，均将虚拟现实技术作为构建"未来工厂"的重要技术之一。空客公司在"未来工厂"建设构想实施中，已经将混合现实应用工具作为下一步主推的一种智能化便捷使用工具，致力于将数字化样机集成到生产环境中，向生产工程师提供零部件3D模型；利用该工具，操作人员可以与飞机数字化样机虚拟环境实现良好交互。目前，已经开始用于A380、A350XWB生产线中，检测A380机身上6万~8万个支架所需的时间从3个星期缩短到仅仅3天。

（5）工业机器人技术在军工制造领域应用范围不断扩展。

随着科学技术的不断发展，工业机器人已成为柔性制造系统、自动化工厂、计算机集成制造系统的自动化工具，代表着未来智能制造装备的发展方向。随着机器人灵巧操作、自主导航、环境感知与传感、人机交互等关键技术水平的提升，工业机器人在国防制造领域应用范围从焊接、表面喷涂钻孔等传统领域迅速扩展，在飞机复杂空间装配、导弹精密系统装配、复合材料成型等多个领域取得应用突破，以不断满足高性能武器装备高效研制生产需求。

①降低大型复杂结构制造成本。

朱姆沃尔特级驱逐舰（DDG-1000）是美国海军新一代多用途对地打击宙斯盾舰，该舰体系结构复杂，但体现了美国海军的科技实力、财力的雄厚以及设计思想上的前瞻，是美国海军的新一代主力水面舰艇。研制生产过程中，由于传统人工焊接难以较好满足耗时的大型复杂结构制造要求，DDG-1000的垂直发射系统（VLS）大规模采用了机器人焊接技术，节省了劳动力和材料，缩短了建造时间，相应技术推广到DDG-51级驱逐舰后续舰建造中，预计节省成本近700万美元。

②提高产品检测性能。

美国海军研究实验室（NRL）开发了一套复合材料测试机器人，它是一个多载荷机器人，有六个可用于线性运动和制动的设备。当材料样品一端被抓手控制时，制动器将移动抓手控制材料样品的另一端，使其能进行拉伸、弯曲和旋转等组合动作。与传统上只能检测单一载荷下材料的性能方式相比，该机器人能进行更多测试，利用先进的数学方法能创造一个与实际试验结果完全相符的理论模型，因而能得到复合材料在任何可能负载下的性能。

③提高研制生产效率。

目前机器人在装配加工简单形状和结构中已得到广泛应用。如，连接筒形机身和将机翼蒙皮与翼梁、翼肋进行装配。美国波音公司正在实施一项名为"黑金刚石"的计划，旨在验证将更多的机器人自动化装配融入飞机复杂结构制造中。这项计划将提高基于计算机详细模型的工程技术水平，使机器人应用到更复杂的复合曲线形状和内部结构装配中，实现一个工序完成已钻孔部件的装配和紧固，提高装配精度与效率。

④提高生产安全性和可靠性。

潜艇和航母舱内甲板的表面维护常在危险的环境中进行，这给操作工人带来许多安全问题，此外，其中一些表面船厂工人无法接触到。为了能够到达这些地方，船厂必须移动大量的管道设备，增加了额外的工作和成本。美国海军金属加工中心开发了一个解决方案，旨在降低成本并改善工人安全性，主要措施是改进了现有遥控履带牵引装置，用来在船上危险或难于抵达的区域进行各种检查、涂层清除和维护工作。同时，开发了一个不足254mm高、381mm宽的遥控爬行装置，能够到达狭窄部位，进行清除涂层和检测工作。该项目通过减少舱底甲板所需的人工维护工作，可为海军节约近2.67亿美元。

(6) 工业物联网技术开始在军工企业部署实施。

物联网技术与军工行业技术整合之前，要严格考虑军工生产中的相关技术标准，且设置有效的安全保障体系，构建有效的模式。在行业技术与新技术融合的过程中，对于原有军工安全生产技术、生产流程管理精密技术、通信技术以及自动化技术等各方行之有效的融合，实现新老技术的集成。随着传感器技术、网络技术、信息处理技术、无线射频技术等工业物联网关键技术的不断成熟，工业物联网开始在军工企业进行部署实施。

①FANUC Intelligent Edge Link and Drive（FIELD）系统实现工厂机器设备的互联。

由包括发那科、思科、罗克韦尔自动化等多家公司共同研发的FANUC FIELD系统以思科和罗克韦尔自动化共同开发的"全厂融合以太网（CPwE）"架构为基础，利用罗克韦尔的Stratix以太网交换机，在确保工业用途所要求的安全性的同时，将机器人及多种机床接入"思科统一计算系统（Cisco UCS）"，这样能实现自动化系统中的机床、机器人、周边设备及传感器的连接，并提供先进的数据分析，提高生产过程中的生产质量、效率、灵活度，缩短停机时间以及提高设备可靠性，从而提高设备综合效率（OEE），促进生产利润提升。同时，FIELD系统还实现了先进的机器学习和深度学习能力。

②以"智能空间"为代表的工业物联网平台。

Ubisense公司开发了工业物联网平台——"智能空间"（Smart Space）。该平台通过建立一个实时镜像实现生产环境的数字孪生，将现实世界中的活动与制造执行及计划系统联系起来，可实时监测三维空间中的交互，即时掌握移动资产相关的可见性和可衡量性。该平台不仅能告知资产所在位置，还提供高级别的控制，以确保在指定工作区中不会使用不受控制的工具。此外，"智能空间"平台还提供对资产和工具的电子审计，详细描述所有客户所配置设备的行踪，使制造商能快速有效地对现场检查作出回应，避免因装配和错过交货期的延误。目前，洛·马公司在F-35战斗机生产线上部署该平台，构建了F-35战斗机生产线的数字孪生，大幅提升制造效率，为洛·马公司的"工业4.0"战略提供基础平台。

③柔性工厂合作联盟加速物联网技术在工厂的应用。

2015年，日本政府提出《机器人新战略》，明确指出物联网技术是日本智能制造发展的重要战略方向之一，并成立"物联网升级制造模式工作组"，以弥补日本制造业在互联网技术上的短板，带领日本制造业重新做大做强。2017年，欧姆龙公司、电气公司（NEC）、富士通公司、国际先进电信研究所（ATR）等7家单位，联合成立"柔性工厂合作伙伴联盟"。该联盟是日本产业界落实《机器人新战略》的一个重要举措，将成为物联网技术在制造业中发展应用的重要推动力，其目的是促进无线通信协调控制技术标准化，实现各种无线通信系统的协调控制、稳定通信，推进无线通信等物联网技术在制造工厂中的应用，提高生产效率，并推广技术标准的应用。

1.2.6 智能制造在我国军工制造领域的应用现状及问题

《中国制造2025》是中国推动传统制造业转型升级和应对新技术革命，实现高端化跨越发展的整体谋划。智能制造是实现转型发展和跨越发展的最佳途径。通过智能制造能够带动各产业的智能化水平的提高，其数字化、网络化、智能化成为主攻方向。

国防科技工业是国家战略性产业，是国家制造业的重要组成部分，也是工业4.0的决胜之地。武器装备科研生产多为复杂产品，一般为多家厂所协同设计制造，并需要具备快速反应、变批量生产、全生命周期支持等多方面的能力，充分体现了一个国家工业化的基础能力和管理水平，处于中国工业4.0发展的核心地位，国防科技工业要在《中国制造2025》战略中发挥独特作用、集智攻关、重点突破。

（1）应用现状。

"十一五""十二五"期间，我国国防科技工业加强了信息化建设的顶层设计和统筹规划，开展了数字化生产线、管理信息化等方面的建设，推动了军工核心能力升级，有效保障了军工任务的完成。信息化已经成为国防科技工业坚持走两化深度融合发展道路，实现跨越式发展的必然选择；成为推动创新驱动发展，提升国防科技工业核心竞争力的根本保障；为形成数字化、智能化的国防科技工业科研、生产和管理体系奠定了坚实的基础。

①具备军工智能制造发展的良好基础。

目前，我国军工企业已经具备了一定的信息化软硬件基础和条件。各军工单位完善了军品数字化研制标准规范体系，通过云计算技术在航天制造与服务领域落地形成的云制造技术推广应用,在船舶行业中转化形成的"智慧海洋"模式等,创新了网络化条件下的敏捷制造模式,为国防科技工业在"智能化"相关领域积累了大量的理论成果和实践经验。比如,计算机应用已覆盖生产、经营、设计、物资、财务和人事等方面,保障了军民两用品的研制和生产;以CAD、CAPP、CAM、CAE等为代表的数字化单项技术在军民两用品的研制和生产中得到广泛应用,有效地支撑了产品设计、性能优化、仿真分析等,提高了科研生产的质量和水平。

②总体处于向数字军工发展的转型阶段。

我国国防科技工业通过一系列科研项目、研制保障条件建设、批量生产技术改造、专门的信息化示范工程建设等手段,有效支持了武器装备设计、制造、管理、试验、测试等方面的数字化、集成化、网络化发展。各军工单位提升了IT基础设施的集中管理能力,强化了数字园区规划设计。实现了网络资源的集中监控和管理,建立了多功能、半实物仿真集成测试和联试的初始环境,加强了复杂环境模拟和信源提供能力,改善了外场试验性能测试评估和试验验证基础设施,提高了设计和仿真分析水平,提升了核心高端制造和关键工艺能力。但从总体上看,我国国防科技工业目前还处于由机械军工向数字军工发展的转型阶段,一些行业领域的信息化应用尚处于由单项技术应用向系统集成的过渡时期。

③部分军工企业率先开始了智能制造探索。

以中航工业直升机公司下属的昌飞集团为例,在数字化设计和制造技术上与国际接轨,公司在S-92项目中开启了数字化制造之路;引进了CATIA设计软件,电子数据首次成为生产依据,逐步实现了普通加工到数控加工、手工测量到三维坐标和激光跟踪仪测量的转变;开发了昌飞数字化制造系统(CPS),以产品准时化交付为目标,以每架飞机在铆装、总装、试飞三个阶段的实物运动轨迹为实物流,建立虚拟"流动"生产线,从装配到交付的整个离散过程,设定了从铆接、内部喷漆、地面工序、安装、总装、全机交付、军检到交付出厂等在内的27个站位。同时,通过引入CAVE系统(虚拟现实显示系统),通过呈现出的1:1立体影像,感受驾驶舱的各项操作和"检测和维修"发动机等各种零部件。

(2)存在问题。

整体来看,我国军工企业的信息化水平仍处于集成能力平台建设和数字化应用的初级阶段,军工信息化发展存在缺乏整体规划、核心业务覆盖程度较低、信息系统与实际业务运作匹配程度不高、信息平台和资源共享滞后、应用深度以及对管理支撑力度不足等问题。与国外军工先进智能制造水平还有一定距离，表现在以下4个方面。

①信息化建设分散、重复问题突出。

我国虽然出台了军工智能制造发展的有关政策指导文件，但由于军工企业的信息化总体发展思路、顶层规划不够，造成集团内企业、企业内各部门之间各自为战，形成了不同的软硬件环境、不同的数据结构、不同的规范标准，信息系统分散建设、独立运行，相互之间不能得到有效的集成，难以形成体系和发挥整体效益，现有信息化能力和基础难以支撑军工智能制造的发展。

②缺乏一体化集成及数字化协同手段。

集成与协同已经成为信息化发展的重要方向。目前军工企业在CAD、CAPP、CAM等数字化单项技术应用普及，数字化设计、制造、试验和工程管理仍处于单点、分散、局部的应用状态，相互隔离，未能有效地与军工科研生产的实际要求和业务过程相结合，缺乏系统间的信息共享、一体化集成及流程的协同与优化，系统集成、并行工程、异地协同、敏捷制造、精益生产等集成技术和新型制造模式的初步应用不足。

③信息化核心技术和支撑软件受制于国外。

从信息安全保密角度来看，国防科技工业信息化建设所需的工业控制芯片、工业软件、操作系统、数据库、设计开发工具等核心技术与支撑软件，重大产品研发和工程实施所需的硬件装备与软件系统等信息化关键技术产品尚做不到完全自主，国产装备替代能力还有待提高，存在着信息安全风险和隐患。

④对信息化发展规律的认识有待提高。

一方面，信息化管理部门与业务管理部门、信息系统用户之间的交流、协作和配合有待进一步加强，业务管理部门对信息化建设需求牵引认识不足。另一方面，军工科研生产管理固有的难度大、复杂程度高等特点，给信息化建设带来较大挑战；传统军工科研生产管理模式已不适应新的创新发展模式，一定程度上影响了企业信息化建设。

1.2.7　小结

为适应新一代信息技术与制造业深度融合的发展，以及新军事变革对武器装备发展的要求，我国军工制造业应准确把握现阶段信息化建设的核心,逐步推进智能制造建设,不断提升国防科技工业的信息化水平,提高军工核心竞争力。

(1) 完善数字化的武器装备科研生产体系。

武器装备系统具有研发成本高、技术含量高、小批量定制化、集成度高的特点。设计制造环节逐步从二维模式向三维模式过渡,试验测试逐步从实物样机向虚拟仿真发展,流程和体系逐步从串行、并行向全面协同发展。传统物理样机的研制模式和技术已不能适应现代武器装备研制快速性和创新性的需求,以数字样机为核心的研制模式已成为新一代武器装备研制能力的重要途径。全面提高武器装备的研发和生产整体水平,应以军工产品数字化设计制造和信息化管理为重点,全方位建立科研、生产、经营和管理的数字化武器装备科研生产体系。

(2) 强化国防科技工业数字化关键技术体系。

从武器装备全生命周期管理入手,针对每个环节适用的技术,构建由系统总体技术群、管理技术群、制造工艺与装备技术群、设计制造一体化技术群,以及支撑技术群等组成的国防科技工业信息化的关键技术体系。设立重大专项、集智攻关、重点突破。一是加强对新一代信息技术、智能制造技术等关键技术瓶颈攻关;二是加强操作系统、工控系统、集成电路、新能源、新工艺、新材料等基础技术攻关;三是支持物联网、互联网、大数据、云计算、无线通信等应用为基础,与武器装备的研制环节紧密融合。

(3) 建立全生命周期数字化综合集成能力平台。

武器装备全生命周期的各个阶段,都有赖于先进技术的支持,应顺应制造业信息化技术"集成与协同"的发展趋势,将数字化综合集成作为关键环节,将信息技术与型号研制业务过程的产品全生命周期充分融合,构建面向产品全生命周期的数字化综合能力平台。这包括需求分析、概念设计、详细设计、设计定型、生产制造、试验与其他工程设计、后勤支持、运行操作以及培训等多个关键活动或阶段,并将数字化平台进行集成,实现跨专业、跨学科、跨平台、跨地域的协同研制生产,支撑武器装备的快速研制和创新。

(4) 构建高效安全的大数据应用服务体系。

数字化的核心是大数据,科研生产和管理中产生的直接信息及衍生信息呈几何级数膨胀,其大部分数据未能进行系统利用。为此,应围绕产品全生命周期的相关信息进行采集、传输、存储、运算和分析，构建覆盖全行业的"大数据中心"。通过智能化分析模型和方法，对"大数据"进行分析利用，通过建模、仿真、控制和优化，发现生产运营全过程中的知识，使整个生产运营过程具备灵敏准确的感知能力、正确的判断能力、灵活的自组织能力以及有效的协同执行能力，为提升国防科技工业智能制造水平提供支撑。

（5）打造可靠、安全的保密防护体系。

在开展军工智能制造能力建设中，必须解决新技术使用带来的安全保密风险，始终应将安全保密防护体系作为智能制造建设的重要内容和前提。建立和完善基础信息安全体系，进一步完善包括标准规范、安全保密、人才培养等在内的安全保障机制，制定涉及云计算、物联网、无线传输、卫星定位、数据中心等相关技术的安全保密标准；制定高层次的工业控制系统安全策略和实践规范，在大幅提升信息化程度的同时，确保信息安全与保密。

第 2 章 智能工厂建设基本理论

自动化、数字化、网络化、智能化技术是制造业实现转型升级和创新发展的四项关键技术，映射到制造工厂层面，体现为从自动化工厂、数字化工厂、数字互联工厂到智能工厂的演变，如图 2.0-1 所示。

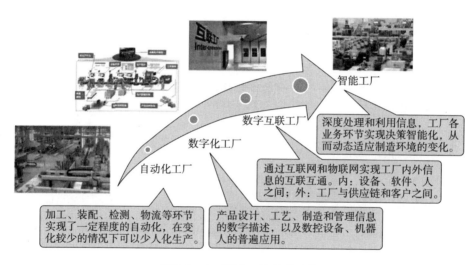

图 2.0-1 制造工厂发展路线

自动化工厂（Automated Factory）：加工、装配、检测、物流等环节实现了一定程度的自动化，在变化较少的情况下可以少人化生产。

数字化工厂（Digital Factory）：强调信息技术，尤其是工业软件在工厂的应用，如 MES、APS、SCADA、设备管理、质量管理系统、数字化工厂仿真等，解决生产过程的工业化、生产过程追溯和按订单拣货等。

数字互联工厂（Connected Factory）：强调互联网技术在工厂中的应用，其目的是实现工厂在数字化支撑下的信息和数据互通。一方面是信息互通，比如通过网络互联，实现生产、财务、管理等部门管理信息互通，高效协同；另一方面是机器设备与产品数据互通，提高数据交换、处理和使用效率。

智能工厂（Smart Factory）：强调信息系统（IT）与自动化系统（OT）的融合，能够适应小批量、多品种的生产模式，实现混流生产，通过全自动化（大批量）或人机结合的自动化生产线，充分利用机器人、AGV、DPS 来进行拣货和现场配送，利用人工智能技术对质量、能耗、设备等大数据进行分析，应用机器视觉、FMS 技术。

2.1 数字化工厂概述

2.1.1 数字化工厂的概念

从概念上说，数字化工厂涵盖产品设计、工艺设计、虚拟仿真、生产管理、制造数据管理。德国工程师协会对数字化工厂的定义包括下述三个方面。

——数字化工厂是由数字化模型、方法和工具构成的综合网络，包含仿真和 3D/虚拟现实可视化，通过连续无中断的数据管理集成在一起。

——数字化工厂是一种新型生产组织方式，以产品全生命周期的相关数据为基础，在计算机虚拟环境中对整个生产过程进行仿真、评估和优化，并进一步扩展到整个产品生命周期。

——数字化工厂主要解决产品设计和产品制造之间的鸿沟，实现产品全生命周期中的设计、制造、装配、物流等各个方面的功能，降低设计到生产制造之间的不确定性；在虚拟环境下将生产制造过程压缩和提前，并得以评估与检验，从而缩短产品设计到生产转化的时间，并且提高产品的可靠性与成功率。

总之，数字化工厂是利用数字化技术，集成产品设计、制造工艺、生产管理、企业管理、销售和供应链等各方面人员的知识、智慧和经验，进行产品设计、生产、管理、销售、服务的现代化工厂模式。这种模式特别依赖泛在网络（互联网、物联网）技术，实时获取工厂内外相关数据和信息，有效优化生产组织的全部活动，达到生产效率、物流运转效率、资源利用效率最高，对环境影响最小，充分发挥从业人员能动性的结果。

2006 年，美国总结了以制造为中心的数字制造、以设计为中心的数字制造和以管理为中心的数字制造，并考虑了原材料和能源供应和产品的销售供应，提出用工程技术、生产制造和供应链这三个维度来描述工厂的全部功能和活动，如图 2.1－1 所示。

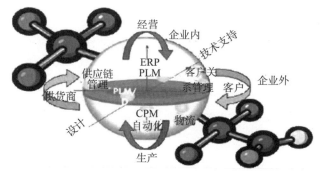

图 2.1-1　数字化工厂模型用三个维度表达

通过建立描述这三个维度的信息模型，利用适当的软件就能够完整表达围绕产品设计、技术支持、生产制造以及原材料供应、销售和市场相关的所有环节的功能和活动。

如果这些描述和表达能够得到实时数据的支持，还能够实时下达指令指导这些活动，并且为实现全面的优化能源在这三个维度之间进行交互，可以肯定地说这就是我们理想的数字化工厂。如果在此基础上能在市场营销、能源优化利用诸方面引入智能商务和智能能源管理，显然这一定是智能工厂了。

换一种表达方式，我们可以把数字化工厂看作是产品工程、工厂设计与优化、车间装备建设及生产运作控制等的数字化，其目的是实现产品的数字化设计、产品的数字化制造、经营业务过程和制造过程的数字化管理，以及综合集成优化等，如图 2.1-2 所示。

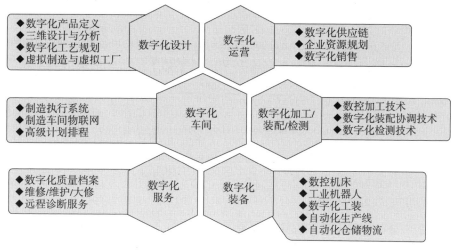

图 2.1-2　数字化工厂

2.1.2 数字化工厂的结构模型

数字化工厂的结构模型分为三个层次,如图 2.1-3 所示。

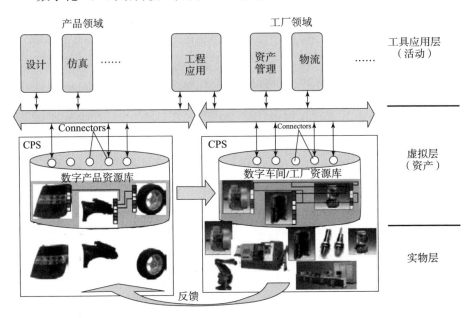

图 2.1-3 数字化工厂的结构示意图

底层是包含产品构件(如导航与控制分系统、发动机、结构件等)和工厂生产资源(如传感器、控制器和执行器等)的实物层。

第二层是虚拟层,对实物层的物理实体进行语义化描述,转化为可被计算机解析的"镜像"数据,同时建立数字产品资源库和数字化工厂资源库的联系。

第三层是涉及产品全生命周期过程的工具/应用层,包括设计、仿真、工程应用、资产管理、物流等各个环节。数字化工厂概念的最大贡献是实现虚拟(设计与仿真)到现实(资源分配与生产)。

通过连通产品组件与生产系统,将用户需求和产品设计通过语义描述输入资源库,再传递给生产要素资源库,制造信息也可以反馈给产品资源库,从而打通产品设计和产品制造之间的"鸿沟"。更进一步,实现了全网络统筹优化生产过程的各项资源,在改进质量的同时减少设计时间,加速产品开发周期。

2.1.3 数字化工厂的核心要素

数字化工厂建设的核心要素可以归纳为工厂装备数字化、工厂物流数字化、设计研发数字化、生产过程数字化,如图 2.1-4 所示。通过这四个方面的建设,数字化工厂带动产品设计方法和工具的创新、企业管理模式的创新。

图 2.1-4　数字化工厂核心要素

在这四个要素中,工厂装备数字化是数字化工厂建设的前提和基础,为设计、研发、生产等各个环节提供基础数据的支持。工控产品,如 PLC、伺服电机、传感器等仍然是数字化工厂不可或缺的部分。在此基础上,工厂物流数字化能够从被动感知变为主动感知,实现透明、安全和高效,包括产品运输过程跟踪、运输车辆跟踪定位、物料出库、物料配送上线等。

更加重要和经常被切断的环节,来自上游的设计。通过设计研发数字化,从而实现设计、工艺、制造、检测等各业务的高度集成,包括 CAD/CAPP/CAE/CAM/PLM 的集成,虚拟仿真技术、MDB 模型的应用,产品全生命周期管理等。

生产过程数字化主要是利用数字化的手段应对更复杂的车间生产过程管理,这其中最重要的是制造执行系统 MES 的建设以及 MES 与 ERP/PLM 和车间现场自动化控制系统的交互。

MES 在智能制造领域的作用越来越明显。MES 既是一个相对独立的软件系统,又是企业信息传递路由器,汇集市场与服务、产品设计、MRP/ERP、供应链等信息,并转化为详细的生产作业指令,从而实现复杂产品制造过程生产现场的管理与控制。MES 向上承接 ERP 下达的生产计划以及 PLM 经过仿真验证的产品 BOM,向下衔接车间现场 SCADA 控制系统,弥补了 ERP 与车间过程控制之间的真空,实现了工业 4.0 所强调的垂直方向上的集成以及贯穿价值链的端到端工程数字化集成。如图 2.1-5 所示充分反映了数字化工厂几大核心系统之间的数据信息流动关系,强调了不同系统之间的应用边界和交互界面。

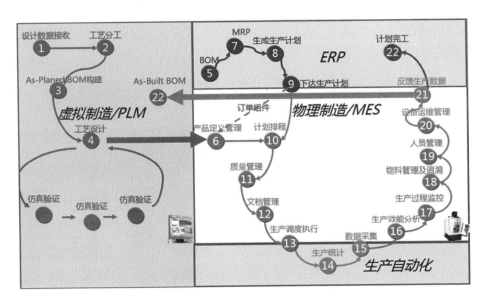

图 2.1-5 数字化工厂核心系统间的数据信息流动

2.1.4 数字化工厂转型路径

数字化工厂以产品全生命周期的相关数据为基础，在计算机虚拟环境中，对整个生产过程进行仿真、评估和优化，并进一步扩展到整个产品全生命周期的新型生产组织方式，是现代数字制造技术与计算机仿真技术相结合的产物。

在数字化工厂进程中，首先是产品设计要镜像地进行仿真，同时生产资源也要镜像到数据库中，包括传感器、控制器、数控机床、机器人、物流装备和测试等，生产的管理和技术体系都要纳入虚拟的数字世界中。然后在一个平面上，设计和生产资源进行流转。目前，很多企业存在信息孤岛问题，因为不同时期采购了不同的系统，造成 CAD 和 CAPP 不通，MES 和 ERP 不通等诸多问题，数据无法在一个平面上进行快速的流转。产品设计与生产过程无法无缝集成。

（1）转型升级的内容。

数字化工厂转型升级，不但包括装备、信息控制和通信这些子系统的数字化，还包括生产系统仿真数字化、产品和工艺设计的数字化。

数字化装备是指将传统的机电设备中，融入传感器、集成电路、软件和其他信息元器件，从而形成机械、电气、信息技术深度融合的设备。具体包括控制程序化、接口标准化、管理网络化等内容,典型的如数控机床、工业机器人等。

数字化传感是指原来模拟传感器和仪表升级成数字传感器和仪表,并输出数字信号以利于存储、传输和后期处理。这导致了和这些仪表、传感器或设备通信的可编程逻辑控制器(PLC)或网关的 IO 接口类型的变化,即模拟接口越来越少、数字化接口比例越来越高甚至直接基于以太网传输。

控制和通信系统在数字化进程中则面临的是架构变化,从早期的基地式气动仪表控制系统、电动单元组合式模拟仪表控制系统,演进到集中式数字控制系统和集散式控制系统(DCS),并进而发展成全分散、全数字化的现场总线控制系统(FCS),并继续朝着采用工业以太网、OPC – UA、TSN 等数字通信技术以及边缘计算、工业云、工业大数据等智能赋能技术的方向发展。

生产系统仿真是指对工厂(或其他层级生产系统)的布局、生产设备、生产过程、生产条件、仓储物流进行仿真,建立结构层次清晰的 3D 模型。例如,我们可以逼真地在虚拟世界里建立一个完整的工厂或一个复杂的配送中心,然后在虚拟环境下通过对产量、存储面积和交付周期等关键指标进行分析,可以及早发现工厂布局中的不足和瓶颈因素,有效提高工厂布局规划的效率和效果。

数字化产品和工艺设计主要是指利用软件完成产品设计以及在 3D 虚拟环境中的制造过程的规划、设计、分析、仿真和优化。数字化产品和工艺设计不仅仅可以提升产品设计和工艺的效率、降低生产成本,同时也是基于数字化的产品全生命周期管理的重要组成部分。

(2)转型升级的途径。

数字化工厂是在信息集成的基础上,对研发、制造、管理等各个环节进行全面的过程集成,构建数字化工厂是一项艰巨并且复杂的系统工程。而任何复杂系统工程的实施都离不了系统建模、系统仿真、系统分析和优化,同样数字化工厂也不能例外。

针对企业的数字化转型框架模型如图 2.1 – 6 所示。其重点是根据当前企业现状从管理咨询维度和 IT 信息化维度,分解智能制造时代数字化车间、数字化工厂和数字化企业的层级关系,面向落地和实施。

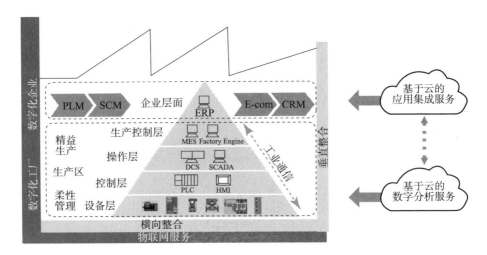

图 2.1-6　企业数字化转型框架模型

随着现代制造对产品开发的要求不断提高，以及产品逐步转向多品种、小批量的订单模式，企业内各系统之间的统一性与有效整合问题就逐渐浮出水面。

目前，大多数企业面临的是对原来工厂从基础信息化与自动化向数字化改造的问题。无论是建新厂还是改造老厂，首先要面对的问题就是数字化工厂的规划，而每一家企业所处的阶段都不尽相同，这就需要梳理企业现状，量身剪裁出合身的数字化工厂规划蓝图。数字化工厂实施路径如图 2.1-7 所示。横轴代表技术水平，纵轴代表管理水平。管理水平从基础管理、标准化管理一直到集成化管理、智能化管理。技术水平从基础 IT 与自动化，到业务流程变革，再到系统集成，最后实现信息化理融合系统（CPS）。企业可以根据自身所处的阶段，关注本阶段需要重点去推进的事情，做到工业 2.0 补课，工业 3.0 普及，工业 4.0 为目标。

在数字化工厂建设的过程中，有了细致周密的数字化规划蓝图，就拥有了数字化工厂建设的基点和指南针。接下来就应该选择最合适的技术，这里特别注意不是指最先进的技术，先进的技术并不一定能在企业数字化建设中发挥最大的效用，需要根据企业自身功能和用途需求合理决策。在信息化程度还比较低的企业，RFID 技术的使用不见得比条码技术更实用。

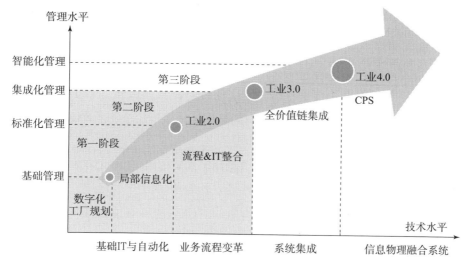

图 2.1-7　数字化工厂实施路径

2.1.5　数字化工厂与自动化工厂

数字化生产作为智能制造第一种基本范式，和目前仍待普及的自动化生产有明显区别，但同时又有直接的联系。

（1）内涵和理论基础有所不同。

从本质来看，数字化是信息化的概念，自动化基本属于电气化和工业化的范畴；自动化和数字化（描述的对象）都包括信号、系统和过程，但是自动化更侧重（一个封闭的、有反馈的）系统，数字化更侧重信号和过程。

自动化生产是一个在没有人员直接干预下能够自动工作、实现从检测到控制再到反馈的过程，并且在出现扰动等意外仍然能保持平稳工作，其理论基础是机械工程和控制理论，计算机和仪表只是应用技术。而在工业场景，数字化生产是指把人、机、料、法、环、测等资源属性和状态、甚至控制与业务系统本身属性和状态等信息，转化为有特定含义的数据包，以供信息化系统传送、共享、集成和应用的过程，其理论基础是信息论。

从概念角度上来说，同样从嵌入式系统发展而来的自动化生产和 CPS 系统在包含了机电、软件单元连接并有交互控制的系统特征方面更为接近，而数字化生产概念更为开放。

（2）目标和应用范围不同。

自动化生产的目标直接指向解决生产效率和一致性的问题。数字化生产的目标是形成覆盖（制造系统）诊断、设计、研发、建设、运维、升级（或退服）的系统全生命周期的数据管理，以支撑进一步的集成和应用。

自动化生产主要是应用于生产领域甚至只是某个制造单元，但数字化生产则要打通自动化和信息化的关节，实现超越生产系统的更大范围甚至跨企业的集成，能够服务于产品全生命周期（设计、生产、物流、销售、服务、回收等）的技术和业务活动。

总之，自动化生产和数字化（信息化）生产分别在固化和发展工厂的两项核心——工艺和管理，这是两者最主要的不同。

2.2 数字互联工厂概述

2.2.1 数字互联工厂的内涵

数字化只是实现智能制造的第一步。进行数字化转型后，企业必须通过互联让数据得以传递和利用，从而真正发挥数字化的价值，这也是近年来智能数字化设备、物联网和工业互联网等领域快速发展迭代的主要推动力，建立数字互联工厂的迫切需求也由此而生。

（1）什么是互联？

在一个企业中，把各种数字化设备、生产系统、企业业务系统及人连接在一起，使人与机器及流程有机结合起来，从而为生产运营创造出新价值的生态体系，我们简单称之为互联工厂。在2013年，罗克韦尔公司根据当时的技术发展趋势，提出了互联工厂的发展理念和愿景，并致力于促进其技术演变、发展，帮助客户构建互联工厂，实现智能制造。

（2）为何实现智能制造必须先建立起数字互联工厂？

最重要的原因还是数字化。随着技术的发展，企业底层的设备已经普遍采用了各种数字化的设备，从传感器、仪表到执行机构都具备了数字化的属性。数字化设备可以在完成本职工作的同时，积累各种数据，让人们可以掌握现场发生的动作和设备的健康状态等信息。但这些数据只有被工业物联网传送和利用时，才可以帮助企业实现预测性维护等功能，真正创造价值。

目前制造业的工业物联网主要由工业以太网以有线的形式来实现，这种形式还将持续一段时间，估计5~10年，自组5G网络的应用将推动工业物联网进入无线阶段。

在生产现场普遍实现数字化的同时,对于生产线层级的控制系统就有了更高的要求。因为这个时候,处于 ISA-95 架构一层和二层的控制系统,除了需要完成常规的自动化任务以外,还必须具备边缘计算的能力。这主要由于底层的数字化设备除了提供控制信号外,还带来了大量的数据,这些数据在边缘层进行就地处理可以更快地响应现场需求,同时又节省了对企业网络带宽的占用。因此一层和二层的控制系统就需要应用集中控制和信息一体化的架构来完成。

如果在这个层级企业可以以同样的系统和架构,通过应用不同的组件和模块,实现多种控制方式,那么实现互联将变得非常容易。比如在通常的离散控制系统,加上运动控制模块可实现运动控制的功能,加上流程控制的软硬件可以实现过程控制,以此类推至批次控制、传动控制、安全控制等,从而让企业不同的流水线、不同的工段和车间都可以利用同样的架构和网络。在这样的架构下,你可以轻松地将整个企业价值链的生产数据流和产品物流同时打通,扩展一下还可以进一步连接供应链和市场销售网络,实现横向的互联。

这个层级的控制系统完成控制程序和数据处理后,其结果部分作为命令回馈到底层设备,还有一些数据则提供给三层的信息化系统,如制造执行系统(MES)或者制造运营管理系统(MOM)作为底层基础数据。MES 和 MOM 往上对接 ERP 等企业级系统,往下对接生产控制系统,使企业内部的数据流在纵向也可以完全打通。所以互联工厂可以为制造企业实现智能制造所需要的横向互联、纵向互联及端到端互联打下坚实的基础。

(3)构建数字互联工厂能为企业带来哪些好处?

横向互联可快速响应需求。横向互联让企业一手连接市场,一手连接供应链,企业在中间既可以快速准确地获得市场的变化信息和客户的偏好趋势,又能够及时地与供应链合作起来,调动企业资源和供应链资源一起应对变化,从而使企业永远快人一步,以更快的速度推出更契合市场需求的产品。

纵向互联可提升运营水平。纵向互联让企业内部自上而下的数据传递更加流畅,ERP 系统接受客户订单后,可以第一时间下达至 MES 系统,MES 系统把订单分解成生产人员、设备和物料的安排并开始组织生产。反过来,生产现场发生的活动、OEE、生产进度、生产过程中的设备健康状态、产品质量、物料的损耗等信息也可以自下而上地传递给管理人员供决策使用。总之，企业的数字化使工厂方方面面的情况更加透明，而数据互联后则可以进一步帮助企业管理者随时掌握企业的运营情况，帮助企业提高生产设备利用率，提升生产效率，降低企业风险。

端到端互联可降低运营成本。数字化互联工厂在生产过程中产生大量的数据，这些数据在企业不同的系统里有不同的作用，因此在企业内部各系统中进行端到端的数据共享和互联也可以创造重要的价值。如仓储管理系统和供应链订单系统的互联、企业产品研发设计系统和生产系统及产品的售后服务系统之间的互联等。为了更好地感受端到端互联的优势，用一个生活中的例子做类比。当病人去医院看胸科时，医生会安排病人去做各种化验和拍片检查，隔天同一个病人又去看消化科时，医生可以直接调用昨天在胸科获得的基础报告数据，而不用再重新检查一次，这个数据甚至可以在不同医院进行共享。这两个医院和科室使用这个报告的目的可能是不同的，但是这个简单的端到端互联的例子大大节约了资源和时间，因而可以同时为病人和医院带来巨大价值。

互联的初心就是要通过对数据的利用为企业带来新的竞争优势，互联工厂建立的过程也是对数据从采集到利用再到优化的过程。通常，企业数据利用的最后阶段也是深度利用的阶段，是由大数据平台来完成的，这也是产生很多智能化应用的基础平台。这个大数据分析处理平台也叫作工业互联网平台。

总结来说，将数字化设备、数字化生产线和生产车间、制造执行系统、企业数字化业务系统、云端（私有云或者公有云）的工业互联网，按照 ISA-95 架构建立起来的数字互联工厂正是企业实现智能制造值得参考的基本范式，也是智能制造之数字化、网络化和智能化发展道路的落地形式。

2.2.2 数字互联工厂的实现方式

制造工厂的数字化互联，是通过使用相同或不同的网络，将工厂中的各种计算机管理软件、智能装备连接起来，以实现设备与设备之间、设备与人之间的信息互通和良好交互的过程。

将生产现场的智能装备连接起来的网络被称为工业控制网络，包括现场总线（如 Profibus、CC-Link、Modbus 等）、工业以太网（如 Profinet、CC-Link IE、EtherNet/IP、EtherCAT、Powerlink、EPA 等）、工业无线网（如 WIA-PA、WIA-FA、WirelessHART、ISA100.11a 等），对控制要求不

高的应用还可使用移动网络（如2G、3G、4G以及5G网络）。

工厂的生产管理系统可以直接使用以太网连接。对于智能制造，往往还要求工厂网络与互联网连接，通过大数据应用和工业云服务实现价值链企业协同制造、产品远程诊断和维护等智能服务。为了防止窃密，在工厂网络与互联网连接中要设防火墙，特别防止木马、病毒攻击企业网络，注意网络信息安全与功能安全。

2.2.3 数字互联工厂的网络架构

智能制造的首要任务是信息的处理与优化，工厂内各种网络的互联互通则是基础与前提。没有互联互通和数据采集与交互，工业云、工业大数据都将成为无源之水。数字互联工厂中的生产管理系统（IT 系统）和智能装备（自动化系统）互联互通形成了数字化互联网络。

按照所执行功能不同，数字互联工厂的网络划分为不同的层次，自下而上包括现场层、控制层、执行层和计划层。符合该层次模型的一个数字互联工厂的网络结构如图2.2-1所示。随着技术的发展，该结构呈现扁平化发展趋势，以适应协同高效的智能制造需求。

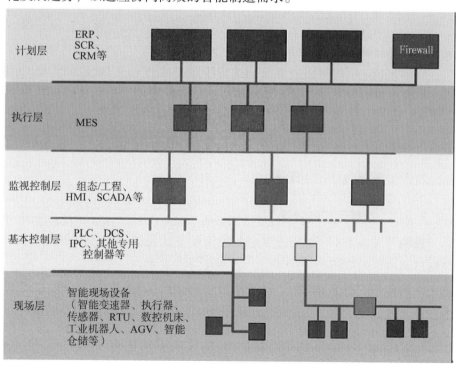

图 2.2-1　数字互联工厂的网络结构

数字互联工厂的网络各层次定义的功能以及各种系统、设备在不同层次上的分配如下。

——计划层：实现面向企业的经营管理，如接收订单，建立基本生产计划（如原料使用、交货、运输），确定库存等级，保证原料及时到达正确的生产地点以及远程运维管理等。企业资源规划（ERP）、客户关系管理（CRM）、供应链关系管理（SCM）等管理软件都在该层运行。

——执行层：实现面向工厂/车间的生产管理，如维护记录、详细排产、可靠性保障等。制造执行系统（MES）在该层运行。

——监视控制层：实现面向生产制造过程的监视和控制。按照不同功能，该层次可进一步细分为三个层级监视层，包括可视化的数据采集与监控（SCADA）系统、HMI（人机接口）、实时数据库服务器等，这些系统统称为监视系统。

——基本控制层：包括各种可编程的控制设备，如PLC、DCS、工业计算机（IPC）、其他专用控制器等，这些设备统称为控制设备。

——现场层：实现面向生产制造过程的传感和执行，包括各种传感器、变速器、执行器、RTU（远程终端设备）、条码、射频识别，以及数控机床、工业机器人、工艺装备、AGV（自动引导车）、智能仓储等制造装备，这些设备统称为现场设备。

数字互联工厂的网络互联互通本质上就是实现信息/数据的传输与使用，具体包含以下几层含义：物理上分布于不同层次、不同类型的系统和设备通过网络连接在一起，并且信息/数据在不同层次、不同设备间的传输；设备和系统能够一致地解析所传输信息/数据的数据类型甚至了解其含义。

2.3 智能工厂的概述

2.3.1 智能工厂的内涵

德国"工业4.0"对智能工厂的定义如下。德国"工业4.0"是以智能制造为主导的第四次工业革命，其涉及两大主题：一是智能工厂，重点研究智能化生产系统及过程，以及网络化分布式生产设施的实现；二是智能生产，主要涉及整个企业的生产物流管理、人机互动以及增材制造在工业生产过程中的应用等。

德国"工业4.0"对智能工厂的定义相对是比较明确。定义中的前半句"智能化生产系统及过程"，是指除了包括高端机床、热处理设备、机器人、AGV、测量测试设备等数字化、自动化的硬件生产设施以外，还包括对生产过程的智能管控，站在信息化的角度，就是我们平时所说的 MES。后半句"网络化分布式生产设施的实现"中的"分布式"，英文是 Distributed，就是 DNC 的第一个单词。后半句的意思就是将分布在不同地点的数控设备、机器人等数字化生产设备设施联成网络，实现互联互通，乃至达到状态感知、实时分析、自主决策、精准执行的自组织生产。前期，我们通过军工固定资产投资项目，开展的信息化条件建设中实施的 DNC/MDC（设备联网、设备监控系统）是其重要基础。

从本质看，智能工厂是信息物理深度融合的生产系统，通过信息与物理一体化的设计与实现，制造系统构成可定义、可组合，制造流程可配置、可验证，在个性化生产任务和场景驱动下，自主重构生产过程，大幅降低生产系统的组织难度，提高制造效率及产品质量。

从功能看，智能工厂是面向工厂层级的智能制造系统。通过物联网对工厂内部参与产品制造的设备、材料、环境等全要素的有机互联与泛在感知，结合大数据、云计算、虚拟制造等数字化和智能化技术，实现对生产过程的深度感知、智慧决策、精准控制等功能，达到对制造过程的高效、高质量管控一体化运营的目的。

2.3.2 智能工厂的特征

智能工厂将人、机器和资源通过信息物理融合系统（CPS）搭建起一个社交网络，彼此之间自然地相互沟通协作；机器将不再由人来主宰，而是拥有自我适应的能力，通过不断的学习来满足甚至超出人类的需要。智能工厂生产出的产品，能够理解自己被加工制造的细节以及将如何被使用，能够解答"哪些参数被用来处理我""我应该被传送到哪里"等问题。智能工厂的特征如图 2.3-1 所示。

从建设目标和愿景角度来看，智能工厂具备五大特征：敏捷、高生产率、高质量产出、可持续、舒适人性化。

从技术角度来看，智能工厂具备五大特征：全面数字化、制造柔性化、工厂互联化、高度人机协同和过程智能化（实现智能管控）。

从集成角度来看，智能工厂具备三大特征：产品生命周期端到端集成、工厂结构纵向集成和供应链横向集成，这与"工业 4.0"的三大集成理念是一致的。

综合起来，智能工厂主要有以下 3 点特征。

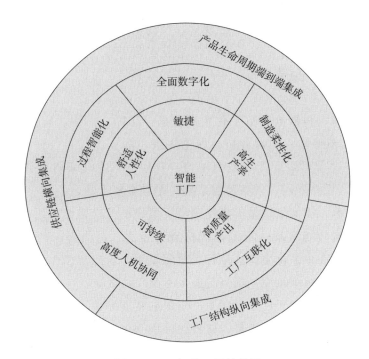

图 2.3-1 智能工厂的特征

(1) 工厂结构纵向集成。

作为一个高层级的智能制造系统,智能工厂表现出鲜明的系统工程属性,具有自循环特性的各技术环节与单元按照功能需求组成不同规模、不同层级的系统,系统内的所有元素均是相互关联的。在智能工厂中,制造系统的集成主要体现在以下两个方面。

首先是企业数字化平台的集成。在智能工厂中,产品设计、工艺设计、工装设计与制造、零部件加工与装配、检测等各制造环节均是数字化的,各环节所需的软件系统均集成在同一数字化平台中,使整个制造流程完全基于单一模型驱动,避免了在制造过程中因平台不统一而导致的数据转换等过程。

其次是虚拟工厂与真实制造现场的集成。基于全资源的虚拟制造工厂是智能工厂的重要组成部分,在产品生产之前,制造过程中所有的环节均在虚拟工厂中进行建模、仿真与验证。在制造过程中,虚拟工厂管控系统向制造现场传送制造指令,制造现场将加工数据实时反馈至管控系统,进而形成对制造过程的闭环管控。

(2) 高度人机协同。

传统的人机交互中，作为决策主体的人支配"机器"的行为，而智能制造中的"机器"因部分拥有、拥有或扩展人类智能的能力，使人与"机器"共同组成决策主体，在同一信息物理融合系统中实施交互，信息量和种类以及交流的方法更加丰富，从而使人机交互与融合达到前所未有的深度。

制造业自动化的本质是人类在设备加工动作执行之前，将制造指令、逻辑判断准则等预先转换为设备可识别的代码并将其输入制造设备中。此时，制造设备可根据代码自动执行制造动作，从而节省了此前在制造机械化过程中人类的劳动。在此过程中，人是决策过程的唯一主体，制造设备仅仅是根据输入的指令自动地执行制造过程，而并不具备如判断、思维等高级智能化的行为能力。

在智能工厂中，"机器"具有不同程度的感知、分析与决策能力，它们与人共同构成决策主体。在"机器"的决策过程中，人类向制造设备输入决策规则，"机器"基于这些规则与制造数据自动执行决策过程，这样可将由人为因素造成的决策失误降至最低。与此同时，在决策过程中形成的知识可作为后续制造决策的原始依据，进而使决策知识库得到不断优化与拓展，从而不断提升智能制造系统的智能化水平。

（3）过程智能化。

车间与生产线中的智能加工单元是工厂中产品制造的最终落脚点，智能决策过程中形成的加工指令全部将在加工单元中得以实现。

为了能够准确、高效地执行制造指令，数字化、自动化、柔性化是智能制造单元的必备条件。首先，智能加工单元中的加工设备、检验设备、装夹设备、储运设备等均是基于单一数字化模型驱动的，这避免了传统加工中由于数据源不一致而带来的大量问题。其次，智能制造车间中的各种设备、物料等大量采用如条码、二维码、RFID 等识别技术，使车间中的任何实体均具有唯一的身份标识。在物料装夹、储运等过程中，通过对这种身份的识别与匹配，实现了物料、加工设备、刀具、工装等的自动装夹与传输。最后，智能制造设备中大量引入智能传感技术，通过在制造设备中嵌入各类智能传感器，实时采集加工过程中机床的温度、振动、噪声、应力等制造数据，并采用大数据分析技术来实时控制设备的运行参数，使设备在加工过程中始终处于最优的效能状态，实现设备的自适应加工。

例如，传统制造车间中往往存在由于地基沉降而造成的机床加工精度损失，通过在机床底脚上引入位置与应力传感器，即可检测到不同时段地基的沉降程度,据此,通过对机床底角的调整即可弥补该精度损失。此外,通过对设备运行数据的采集与分析,还可总结在长期运行过程中,设备加工精度的衰减规律、设备运行性能的演变规律等,通过对设备运行过程中各因素间的耦合关系进行分析,可提前预判设备运行的异常,并实现对设备健康状态的监控与故障预警。

2.3.3 智能工厂的作用

建设智能工厂,将柔性自动化技术、机器人技术、物联网和信息技术、人工智能和大数据技术全面应用于产品设计、工艺设计、生产制造、工厂运营等各个阶段,是制造企业提质增效、节能降本的重要手段。其重要作用有以下几点。

①及时响应需求。

满足客户的个性化需求,适应动态多边的市场环境。

②降低劳力需求。

通过机器换人、人机协作,降低劳力成本,提升效率和质量。

③高效高精制造。

优化生产流程和制造工艺,实现复杂零件和高效高精制造。

④可持续制造。

保证高效率的同时,实现可持续制造。

⑤提升制造智能。

实现从基于经验的制造向基于科学预测的制造转变。

2.3.4 智能工厂的关键技术

德国工业 4.0、美国重振制造业、中国制造 2025 等战略强调,智能工厂的核心技术是构建 CPS,但 CPS 不是某项特定的专业性技术,而是一个综合了网络通信技术、大数据技术、传感器技术等诸多先进技术的有机体。

(1) 智能工厂的基础建设:智能制造装备与工业大数据技术。

围绕智能工厂的低层——制造装备的智能化及多源异构数据的获取与转换、大数据安全可靠传递与高效计算、制造业务驱动的工业大数据分析等关键问题,重点开展如下研究:制造过程的信息采集与制造装备的智能化;智能工厂信息物理系统;制造大数据标准与信息安全;智能工厂大数据分析应用平台;制造云数据组织与实时运行。

(2) 制造资源建模与优化组织。

针对动态多变的市场,需要优化利用社会资源及企业内部资源,需要对制造资源建模。具体包括以下几点：工厂资源建模（开发能力、制造能力、管理）；制造任务描述建模（质量、成本、交货期）；制造资源的柔性设计与动态管理；基于交货期、制造资源、资金链建模。

（3）智能工厂使能技术。

智能工厂的核心软、硬件是智能制造的重要使能技术，具体包括以下几点：适应个性化需求的设计研发（包括增材制造技术）；面向任务的物联网构建；面向智能工厂应用的虚拟现实/增强现实（VR/AR）系统；制造装备智能监测与安全保障技术与系统；制造工程智能控制及软件，如切削工艺、刀具优化控制；生产线管控系统；效益约束的制造任务智能决策软件；智能物流技术与装备。

（4）技术验证与示范企业规划。

提供示范验证技术，推动发展与推广应用，具体包括以下几点：各项使能技术的技术验证；新一代人工智能技术（大数据智能、人机混合智能、群体智能、跨媒体智能、自主智能等）在智能工厂中的应用；培育智能技术服务型产业；企业示范：选择以下有代表性的示范企业；行业示范如核、航空、航天、船舶、兵器、电子信息等；3D 打印生产线示范，3D 打印已经呈现其颠覆性，将成为 21 世纪的重要生产模式。

2.3.5 智能工厂的基本架构

智能工厂的基本架构可通过三个维度进行描述，如图 2.3-2 所示。

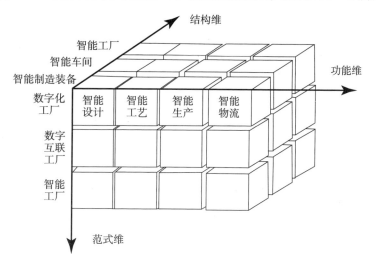

图 2.3-2　智能工厂的基本架构

（1）功能维：产品从虚拟设计到物理实现。

①智能设计。

通过大数据智能分析手段精确获取产品需求与设计定位，通过智能创成方法进行产品概念设计，通过智能仿真和优化策略实现产品高性能设计，并通过并行协同策略实现设计制造信息的有效反馈。智能设计保证了设计出精良的产品，快速完成产品的开发上市。

②智能工艺。

智能工艺包括工厂虚拟仿真与优化、基于规则的工艺创成、工艺仿真分析与优化、基于信息物理融合系统（CPS）的工艺感知、预测与控制等。智能工艺保证了产品质量的一致性，降低了制造成本。

③智能生产。

针对生产过程，通过智能技术手段，实现生产资源最优化配置、生产任务和物流实时优化调度、生产过程精细化管理和智慧科学管理决策。智能制造保证了设备的优化利用，从而提升了对市场的响应能力，摊薄了在每件产品上的设备折旧。智能生产保证了敏捷生产，做到"just in case"，保证了生产线的充分柔性，使企业能快速响应市场的变化，以在竞争中取胜。

④智能物流。

通过物联网技术，实现物料的主动识别和物流全程可视化跟踪；通过智能仓储物流设施，实现物料自动配送与配套防错；通过智能协同优化技术，实现生产物流与计划的精准同步。另外，工具流等其他辅助流有时比物料流更为复杂，如金属加工工厂中，一个物料就可能需要上百种刀具。智能物流保证生产制造的"just in time"，从而降低在制品的资金消耗。

（2）范式维：从数字化工厂、数字互联工厂到智能工厂的演变。

数字化、网络化、智能化技术是实现制造业创新发展、转型升级的三项关键技术，对应到制造工厂层面，体现为从数字化工厂、数字互联工厂到智能工厂的演变。数字化是实现自动化制造和互联，实现智能制造的基础。网络化是使原来的数字化孤岛连为一体，并提供制造系统在工厂范围内，乃至全社会范围内实施智能化和全局优化的支撑环境。智能化则充分利用这一环境，用人工智能取代了人对生产制造的干预，加快了响应速度，提高了准确性和科学性，使制造系统高效、稳定、安全地运行。

①数字化工厂。

数字化工厂是工业化与信息化融合的应用体现,它借助于信息化和数字化技术,通过集成、仿真、分析、控制等手段,为制造工厂的生产全过程提供全面管控的整体解决方案,它不限于虚拟工厂,更重要的是实际工厂的集成。

②数字互联工厂。

数字互联工厂是指将物联网技术全面应用于工厂运作的各个环节,实现工厂内部人、机、料、法、环、测的泛在感知和万物互联,互联的范围甚至可以延伸到供应链和客户环节。通过工厂互联化,一方面可以缩短时空距离,为制造过程中"人—人""人—机""机—机"之间的信息共享和协同工作奠定基础;另一方面还可以获得制造过程更为全面的状态数据,使数据驱动的决策支持与优化成为可能。

③智能工厂。

制造工厂层面的两化深度融合,是数字工厂、互联工厂和自动化工厂的延伸和发展。通过将人工智能技术应用于产品设计、工艺、生产等过程,使得制造工厂在其关键环节或过程中能够体现出一定的智能化特征,即自主性的感知、学习、分析、预测、决策、通信与协调控制能力,能动态地适应制造环境的变化,从而实现提质增效、节能降本的目标。

(3)结构维:从智能制造装备、智能车间到智能工厂的进阶。

智能可在不同层次上得以体现,可以是单个制造设备层面的智能、生产线的智能、单元等车间层面的智能,也可以是工厂层面的智能。

①智能制造装备。

制造装备作为最小的制造单元,能对自身和制造过程进行自感知,对与装备、加工状态、工件材料和环境有关的信息进行自分析,根据产品的设计要求与实时动态信息进行自决策,依据决策指令进行自执行。通过"感知→分析→决策→执行与反馈"大闭环过程,不断提升性能及其适应能力,实现高效、高品质及安全可靠的加工。

②智能车间(生产线)。

制造车间(生产线)由多台(条)智能装备(产线)构成,除了基本的加工/装配活动外,还涉及计划调度、物流配送、质量控制、生产跟踪、设备维护等业务活动。智能生产管控能力体现为通过"优化计划—智能感知—动态调度—协调控制"闭环流程来提升生产运作适应性,以及对异常变化的快速响应能力，如图 2.3-3 所示。

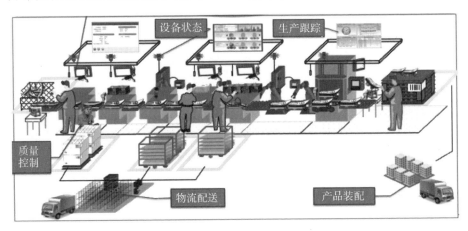

图 2.3-3 制造车间（生产线）的主要活动

③智能工厂。

制造工厂除了生产活动外，还包括产品设计与工艺、工厂运营等业务活动，如图 2.3-4 所示。智能工厂是以打通企业生产经营全部流程为着眼点，实现从产品设计到销售，从设备控制到企业资源管理所有环节的信息快速交换、传递、存储、处理和无缝智能化集成。

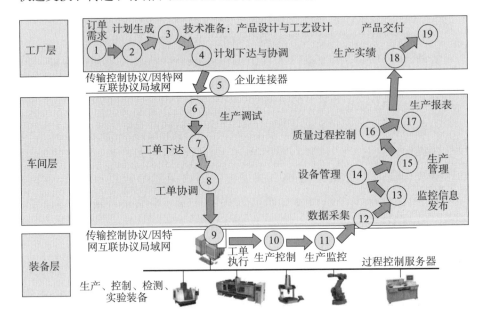

图 2.3-4 制造工厂的一般性业务流程

2.3.6 智能工厂的建设模式

由于各个行业生产流程不同,加上各个行业智能化情况不同,智能工厂有以下几个不同的建设模式,如表2.3-1所示。

表2.3-1 离散制造业与流程制造业智能工厂建设的区别

行业	特点	智能工厂建设重点
离散制造业	产品往往由多个零部件经过一系列不连续的工序装配而成,其过程包含很多变化和不确定因素,在一定程度上增加了离散型制造生产组织的难度和配套复杂性。 企业常常按照主要的工艺流程安排生产设备的位置,以使物料的传输距离最小。 面向订单的离散型制造企业具有多品种、小批量的特点,其工艺路线和设备的使用较灵活	更加重视生产的柔性,其智能工厂建设的重点是智能制造生产线
流程制造业	管道式物料输送,生产连续性强,流程比较规范,工艺柔性比较小,产品比较单一,原料比较稳定。 由于原材料在整个物质转化过程中进行的是物理化学过程,难以实现数字化,而工序的连续性使得上一个工序对下一个工序的影响具有传导作用,即如果第一道工序的原料不可用,就会影响第二道工序	实现生产工艺的智能优化和生产全流程的智能优化,即智能感知生产条件变化,自主决策系统控制指令。 自动控制设备,在出现异常工况时,即时预测和进行自愈控制,排除异常、实现安全优化运行。 智能感知物流、能源流和信息流的状况,自主学习和主动响应,实现自动决策

第一种模式:从生产过程数字化到智能工厂。

在石化、钢铁、冶金、建材、纺织、造纸、医药、食品等流程制造领域,企业发展智能制造的内在动力在于产品品质可控,侧重从生产数字化建设起步,基于品控需求从产品末端控制向全流程控制转变。因此其智能工厂建设模式为:一是推进生产过程数字化,在生产制造、过程管理等单个环节信息化系统建设的基础上,构建覆盖全流程的动态透明可追溯体系,基于统一的可视化平台实现产品生产全过程跨部门协同控制;二是推进生产管理一体化,搭建企业 CPS 系统,深化生产制造与运营管理、采购销售等核心业务系统集成,促进企业内部资源和信息的整合和共享;三是推进供应链协同化,基于原材料采购和配送需求,将 CPS 系统拓展至供应商和物流企业，横向集成供应商和物料配送协同资源和网络，实现外部原材料供应和内部生产配送的系统化、流程化，提高工厂内外供应链运行效率；四是整体打造大数据化智能工厂，推进端到端集成，开展个性化定制业务。

第二种模式：从智能制造生产单元（装备和产品）到智能工厂。

在机械、汽车、航空、船舶、轻工、家用电器和电子信息等离散制造领域，企业发展智能制造的核心目的是拓展产品价值空间，侧重从单台设备自动化和产品智能化入手，基于生产效率和产品效能的提升实现价值增长。因此其智能工厂建设模式为：一是推进生产设备（生产线）智能化，通过引进各类符合生产所需的智能装备，建立基于CPS系统的车间级智能生产单元，提高精准制造、敏捷制造能力；二是拓展基于产品智能化的增值服务，利用产品的智能装置实现与CPS系统的互联互通，支持产品的远程故障诊断和实时诊断等服务；三是推进车间级与企业级系统集成，实现生产和经营的无缝集成和上下游企业间的信息共享，开展基于横向价值网络的协同创新；四是推进生产与服务的集成，基于智能工厂实现服务化转型，提高产业效率和核心竞争力。

例如，广州数控通过利用工业以太网将单元级的传感器、工业机器人、数控机床，以及各类机械设备与车间级的柔性生产线总控制台相连，利用以太网将总控台与企业管理级的各类服务器相连，再通过互联网将企业管理系统与产业链上下游企业相连，打通了产品全生命周期各环节的数据通道，实现了生产过程的远程数据采集分析和故障监测诊断。如三一重工的18号厂房是总装车间，有混凝土机械、路面机械、港口机械等多条装配线，通过在生产车间建立"部件工作中心岛"，即单元化生产，将每一类部件从生产到下线所有工艺集中在一个区域内，犹如在一个独立的"岛屿"内完成全部生产。这种组织方式，打破了传统流程化生产线呈直线布置的弊端，在保证结构件制造工艺不改变、生产人员不增加的情况下，实现了减少占地面积、提高生产效率、降低运行成本的目的。目前，三一重工已建成车间智能监控网络和刀具管理系统、公共制造资源定位与物料跟踪管理系统、计划、物流、质量管控系统、生产控制中心（PCC）、中央控制系统等智能系统，还与其他单位共同研发了智能上下料机械手、基于DNC系统的车间设备智能监控网络、智能化立体仓库与AGV运输软硬件系统、基于RFID设备及无线传感网络的物料和资源跟踪定位系统、高级计划排程系统（APS）、制造执行系统（MES）、物流执行系统（LES）、质量管控系统（SPC）、生产控制中心管理决策系统等关键核心智能装置，实现了对制造资源跟踪、生产过程监控、计划、物流、质量集成化管控下的均衡化混流生产。

第三种模式：从个性化定制到互联工厂。

在家电、服装、家居等距离用户最近的消费品制造领域，企业发展智能制造的重点在于充分满足消费者多元化需求的同时实现规模经济生产，侧重通过互联网平台开展大规模个性定制模式创新。因此，其智能工厂建设模式为：一是推进个性化定制生产，引入柔性化生产线，搭建互联网平台，促进企业与用户深度交互、广泛征集需求，基于需求数据模型开展精益生产；二是推进设计虚拟化，依托互联网逆向整合设计环节，打通设计、生产、服务数据链，采用虚拟仿真技术优化生产工艺；三是推进制造网络协同化，变革传统垂直组织模式，以扁平化、虚拟化新型制造平台为纽带集聚产业链上下游资源，发展远程定制、异地设计、当地生产的网络协同制造新模式。

2.3.7 智能工厂的建设重点

智能工厂建设是一个复杂的系统工程，需要顾及传统产业的转型升级和整个产业创新能力的提升。如何建设一个具有中国特色的智能工厂，首先要分析智能工厂的关键要素，比如智能设备的互联互通、基于大数据分析的决策与支持、生产过程的管理与控制、可视化展现、智能立体库及物料配送系统等，通过对产品全价值链的分析和全系统集成，最终进行智能工厂建设。

（1）智能设备互联互通。

设备互联互通是智能工厂的基础，也是工业 4.0 CPS 系统的体现。设备互联互通主要采用 DNC/MDC 系统将不同接口和不同控制系统、不同通信协议的数控设备连接成一个网络，由一台计算机实现对所有数控机床的网络分布式集中管理，实现设备状态的实时管理与监控。

DNC（Distributed Numerical Control），称为分布式数字控制，是智能工厂的前提和基础，承担着与底层数控设备之间网络通信和数据自动采集的任务，是 MES 系统与数控设备之间沟通的桥梁。DNC 系统接收 MES 系统的计划指示并将指令传递给车间现场和设备，将数控设备纳入整个系统进行管理。

MDC（Manufacturing Data Collection）是指机床监控与数据采集系统，可以实时采集数控设备的状态、程序信息、加工件数、转速、进给量等各种信息，分析计算后将生产运行状况反馈给 MES 系统，成为上层信息系统MES、PDM、ERP 决策的依据。

（2）基于大数据分析的决策与支持。

制造业的整个价值链和制造业产品的整个生命周期都涉及诸多数据，比如产品数据、运营数据、价值链数据、外部数据、生产数据等，尤其对于多品种、小批量生产的离散型制造企业而言，数据量更是庞大。传统生产模式是采用大量的人工干预，也难以达到生产过程的最佳状态。

而智能制造的个性化和大数据优势，可以通过对产品、订单及车间生产等大数据进行充分挖掘和分析，自动生成各种直观的统计表和分析报表。表的内容包括订单情况、计划制订情况、执行情况、质量情况、库存情况等，这些统计表和分析表都为企业快速准确地决策提供支持。

（3）生产过程的管理与控制。

生产过程的管理控制主要采用高级计划排程系统（Advanced Planning and Scheduling，APS）、制造执行系统（Manufacturing Execution Systems，MES）以及相关的质量管控系统（Statistical Process Control，SPC）等，实现优化排产、对制造资源的跟踪、生产过程监控，以及计划、物流、质量集成管控下的均衡生产。

生产过程的管理控制，首先要从计划源头上确保计划的科学性和准确性。通过系统集成，从 ERP 等上游系统读取主生产计划，利用 APS 系统，按照订单数量、交货期、生产周期、库存情况等信息进行自动排产，解决离散型企业多工序、多资源的优化调度问题，最终达到"交期产能精确预测，工序生产与物流供应最优"。

制造执行系统是应用先进的管理理念和信息技术进行的一种生产制造模式。它以数控设备 DNC 通信联网作为基础，通过信息传递，对从订单下达到完成整个的产品生产过程进行优化管理，对加工过程进行监控，实时了解操作/任务状态、过程参数机器/操作员状态等，为企业提供连接计划、工艺、生产车间和设备的桥梁；同时，能对实时发生的事件及时做出反应、报告，并用当前的准确数据对它们进行指导和处理。

质量管控系统是借助数据统计方法的过程控制工具，自动采集生产线上的关键工艺参数,并对这些数据进行实时监控和统计分析,从而区分出生产过程中的正常波动和异常波动,及时发现质量问题,确保生产质量,同时也为产品质量追溯提供可靠依据。

(4) 可视化展现。

可视化展现包括 3D 模型可视化和车间监控系统。

① 3D 模型可视化。

在工业 4.0 中,有纵向集成、横向集成和端对端集成。这三项集成是实现企业间和企业内部价值流集成的关键,而基于 3D 产品模型实现信息共享是三项集成均涉及的重要技术。可视化展现采用 3D 可视化系统,实现不同 CAD 系统的数据同步加载、可视化展现和检查。可视化展现涵盖了产品的全生命周期,也是纵向集成、横向集成和端对端集成的重要基础。

② 车间监控系统。

它能实现生产过程的全面监控,保证生产现场的安全以及现场问题的追溯。为达到可视化管控目的,可采取车间大屏幕滚动警示、生产现场工人触摸屏、现场问题警示客户端、设备状态实时监控、订单进度实时监控等模式来解决车间生产现场的透明度问题。

(5) 智能立体仓库和仓储管理系统。

进行智能立体仓库和仓储管理系统(Warehouse Management System,WMS)的建设,主要是通过计算机、条形码技术或 RFID 电子标签技术对产品进行分类存储和读取,然后利用 AGV 小车进行物料配送,最终实现存取自动化、配送智能化。

智能立体仓库一般由立体货架、出入库托盘输送系统、尺寸检测条码阅读系统、通信系统、自动控制系统、计算机监控系统组成。

仓储管理系统是一个实时的计算机软件系统,它能够按照业务规则和运算法则,对产品进行收货处理、上架管理、拣货作业、补货管理、出货管理等。当有物料需求时,装配线上的物料员会报单给立体仓库,配送系统根据班组提供的信息,通过 WMS 找到物料,然后通过 AGV 小车自动沿规定的路径把产品送到指定工位。

2.3.8 智能工厂与传统工厂

从组成结构上比较,智能工厂与传统工厂的区别如表 2.3-2 所示。

表 2.3-2 智能工厂与传统工厂的区别一览表

组成结构	智能工厂	传统工厂
经营模式	产品+服务	产品
制造系统	各模块系统无缝连接，构建一个完整的智能化生产系统	各系统模块间连接程度较低，信息传递效率较低
制造车间	基于数字化+自动化+智能化实现设备与设备、设备与人、人与人互联互通	绝大部分设备不能实现互联互通，部分制造单元自动化程度低
过程分析	实现数据采集和分析、信息流动、产品和设备检测自动化	大部分统计、检测、分析等工作依旧靠人工完成
虚拟仿真	虚拟仿真技术的使用从产品设计到生产制造再到销售等一直扩展到整个产品全生命周期，与实体工厂相互映射	仿真程度较低，侧重于在产品研发阶段；仿真技术与实体工厂关联性较低
企业数据	数据来源多元化，数据量大，强调动态、静态数据的实时采集、分析、使用	数据多是静态数据，数据量较小，数据采集、分析、使用等响应较慢

由此可见，智能工厂的优势主要体现在以下几个方面。

①生产效率和生产条件都得到了极大的改善。

传统工厂的生产关键都是在人，生产效率更多地取决于人的能力和生产积极性。而智能工厂用大量机器人代替了部分人工作业，机器人更擅长完成重复性的大批量生产。因此，智能工厂的出现，显著地提高了生产效率，大大减小了劳动强度。

②节约能源，同时节省成本。

智能工厂使企业车间之间、设备之间的信息交互更容易，从而大量节省设备所消耗的能源。智能工厂可使企业优化工艺流程，降低生产制造过程的成本，同时可以节省大量的人力成本。

③安全性、可靠性大大提高。

在智能工厂中，在相对危险和污染的生产环境中，机器人的大量使用代替了人力，避免了意外事故的发生和对人体健康的危害。

④管理模式更加先进。

智能工厂充分体现了工业工程和精益生产的理念，能够实现按订单驱动生产。在传统工厂，都是按照订单大量生产标准化产品，而客户则希望根据自己的需求来生产。显然传统工厂的管理模式，无法适应客户的需求。

2.3.9 智能工厂与数字化工厂

智能工厂的发展是在数字化工厂的基础上发展起来的。如果没有数字化、网络化的制造基础，也就没有智能工厂的发展。关于工业4.0的阶段和实施先决条件论证中，有关专家曾强调"三不要原则"，即不要在落后的工艺基础上搞自动化，这是工业2.0解决的问题；不要在管理不成熟的时候做信息化，这是工业3.0解决的问题；不要在不具备网络化和数字化的基础时做智能化，这是工业4.0解决的问题。这间接反映了智能工厂是在数字化工厂的基础上发展的。

从概念的外延来看，其实数字化本身就是智能的一部分，是一个人口；而智能工厂是在数字化工厂的基础上附加了物联网技术和各种智能系统等新兴技术于一体，提高生产过程可控性、减少生产线人工干预，以及合理计划排程。因此，数字化工厂是智能工厂实施前提，而智能工厂又是工业4.0的基础和载体。只有实现了数字化工厂，才有可能实现智能工厂，只有实现了智能工厂，才有可能实现工业4.0。同时，数字化工厂又建立在信息集成的基础上，这就需要通过信息化条件建设，对研发、制造、管理等各个环节进行全面的过程集成。

从功能上看，智能工厂在数字化工厂的基础上，集初步智能手段和智能系统等新兴技术于一体，构建高效、节能、绿色、环保、舒适的人性化工厂。智能工厂已经具有了自主能力，可采集、分析、判断、规划；通过整体可视技术进行推理预测，利用仿真及多媒体技术，将实境扩增展示设计与制造过程。系统中各组成部分可自行组成最佳系统结构，具备协调、重组及扩充特性，已系统具备了自我学习、自行维护能力。因此，智能工厂实现了人与机器的相互协调合作，其本质是人机交互。

2.3.10 智能工厂与数字化车间

《中国制造2025》提出，依托优势企业，紧扣关键工序智能化、关键岗位机器人替代、生产过程智能优化控制、供应链优化，建设重点领域智能工厂/数字化车间。《智能制造发展规划（2016—2020年）》也提出，围绕感知、控制、决策和执行等智能功能的实现，针对智能制造关键技术装备、智能产品、重大成套装备、数字化车间/智能工厂的开发和应用。这里的智能工厂和数字化车间代表着不同的含义,两者存在一定的层级关系,如图 2.3-5 所示。

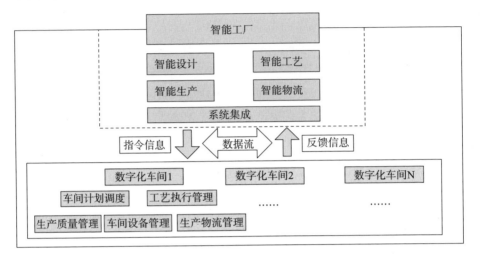

图 2.3-5　数字化车间与智能工厂的层级关系

从图 2.3-5 可知,数字化车间只是涉及产品生产过程,而智能工厂则包括了设计、管理、服务、集成等。

发展篇

第 3 章 国外军工智能工厂发展及启示

近年来,全球各主要经济体都在大力推进制造业的复兴。在工业 4.0、工业互联网、物联网、云计算等热潮下,全球众多优秀制造企业都开展了智能工厂建设实践。智能工厂建设已成为国外发达国家推进智能制造发展的重要抓手和着力点,旨在形成工厂信息物理融合系统,优化生产过程和要素配置,实现智能化生产制造。

目前,世界上尚无完整意义上的智能工厂案例,各国都在进行积极探索。美国波音公司(Boeing)、洛·马公司(Lockheed Martin)、雷神公司(Raytheon)、欧洲空客防务与航天公司(ADS)、泰雷兹-阿莱尼亚航天公司(TAS)等先进军工企业积极布局智能工厂,创新武器装备研制生产模式,深化机器人与增材制造装备技术应用,推进数字孪生、增强现实等新一代信息技术与武器装备研制生产紧密融合。德国西门子安贝格电子工厂实现了多品种工控机的混线生产,施耐德电气实现了电气开关制造和包装过程的全自动化。

韩国、日本、印度等也相继开始了智能工厂研究计划。日本 Fanuc 公司实现了机器人和伺服电机生产过程的高度自动化和智能化,并利用自动化立体仓库在车间内的各个智能制造单元之间传递物料,实现了最高 720 小时无人值守。三菱电机名古屋制作所采用人机结合的新型机器人装配生产线,实现从自动化到智能化的转变,显著提高了单位生产面积的产量。韩国 2009 年制定《新增长动力规划及发展战略》,确定绿色技术、尖端产业等领域的 17 项新兴产业为新增长动力。2015 年 5 月,日本政府设立了"机器人革命行动协议会";2015 年 6 月,民间团体"Industrial Value Chain Initiative(IVI)"成立,其目标是构建智能工厂"参考模型"。印度 2011 年启动《信息物理系统创新中心》,大幅提升印度军工企业使用物联网技术的水平。

3.1 美国军工智能工厂的发展

近年来,美国大型军工企业智能工厂建设快速从概念走向现实。如,通用电气公司推出智能工厂建设总体方案，用于新工厂建设；雷神公司通过局部数字化、智能化改造，稳步向智能工厂迈进；纽波特纽斯造船厂构建数字化航母建造环境，为建设智能工厂奠定基础；洛·马公司致力于机器人、增材制造、虚拟现实等新兴技术应用，实现数字化、智能化转型升级。这些军工企业的智能工厂发展代表了目前智能工厂的不同建设阶段和水平，具有典型示范意义。

3.1.1 通用电气公司

美国通用电气公司（GE）是世界上最大的提供技术和服务业务的跨国公司。自从托马斯·爱迪生创建了通用电气公司以来，GE在公司多元化发展当中逐步成长为出色的跨国公司。公司业务以电工技术产品为主，产品品种繁多，除生产消费电器、工业电器设备外，还生产各种防务装备，包括宇宙航空仪表、喷气飞机引航导航系统、多弹头弹道导弹系统、雷达和宇宙飞行系统，甚至生产可载原子弹和氢弹头的阿特拉斯火箭、雷神号火箭等。

作为全球大型军工企业智能化发展的领跑者，GE是全球数字工业公司，拥有良好的数字化、智能化基础，致力于创造由软件定义的机器，集互联、响应和预测之智，致力于变革传统工业，并推出智能工厂建设总体方案，用于新工厂建设。2014年，提出适于产品发展需求的"卓越工厂"建设模式；到2016年，已经建成3家智能工厂，并推出相应的软件整体解决方案。

（1）智能工厂建设概况。

2012年，通用电气公司首次提出"工业互联网"理念。该理念是在"工业革命"和"互联网革命"的基础上发展起来的。工业互联网本质上要解决的问题是，提升工业革命带来的无数机器、设施、机群和系统网络（全球工业系统）的运行效率和降低运行成本；解决问题的手段主要依赖于互联网革命中涌现出的先进计算、分析、低成本传感、控制软件和互联网带来的新水准的连接能力。

数字化变革，一般有两种方式，一是智能工厂，另一种是在零部件制造领域应用3D打印技术。2014年，通用电气公司将"工业互联网"和先进制造融合，提出了智能工厂建设——"卓越工厂"建设模式（如图3.1-1所示）；其核心思想是实现全价值链的数字化和智能化，大幅优化制造资源配置，提升制造系统效率。

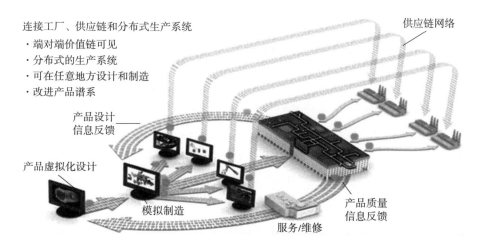

图 3.1-1 通用电气公司"卓越工厂"建设模式

"卓越工厂"从产品的虚拟化设计到模拟制造，把制造环节分解为不同的业务流程和不同的制造流程；通过上下游供应链，去分头制造，再把产品送到综合的工厂去组装；组装产品最后的产品设计反馈回到模拟制造，产品质量信息也可以反馈到产品的虚拟化设计部门，链条实时打通。

"卓越工厂"将 GE 自己提出的工业互联网的手法在自己工厂内导入，从而提高生产效率。它在工厂设备和工人使用的工具上都安装传感器。同时，在工厂各处，还安装了用于检查工程的数字照相机。通过这种方式获得与制造相关的各种数据，通过分析数据来提高工厂设备的运行效率和工人的工作效率。

按照该模式，2015 年 2 月，通用电气公司在印度建成其全球首家智能工厂，12 月，在波兰建成第 2 家；2016 年 4 月，在美国建成第 3 家，8 月在加拿大建成第 4 家。这些智能工厂可实现高度柔性生产，根据不同地区需求，在同一厂房内，用相同生产线制造航空发动机、燃气轮机等不同类型产品。2015 年年底，通用电气公司根据智能工厂建设经验，推出名为"卓越制造"的智能工厂软件整体解决方案，以 Predix 云平台为基础，将设计、制造、供应链、销售、服务等环节集成到一个可扩展的智能系统中，实现实时采集、分析、优化数据，实现工厂智能化生产。该方案实施后，可使突发停工期缩短 10% ~ 20%，库存降低 20%，不同产品转产效率提升 20%。

（2）"卓越工厂"的主要特征。

一是可视化。"卓越工厂"内的机器设备都安装了传感器，用于记录制造机械的运行状况。在办公室和工厂的许多地方，放置的大型显示器都能实时反映以这些数据为基础的生产线的运行情况。画面上显示的机器设备的图标按照生产流程顺序进行排列，运行正常的显示为绿色，空转状态的显示为黄色，发生故障停止运行的显示为红色。通过这个画面可以很清楚地看出整个生产线的运行情况。发生的故障问题会用邮件的形式发出警报通知。

二是数据的自动收集。GE在工厂生产线上运行的柴油发动机上安装RFID，可以实时把握各个发动机在各个工序上的实际情况。在组装柴油发动机的工序上，安装有数字照相机。数字照相机对柴油发动机逐一拍照。然后通过图像识别技术监测在柴油发动机上哪些零件已安装，从而把握整个组装工序的进展情况。

三是消除浪费。自动数据可以记录工人从开始到结束的所有行为。根据这些数据，可以发现不必要的作业，从而提高作业的效率。

四是简单化。分解的零部件洗净后，会在表面的显眼处刻印二维码。工人用红外线扫描仪读取二维码后，显示器上会显示作业工序。传统的做法是将标有零部件ID的纸先放在塑料袋里，然后，分别贴在零部件上。工人在计算机上输入ID后，可以制造作业工序。通过使用二维码，这道工序变得十分简单。

五是避免人为错误。这是GE采用的丰田生产方式，即采用数字化的方式来避免工人在生产过程中人为发生的错误。在GE的柴油发动机生产线上，使用了连接大型机器人手臂的专用螺丝钉安装机。该机器上装有15寸液晶显示屏，上面显示16颗螺丝钉的安装步骤。这是为了防止安装螺丝钉工序可能出现的错误。同时，这台机器可以用最合适的扭力来安装螺丝钉。如果扭力轻了，螺丝钉可能在运行中被弹出去；如果扭力重了，螺丝钉可能会折断。因此，使用这台机器，可以防止工人人为发生的生产错误。

六是文化。GE的高管指出，智能工厂的建设，仅在工程层面的改善无法实现变革，成功的秘诀是在工厂内孕育客户第一的文化。GE在智能工厂实践精益创业方法论，而该方法论的原点在于从客户的烦恼和痛点出发解决问题。

（3）小结。

通用电气公司智能工厂通过工业互联网实现大数据、云计算等新一代信息技术与先进制造技术及装备的融合，实现了产品多品种、变批量、跨地域、高效、敏捷生产制造，提高了产品研制生产质量、降低制造成本，代表了智能工厂建设的先进水平，对其他军工企业具有示范意义。

3.1.2 雷神公司

雷神公司是全球最大的导弹制造商，在武器以及军用和商用电子产品与服务领域有核心竞争力。雷神公司的业务涉及导弹防御、C^5ISR、电子战、精密武器、赛博、培训及服务等领域，在电子、任务系统集成、传感器、C^5ISR 以及任务支持服务等领域都处于世界领先地位。雷神公司主要由空间与机载系统部、综合防务系统部、导弹系统部、情报信息服务部 4 个主要部门组成，各部门下设若干公司，如图 3.1-2 所示。

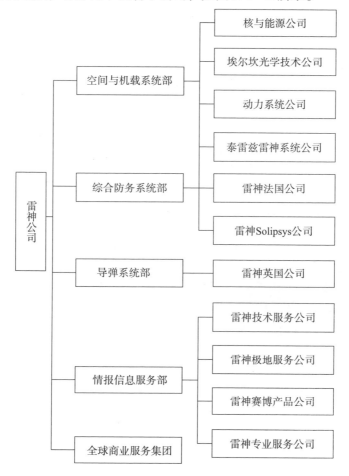

图 3.1-2 雷神公司组织结构图

近年来，雷神公司通过局部数字化、智能化改造，稳步向智能工厂迈进。雷神公司利用现有工厂软、硬件技术基础，引入机器人、计算机控制、精益生产、柔性制造等先进技术和理念，布局虚拟现实、制造执行系统、机器人、3D打印等新兴技术的实际应用，实现部分车间智能化，逐步转向智能工厂。

（1）虚拟设计与制造——虚拟现实可视化。

CAVE（Cave Automatic Virtual Environment）是一种基于投影的虚拟现实系统，它由围绕观察者的四个投影面组成。四个投影面组成一个立方体结构，其中三个墙面采用背投方式，地面采用正投方式。观察者戴上液晶立体眼镜和一种六个自由度的头部跟踪设备，在 CAVE 中走动时，系统自动计算每个投影面正确的立体透视图像。同时，观察者手握一种称为 Wand 的传感器，与虚拟环境进行交互。

雷神公司在图森和安多弗两个工厂制造区域中心位置建立了沉浸式设计中心，如图3.1-3所示。其核心是采用 CAVE 技术，实现产品设计制造无缝集成，对产品设计和制造工艺进行验证、测试和优化，减少返工，提升制造效率和质量。实现了智能物流和全自动化组装，推进导弹研制生产智能化转型。

图3.1-3 雷神公司沉浸式设计中心的 CAVE
（左为安多弗工厂使用，右为图森工厂使用）

（2）智能管控。

导弹的装配工艺要求非常严格，其中最复杂的一项环节就是成千上万个紧固件的连接，而且每一个紧固件都有预定的扭矩，每一个零件和紧固件的位置都相对固定，装配工人要完成的每一个工序以及要装配的每一个零部件都要求能达到预期目标，否则就会留下故障隐患。

为解决上述问题，雷神公司在新建的亨茨韦尔红石兵工厂，部署了德国 SAP 公司的制造创新与智能（MII）软件系统。该软件与现有的企业资源计划软件集成，实现企业内部信息统一管理、实施采集和自动反馈所有与生产相关的数据（包括订单、物料、设备状态、成本、产品质量等信息）、快速自动调整生产计划；同时，可以对操作人员和技术工人进行全天候指导。比如，每一个零件和紧固件都有一个条形码，通过扫描条形码，MII 软件能够确保工人获得正确的零件；如果取到错误的零件，工人将不能进行相应的操作。MII 系统解决方案如图 3.1-4 所示。

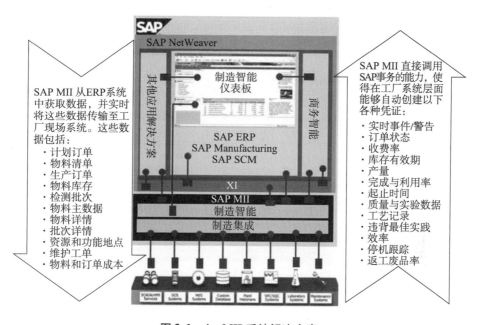

图 3.1-4　MII 系统解决方案

另外，雷神公司还采用了自动化的扭矩控制器，可以将相应紧固件需要多大扭矩的信息传递给自动螺丝刀。如果操作工人没有正确使用自动螺丝刀，会收到一条扭矩错误的警告；如果工人忽略这一警告，MII 系统将使操作人员不能进入下一个操作环节。

最后，MII 系统能够记录导弹装配的每一个工序，生成一个档案文件，方便相关人员查阅，系统能够跟踪工人的工作状态，包括工作时间、使用工具等。

（3）机器人应用。

雷神公司在各个工厂部署了自动导引车、导引头装配机器人、搬运机器人等多种类型的机器人，与工人协同工作，实现导弹高效标准化制造。

2014年，雷神公司开始考虑使用导弹装配、集成和测试生产线发展微小卫星制造能力，并启动了下一代航天智能工厂建设，用于制造和测试微小卫星与传统导弹产品。在图森工厂，部署了装配、集成和测试生产线，配备了机器人材料处理设备，投资建设了作为小卫星工作单元的光学测试、射频通信测试、太阳光模拟器等专业测试设施，并在小卫星工作单元安装了机器人辅助航天器组部件测试。2018年12月，雷神导弹智能工厂生产的"看我"（SeeMe）计划微小卫星成功发射，如图3.1-5所示。

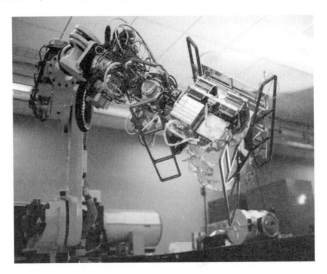

图3.1-5 雷神公司智能工厂制造的"看我"微小卫星

（4）小结。

面临传统的武器装备生产模式难以满足需求的问题，雷神公司开始寻求向数字化、智能化迈进。围绕虚拟现实、数字化制造、机器人、3D打印等先进制造技术，雷神公司开展深入的应用研究，技术创新成果已初显成效，对于提升产品质量、缩短研制生产周期、降低成本、促进智能制造等发挥了重要作用。

3.1.3 纽波特纽斯造船厂

纽波特纽斯造船厂，是美国唯一可以建造超级核动力航空母舰的造船厂，也是目前世界上唯一可以建造核动力航母的造船企业。该造船厂自成立至今已经有130年的历史，建造各类船只超过900艘，在美国海军舰艇制造领域具有举足轻重的地位，也是世界上唯一一个能够设计建造核动力航母并且对核动力航母进行燃料更换和大修的造船厂，同时还是美国仅有的两个能够建造核动力潜艇的造船厂之一。

近年来，纽波特纽斯造船厂一直致力于转型为一个数字化企业，以适应未来船舶制造向智能化迈进。纽波特纽斯造船厂的高管阐述了数字化造船厂的优势，比如船舶的三维模型能够使得船舶建造和操作过程更直观，节省船厂和海军的培训成本。相比潜艇等其他船型，航母建造更加复杂，通过在三维设计环境中准确研发工程产品，建造成本效益优势将更加明显，还可降低维修保障计划费用。纽波特纽斯造船厂针对航母数字化、智能化建造开展了相关研究，构建数字化航母建造环境，为建设智能船厂奠定基础。

纽波特纽斯造船厂增强现实工程师玛丽指出，三维产品模型环境的核心是打造一个计算环境，即船厂所有活动数据来自单一数据源。这些活动数据包括所有待建船舶的设计图、检查的状态数据、材料需求清单以及这些材料的状态及位置等。一旦这些信息全部集中到一个中央计算机系统，所有在船厂工作的人就能够在里面提取信息或添加信息。

构建三维产品模型环境，旨在将整个船厂连接起来，当有新的事情发生后，工人能够立即通过窗口提示收到消息。因为信息在每个领域都是流动的，因此就能够简化很多工作流程。除了能够告诉造船工人如何安装零件的动画工作包，这种实时信息网络能够大幅提高效率，如能够避免在船厂内来回检查材料状态，以及有些工人需要等待其他人完成他们的工作才能继续开工所造成的时间及成本浪费。

2014年，美国海军研究局支持开展"核动力航母显示捕捉"项目研究，目标是研发3D扫描和设计技术转化至纽波特纽斯造船厂核动力航母工程规划生产所需的工艺。船厂在CVN-73的船检中进行相关试验，开发相关工艺程序，建立三维物资库、原型工具和工艺。

目前，纽波特纽斯造船厂正在CVN-79上开展集成数字化造船环境试点建设，已构建1 000多个数字化工作包，投放150个平板电脑作为移动终端，并使用激光扫描仪辅助创建三维数字化模型。

基于核潜艇数字化建造经验以及三维扫描和设计技术方面的研究成果，2016年5月，纽波特纽斯造船厂总裁马特·穆尔赫林指出，将创建集成数字化造船环境，实现无纸化造船，预计将会把第三艘福特级航空母舰（CVN-80）的建造成本降低15%。

另外，纽波特纽斯造船厂在"海狼"级、"弗吉尼亚"级核潜艇项目研制过程中，已经全面采用船舶数字化制造过程管理与控制技术，船舶设计建造已基本实现高度的信息集成、无纸化设计与生产，实现设计制造一体化。

3.1.4 洛克希德·马丁公司

洛克希德·马丁空间系统公司（LMT，简称洛·马公司），创建于1912年，是全球领先的航空航天、安全和信息技术公司，也是全球最大的军火商，既是美国国防部的最大防务承包商，也是美国政府在信息技术、系统一体化和培训领域的最大供应商。

总的来说，洛·马公司的业务涉及四大板块：航空航天和防务、信息技术业务、空间业务及新兴业务。

——航空航天和防务。项目与产品涉及飞机、地面车辆、导弹和制导武器、导弹防御、海军系统、雷达系统、传感器与飞行感知、战术通信、培训和物流、运输与安全管理以及无人系统等。

——信息技术业务。产品涉及生物信息、云计算、网络安全、健康与生命科学、信息管理等。在网络安全方面，主要提供网络情报企业解决方案、网络情报经营服务、网络情报专业服务、网络杀伤链、网络安全联盟、系统工程生命周期中的安全等，并设有安全情报中心。洛·马公司是美国联邦政府信息管理领域最大的供应商之一。

——空间业务。产品、系统、项目与相关服务可以分为四大部分：气候监测、卫星产品、太空探索、发射器等。

——新兴业务。涉及的产品有先进航空航天产品、数据分析、机器人、纳米复合材料、可再生能源、科学发现等。

（1）多尺度卫星柔性制造智能工厂。

为推进机器人、增材制造、虚拟现实、智能载荷等新兴技术与卫星研制生产的融合应用，2017年8月，洛·马公司投资3.5亿美元，建设多尺度卫星柔性制造智能工厂，即卫星制造"门廊中心"（Gateway Center），旨在形成卫星敏捷、高效、高精度的大中小多尺度柔性制造能力。通过"快速重新配置的生产线"实现"无纸化"和"数字化"。2018年7月，"门廊中心"完成基础建设。

卫星制造"门廊中心"将采用数字化生产结合快速可重构的生产线，配备满足ISO8级水平的高空清洁车间，可满足从微小卫星到大型卫星等多尺度卫星的需求，具备一次生产 5 颗 A2100 卫星平台或多颗微小卫星的能力；将配备可模拟太空环境的大型热真空室、测试高敏感传感器和通信系统的消音室，以及先进测试操作和分析中心，使卫星可在 1 小时内从清洁车间移动到热真空室和消声室；将拥有完全数字化和无纸化环境，可自行检查、链接并将相关数据直接记录到工作指令中；可实现测试过程完全自动化，测试执行时间缩短 15%。

（2）"智能空间"解决方案。

当前，每架 F-35 飞机都需要约 22 个月的生产周期。洛·马公司正考虑将其缩短至 17 个月。当第一批次 F-35（2 架）开始制造时，每架的成本是 2.44 亿美元。目前这一批是 90 架，估计每架成本 9 460 万美元。洛·马公司饱受 F-35 成本超支的批评，因此正试图将生产成本降低到 8 500 万美元或更低，以减小与四代机的价格差。

为实现这个目标，洛·马公司在沃斯堡工厂部署了 Ubisense 集团（UBI）"智能空间"解决方案。"智能空间"是一个工业物联网解决方案，可以通过模型和数据，将现实世界中的流程和移动资产定量化并进行衡量。"智能空间"为制造商的"工业 4.0"战略提供一个基础平台。平台建立一个实时镜像现实生产环境的数字孪生（将现实数据映射到数字模型上），将现实世界中的活动与制造执行和规划系统相连接。它实时监测三维空间中的交互，使用空间事件来控制流程并使环境根据工人移动做出反应。"智能空间"平台解决了航空航天与防务制造商面临的许多长周期和高复杂性问题。

3.2 欧洲军工智能工厂的发展

3.2.1 西门子公司安贝格工厂

西门子公司是欧洲最大的通信设备企业，同时也是欧洲最大的军工电子生产商。从"二战"开始，西门子公司制造了大量的飞机、潜艇、导弹用电气设备和发射装置。20 世纪 70 年代中期以来，德国加快了雷达技术的发展，先后研制和装备了一批新的雷达，如西门子公司 MPDR30、MPDR3002S、"奥列斯特"雷达。其中，研制的"奥列斯特"三坐标全方位相控阵移动式雷达充分体现了雷达技术的先进水平。西门子公司研制的 CTM200 无线电中继设备是德国第 4 代军用移动式和固定式通信设备，主要用于"霍克"防空导弹系统，还可以用于大、中、小容量的战略和战术网。

西门子公司下属的安贝格电子制造工厂，主要生产 SIMATIC 可编程逻辑控制器及相关产品，是欧洲乃至全球最先进的数字化工厂，被认为最接近工业4.0 概念雏形的工厂，是以德国工业4.0 为目标而打造现代工厂，也是发展智能工厂的典范，如图3.2-1 所示。

图 3.2-1　安贝格工厂从工业1.0 到工业4.0 的发展历程

安贝格数字化工厂30 多年的发展历程如图3.2-2 所示。从1982 年开始引入车间管理系统起，到 RFID 的引入，到数据优化的管理，到工艺路线管理系统。这是一个蝶变的过程，也是一个持续改善的过程。这座外观与工人数量基本维持原状、连生产面积都未增加的工厂，30 多年一直向着一个光芒之地在自我进化。那个光芒之地，正是我们心目中的工业4.0 圣地。在这个演化过程中，安贝格工厂在数字化、智能化发展中形成了自身特色和优势。

安贝格工厂可以看作是所有智能工厂的原型工厂。该工厂将工艺的规划与工程化、生产系统的规划与工程化、仿真优化及验证全部实现数字化，并且能够达到实体与数字信息同步，达到设计、制造、调试信息一体化的联动；其中任何一个环节的数据变化，都能在整个环节上同步进行变更，强调的是集成的、统一的数据标准。

正是依赖统一的数据和联动机制，安贝格工厂仅通过工业互联网就可以进行联络，大多数设备都在无人操作状态下进行挑选和组装。安贝格工厂为全球6 万多家客户提供产品，达到自接到订单最短可在一天之内为用户提供产品，生产组织形式真正高效、灵活。

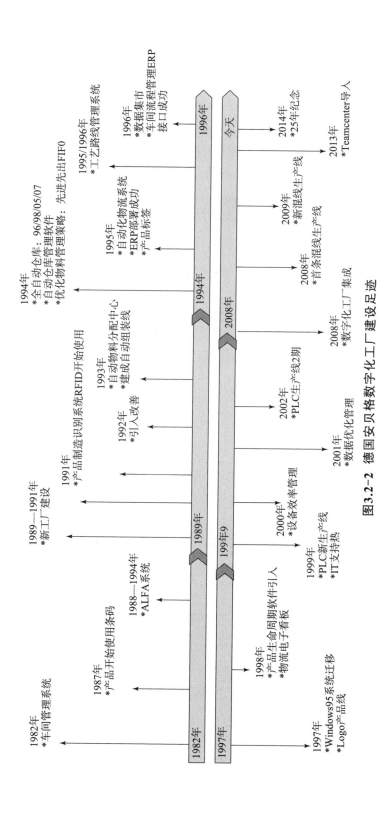

图3.2-2 德国安贝格数字化工厂建设足迹

(1)安贝格工厂的数字化、智能化能力水平。

安贝格工厂特别突出的特点是,机器控制机器的生产,也就是端到端的数字化,这也是未来制造所要达到的目标。该工厂拥有高度数字化的生产流程,能灵活实现小批量、多批次生产,特别是,每100万件产品中残次品仅为10余件,生产线可靠性达到99%、可追溯性高达100%。安贝格工厂的生产效率和柔性化水平如图3.2-3所示。

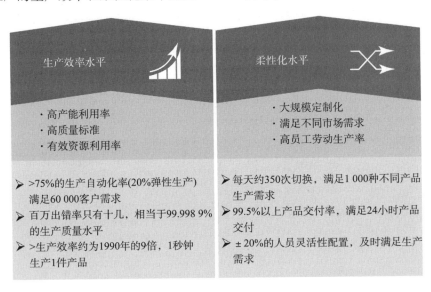

图 3.2-3 安贝格工厂的生产效率和柔性化水平

10多年来,安贝格工厂的人员(保持在1 200左右)及厂房规模(10 000平方米,100×100)均没有发生变化,但通过自动化改造、数字化生产等先进技术,使工厂的产能提升了8倍。具体表现在以下几个方面。

①缩短生产周期。

在安贝格工厂,每年约有5 000次工作计划变更(20%以上是由元器件供货中断造成的);凭借75%的自动化率,每天生产120种型号的产品;每天约有5 000万种工艺和产品进入SIMATIC IT系统;24小时的生产交货期(从工厂收到生产订单到产品生产出来后,配送到中央仓库)。

②柔性化、敏捷性生产。

每天,安贝格工厂进行大约350次切换,确保生产出1 000种不同产品;99.5%以上的交付可靠性,保证实现24小时交付;±20%的人员配置灵活性以及时满足需求。

③提高生产效率。

1秒钟生产1个产品；每年生产高达30亿件的零部件；每年生产1 500亿SIMATIC产品，相当于平均每秒就能生产出1台控制设备；全自动运输系统确保在15分钟内将物料从仓库送至生产设备。

④自动化水平。

目前，在安贝格工厂里，真实工厂与虚拟工厂同步运行，真实工厂生产时的数据参数、生产环境等都会通过虚拟工厂反映出来，而人则通过虚拟工厂对真实工厂进行把控。安贝格工厂的生产自动化率到达75%，只有剩余1/4的工作需要人工完成。由人力完成的部分，只有生产过程的开头部分，即员工将初始组件（裸电路板）放置到生产线上的环节，此后所有的工作均由机器自动控制完成。工厂的每条生产线上都运行着约1 000台SIMATIC控制器。这些产品通过产品代码控制它们自身的制造过程，它们可告知生产设备它们的要求是什么、下一步工序是什么。

更为关键的是，除了生产过程的自动化，工厂更关注物流自动化和信息自动化与生产过程自动化的匹配。在设计上，安贝格工厂与其他工厂的区别在于，生产车间在二楼，一楼是智能物流配送系统，其运用方式是在正常计划配送的基础上，根据生产线使用情况，技术人员将快要用完的物流，扫描物流号后，会通过RFID自动将信息传递到中央物流区，中央物流区会自动地将相关物流准确地配送自相应的线边库，整个过程不需要人工参与，依靠信息系统全自动化完成，相应的时间在15分钟左右。

⑤数据采集能力。

为了准确收集数据，安贝格工厂超过3亿个元器件都有自己的"身份证"。这些基础识别信息包括：哪条生产线生产的、用什么材质、当时用的扭矩是多少、用什么样的螺丝钉，等等。当一个元件进入烘箱时，机器会判断该用什么温度以及时间长短，并可以判断下一个进入烘箱的元件是哪一种，适时调节生产参数。

安贝格工厂通过SIMATIC平台，每条线实现了超过1 000个站点的数据采集，基本实现了生产透明化。比如全体员工都可以看到实时生产状态的信息，具体可以做到以下三点。

——实时在线放映生产状态报告。

——统一的分析管理工具。

——对生产过程的每个环节进行有效的监控。

⑥IT 生产执行能力。

安贝格工厂的 IT 系统曾面临过分散、信息孤岛等问题，但通过改造，现在产品与生产设备的通信、所有流程均已实现了 IT 控制并进行了优化，具体表现在以下三个方面。

——形成整体的集成思路。

——形成了统一的数据标准。

——实现了多 IT 系统的平台集成。

目前，IT 系统每天将生成并储存约 5 000 万条生产过程信息。安贝格工厂全数字化工作流程如图 3.2－4 所示。

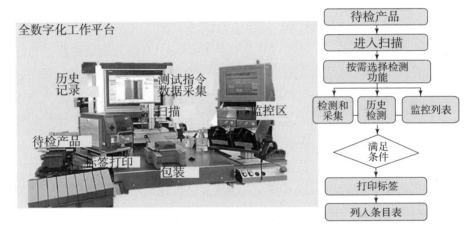

图 3.2－4　安贝格工厂全数字化工作流程

⑦生产管理水平。

安贝格工厂在对传统 BOM（Bill of Material）管理的基础上，延伸到了 BOP（Bill of Processor）的管理，形成了工艺结构树。

⑧装配工艺。

安贝格工厂对手工装配的员工，不需要进行太多培训，而是系统提供相应的装配工序，上岗员工只需 10～35 分钟的安全培训，就可胜任相应的工作；而且，员工每天的工作岗位是不确定的，可以实现灵活的调动。但对于外围技术工人，则需要经过至少是 3 年以上的技术培训，才能胜任。

⑨质量第一的理念。

为保证质量第一，安贝格工厂创新性地提出了 dpm－A 的指标，即百万出错率，使得工厂产品质量迅速提升，从 20 世纪 90 年代的 560 百万出错率，下降到如今十几的水平，相当于质量水平达到了 99.998 9%。

为了保证完美的质量管理，安贝格工厂采用了相互制约的多系统监测系统，如物流清单、工艺制程、在自动监测基础上配合一定量的人工抽检。

⑩员工仍具有不可或缺的地位。

在高度数字化和自动化的安贝格工厂，员工仍具有不可替代的作用。比如，在生产车间中，时不时会看到工人在走动巡查。工厂有大约 1 200 名员工，实行三班轮换制，每班有 300~400 名员工。员工会起身查看自己负责环节的进展，比如手工连接上某些原材料以及查看数据等。

由于工厂里的所有设备都已经联网，可以实时交换数据，因此员工可以通过移动终端查看重要信息。而 1 000 多台扫描仪实时记录所有生产步骤，记录焊接温度、贴片数据和测试结果等产品细节信息。员工最为重要的作用，是提出改进意见。现在，员工提出的改进意见对年生产力增长的贡献率达 40%，剩余 60% 源于基础设施投资，包括购置新装配线和用创新方法改造物流设备。员工提改善意见可以得到奖励，工厂曾经发放了 220 万欧元的奖金给予提意见并获采纳的员工。

(2) 安贝格工厂体系架构。

安贝格数字化工厂体系架构由企业层、管理层、操作层、控制层和现场层五个层级构成。其中，企业层对产品研发和制造装备进行统一管控，与 ERP 进行集成，建立统一的顶层研发制造管理系统。管理层、操作层、控制层、现场层通过以太网进行工业组网，实现从生产管理到工业网底层的网络连接，实现管理生产过程、监控生产现场执行、采集现场生产设备和物料数据的业务要求。图 3.2-5 是安贝格工厂体系架构示意图。

①企业层。

企业层即产品全生命周期管理层，是企业的管理职能。融合产品设计生命周期和生产生命周期的设计生产流程，对设计到生产的流程进行统一集成式的管控，在企业层级实现生产全生命周期的技术状态透明化管理。通过集成 PLM 系统和 MES、ERP 系统，进行企业层级全数字化定义，信息采集到信息形成到产品设计到产品生产的全过程高度集成数字化。在数字化工厂内实现了具有独有信息数据的产品的研发到该产品制造的垂直的数字化管理控制。通过对 PLM 和 MES 的融合实现设计到制造的连续的数字化数据流转。

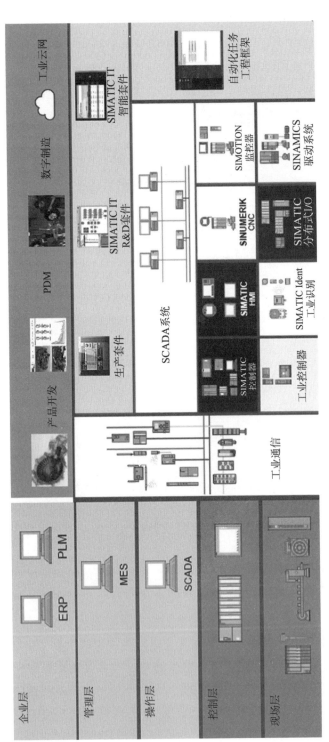

图3.2-5 安贝格工厂的架构

②管理层。

生产过程管理层。管理层主要实现了生产计划在制造职能部门的执行，管理层统一分发执行计划，进行生产计划和现场信息统一协调管理。管理层通过 MES 与底层的工业控制网络进行生产执行层面的管控，操作人员和管理人员在数字化管理系统中依次提供该具有独有信息数据的产品的计划执行状况、跟踪状况以及所有资源（人、机、料、法、环）的当前状态，同时获取底层工业网络对设备工作状态、实物生产记录等信息的反馈。

③操作层、控制层和现场层。

操作层、控制层和现场层基于底层工业网络，被整合成集成自动化系统（TIA），基于赛博网络方法使用 TIA 技术集成现场生产设备物理创建底层工业网络，在控制层通过 PLC 硬件和工控软件进行设备的集中控制，在操作层有操作人员对整个物理网络层的运行状态进行监控、分析。

集成自动化系统实现了数字化工厂内整个生产流程的自动化过程，从原料入库到生产，一直到物流配送，支持各种批量生产、连续生产等生产模式的制造流程。通过网络连接制造过程管理系统，通过实时工业总线连接过程控制系统和由 PLC、设备、控制器、传感器等组成的底层物理网络；通过建立设备内置智能系统实现对设备的实时监控和状态数据采集，并把采集到的实时数据传输到 MES 中，为在 MES 中设备状态分析和质量状态分析提供数据支持。

安贝格工厂的体系架构实现高度智能化、自动化、柔性化和定制化，研发制造网络能够快速地响应市场的需求，实现高度定制化的节约生产。

综上，可以看到，安贝格的智能工厂主要依赖数字化、模拟仿真、模块化及相对标准化的产品设计，和基于自己产品的物料清单、工艺清单的数字化、信息化与自动化的高度融合，来实现智能工程的稳定运行。

（3）安贝格工厂的网络集成。

制造设备、生产过程的集成式企业策略，在工业 4.0 的框架中软件、硬件、平台深度融合，也就是工业制造领域的人、机、料、法、环的相互多重融合，其核心体现以下几个方面。

一是数字化工厂的管理体系的智能化，即所选用生产系统和过程具有一定的智能化。也就是间接实现了生产设施的网络化分布式布置格局，构成了人与机与法与环与料的有机多重组合，构造了体系的智能基础。

二是生产过程的智能化。在数字化工厂内，比如生产过程中的物流管理的智能化即实现人与料的融合，操作者与机器的智能化互动即实现了人与机的融合，新型的3D技术在工业生产过程中的应用体现了人的智能与机的融合。

安贝格工厂依托本身是工控产品和PLM平台产品的集成供应商结合自身技术优势，把工业4.0的概念在工厂中进行了实际应用，如图3.2-6所示。

图3.2-6　工业4.0在数字化工厂中的应用

①建立数字企业化平台。

在统一的数字化平台上进行企业资源、企业供应链、企业系统的融合管理，建立一个跨职能的层级数字化平台，实现资源、供应链、设计系统、生产系统的统一的柔性协调和智能化管控。企业所有层级进行全数字化管控，通过数字化数据的层级流转实现对市场需求的高定制化，并实时监控企业的资源消耗、人力分配、设备应用、物料流转等生产关键要素，分析这些关键要素对产品成本和质量的影响，以达到智能控制企业研发生产状态，有效预估企业运营风险。

②建立智能化物理网络。

基于赛博物理网络基础集成安贝格工厂的IT平台、工控软件、制造设备的各种软硬件技术，建立安贝格工厂的工业网络系统，如图3.2-7所示。

③建生产现场物理网络。

把生产线的制造设备连接到物理网络中，采集设备运行情况，记录生产物料流转等生产过程数据，如图3.2-8所示。

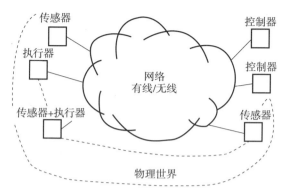

图 3.2 – 7　智能化物理网络

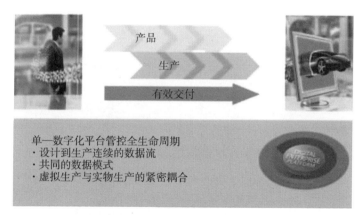

图 3.2 – 8　生产现场物理网络

在安贝格工厂中，根据外部需求采集信息构成产品的需求数据信息，研发部门根据该信息依据标准化的制度和设计标准形成具有该新品特有的属于其自身的数据信息。这个独特的数据信息将跟踪该产品一生，从研发阶段到生产过程阶段，再到质量检验过程，再到通过外部物流到用户手中，以及后续使用状况均实时存储于数字化工厂的数据库之中。

这种在数字化工厂中存在的状况可称之为柔性运行，也就是将工业生产的售前、生产、售后集于一体，通过互联网的终端效应将它们有机地联合到一起，更方便快捷地服务于终端用户。也就是以产品本身所具有的特有信息构成一个具有生命周期的产品，更好地跟踪和服务。

这个产品生命周期分为产品的信息需求阶段、产品研发阶段、产品制造阶段、产品各部件质量检验阶段、产品生成控制阶段、产品供应阶段、产品使用阶段、产品损耗阶段、产品耗费阶段等全过程。安贝格工厂全生命周期生产流程如图 3.2 – 9 所示。这个过程存在的依据就是数字化工厂所

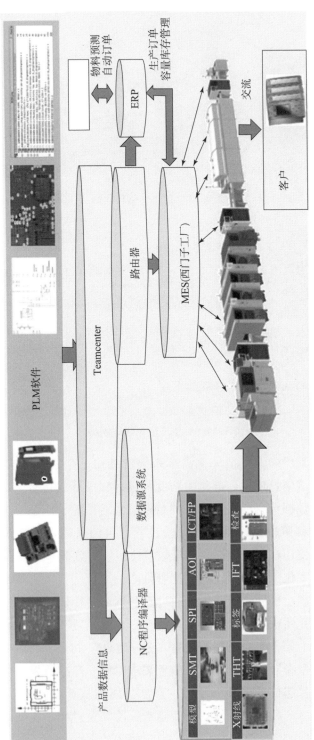

图3.2-9 安贝格工厂全生命周期生产流程

给予的产品自身特有的信息数据,这个数据信息就是实现无缝信息互联的基础,也是实现智能化生产的基石。

安贝格工厂在同一数据平台上对企业各个职能和专业领域进行数字化规划,这种贯穿于工厂各个领域的规划包括以下几个方面。

——产品独有信息数据的数字化生成。

——具有独有信息数据的数字化产品开发。

——具有独有信息数据的数字化产品的制造准备。

——具有独有信息数据的数字化产品的数字化生产。

——具有独有信息数据的数字化产品的数字化企业管理。

——具有独有信息数据的数字化产品的数字化企业维护。

——具有独有信息数据的数字化产品的数字化供应链管理。

通过对企业各个领域的数字化集成实现企业精益文化的建立和企业的精益运营。

3.2.2 空中客车公司

空中客车集团的前身是2000年成立的欧洲宇航防务集团。欧洲宇航防务集团是全球航空、航天、防务及相关服务领域的领导者,是由法国马特拉宇航公司、德国道尼尔飞机公司的一部分和德国戴姆勒·克莱斯勒宇航公司、西班牙航空制造公司组成的联合体。欧洲宇航防务集团是继波音公司之后世界上第二大航空航天公司,也是欧洲排名仅次于英国宇航系统公司的武器制造商。

空中客车集团下设3个从事不同业务的公司,另有一些与其他企业合资的公司,其组织结构如图3.2-10所示。

随着工业4.0时代的到来,智能制造成为制造业发展的重点。空中客车集团紧跟时代步伐,提出"未来工厂"建设构想;其目标是通过先进制造技术创新,实现工厂高度数字化、智能化,以大幅提升其产品的制造效率和制造质量,赢得国际市场竞争力。在"未来工厂"建设中,空中客车公司正在围绕机器人技术、虚拟现实技术、3D打印技术等开展深入研究,部分技术创新成果已经开始在空中客车公司各子公司获得初步应用,已开发出"逼真人机工程分析"工具,正开发多自由度协同机器人、可穿戴式外骨骼等,正在建造增材制造车间,旨在24小时内制造出定制零件,解决备件短缺问题。

(1)"即插即用"机器人:实现飞机装配线高度自动化。

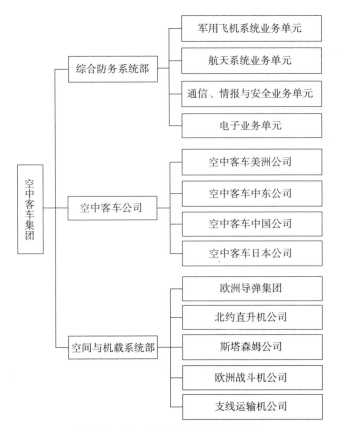

图 3.2-10　空中客车集团组织结构

装配线自动化是未来工厂建设中要改变的主要领域之一。其趋势是不断引进智能机器人来执行重复作业，将劳动工人解放出来承担更重要的任务。随着空中客车公司和空客直升机公司的机器人使用量不断增加，机器人与工人的协同工作也将越来越多。

机器人将成为重要"工作伙伴"。空中客车公司已在2020年优化7条装配生产线，主要的优化手段之一就是增加自动化技术的应用。目前，通过识别、诊断在传统飞机装配线中存在的错误、问题或缺陷，已经缩短了飞机装配时间。空中客车公司正在开展更深入的工作，从2015年起每年将持续增加机器人的应用，包括用于处理特殊工作任务的轻量化机器、小型加工系统等。

目前，空中客车公司已经使用轻量化的单臂机器人，能够自主沿着飞机机身内部移动，实现结构支架的流水线安装。空中客车公司计划安装具有多自由度的协作机器人用于进行更复杂的工作。空中客车公司研发团队也指出：机器人将不会代替所有工人。机器人主要是从事那些工人无法带来更高附加值的高重复性工作。空中客车公司正在试验在 A380 方向舵装配线上使用双臂仿人机器人，致力于实现人机协同装配。双臂仿人机器人如图 3.2-11 所示。

图 3.2-11 双臂仿人机器人

装配用外骨骼。作为未来愿景的一部分，空中客车公司还正在尝试通过开发可穿戴式外骨骼来增强工人的能力，帮助他们搬举重物或在复杂空间位置开展工作。正在开发的可穿戴式外骨骼采用轻量化、软质材料，并以摄像师使用的摄像机稳定器为基础，能够协助穿戴者熟练操纵特定零部件，提高人机功效。空中客车公司已经在马里尼亚纳工厂部署了第一代机械化外骨骼（如图 3.2-12 所示），并正在研究应用更加复杂的电气化外骨骼。

图 3.2-12 机械化外骨骼

机身质量检测与喷涂机器人。空客直升机公司正在积极研究用于飞机机身质量检测、喷涂的机器人。新的机器人将通过预设程序实现在车间独立移动，不会扰乱（或甚至伤害）其人类工作伙伴。飞机机身、舱门、窗户的防水测试是一项非常细致的工作，对工人来说是一种重负荷重复劳动。空客直升机公司研究采用协同机器人对整个机身进行全面检测，通过测量、记录噪声来判断机身中存在的裂纹或孔洞。

该公司还计划使用机器人进行复杂装饰、零部件表面喷涂等多项工作。采用机器人后，可以对零部件表面从喷漆前处理到面漆固化的整个喷涂工艺流程进行优化，机械化外骨骼将能实现最小的能源消耗，还能缩短喷涂时间。

另一个可以通过机器人实现自动化的领域是直升机旋翼蒙皮制造。蒙皮需要非常高的精度，空客直升机公司研究人员正在对执行此项任务的一台机器人样机进行测试。

（2）虚拟现实技术：促进飞机生产车间数字化、智能化。

当前，数字样机、激光投射、复杂3D环境等数字化技术已经在航天航空领域得以全面应用。空中客车公司已经将虚拟现实技术应用于产品设计开发过程，正在验证虚拟现实技术在生产过程的应用效益。

全新的A350XWB设计研发环境。目前，飞机已经完全实现了数字化设计，并且通过3D几何数据模型构建的数字样机逐渐成为飞机生产过程的主数据。

空中客车公司针对A350XWB全生命周期管理，构建了虚拟现实环境，其大小与复杂性在业界都是前所未有的。共注册用户达30 000人，空中客车公司内部及其供应链上的工程师约10 000人每天通过该虚拟环境获取详细的、最新的项目信息。作为A350XWB设计研发的一部分，空中客车公司开发出逼真人机工程分析（Realistic Human Ergonomic Analysis，RHEA）工具，操作人员能够借助特制眼镜、头戴式显示器等装置进入虚拟环境，与A350XWB全尺寸3D模型进行交互。空客直升机公司也在尝试使用RHEA软件工具进行飞机性能维护及测试工作，如图3.2-13所示。

图3.2-13　逼真人机工程分析（RHEA）软件工具

混合现实应用工具。混合现实应用（Mixed Reality Application，MRA）工具是空中客车公司下一步要主推的一种智能化、便捷使用工具，致力于将数字化样机集成到生产环境中，向生产工程师提供零件 3D 模型。

MRA 工具由一台平板电脑、一种定制传感器组件以及相应软件构成，能够检测到操作人员的运动情况，并能拍摄真实环境的视频。通过 MRA 工具，操作人员可以从任何视角获取飞机的 3D 模型，进而通过采用与飞机连接的定位装置按照自己选定的角度操纵飞机，还能获取额外的系统信息用以促进生产工作。另外，操作人员的反馈信息也能通过 MRA 工具集成到飞机数字样机中，方便设计工程师获取。

MRA 工具已经开始用于 A380、A350XWB 生产线中，用来检测可以固定液压系统、管路的结构支架，能够减少后续发现受损、错误定位或者支架缺少等问题的概率。采用 MRA 后，检测 A380 机身上 6 万～8 万个支架所需的时间从 3 周缩短到仅仅 3 天。

同时，空客直升机公司也在试制集成 MRA 工具的智能设备，将一种类似于工业用途的 Google 眼镜与 MRA 工具集成，以便向工人提供更多信息和更好地指导。

——智能生产。目前，在空中客车公司装配生产线中使用智能终端还不常见，但是在未来的数字化工厂中将随处可见。空中客车公司提出的"智能车间"概念致力于采用智能生产工具，快速获取并记录数据，消除生产过程的潜在错误。空中客车公司制造研究团队正在研究异构数据格式转换、通信交换等技术，并研究构建"数码商店"（一种软硬件数据库），以便将智能生产工具配置到整个"智能车间"。"数码商店"概念的灵感来源于智能手机应用程序商店。智能手机能够通过定制来使用特定软件程序和硬件，制造研究团队也可开发与车间应用直接兼容的硬件和软件应用程序，构建自己的"数码商店"。制造研究团队还正在考虑如何简化"智能车间"的工作流程，如采用手眼跟踪声音控制，以及规划 3D 工作指令图像等，实现工人无障碍的高效操作。

——数字化工厂。空客直升机公司在新的中型直升机 X4 项目中引入了数字化工厂概念。通过仿真某个特定零件在装配过程中的流向，优化零件装配顺序，并且实现了完全与设计部门同步：设计部门将数字样机传送到车间，车间随后就可采用数字化工厂技术确定其装配工序。

空客直升机公司目前正在进行的另外一项开发项目是数字化电缆布

线，如图 3.2-14 所示。之前，在样机上进行电缆布线时，操作人员需要从数字样机中提取数据，打印纸质电缆线路布局图，然后由电气工人根据纸质文档在样机上进行人工电缆布线。现在，采用新软件，无须打印纸质电缆线路布局图，iPad 屏幕上会突出显示电缆的复杂路径，可以通过 iPad 触摸屏来完成电缆布线，实现了电缆布线的数字化。

图 3.2-14　数字化电缆布线

（3）3D 打印技术：实现飞机装配过程中急需零件的快速制造。

在整个空中客车公司，大多数项目都在加速研究采用 3D 打印技术来制造成本更低、质量更轻的飞机零部件。此外，3D 打印技术在飞机装配线上也起着重要作用，可以实现飞机装配过程中所需零件的及时制造，避免许多其他的额外工作，实现更高的生产效率。

空中客车公司已经开始将 3D 打印技术用于制造模具、样件、飞行测试的零部件，以及商用飞机零部件。采用 3D 打印技术制造的零部件在空中客车飞机中的应用范围也正在扩大，如正在服役的喷气客机（A300/A310 系列）、下一代 A350XWB 飞机等。由空中客车防务与航天公司生产的首件经过飞行测试的 3D 打印钛合金支架，已经搭载 Atlantic Bird 7 通信卫星进入太空。

空中客车公司除采用 3D 打印技术制造零部件外，正在寻求将 3D 打印技术用于生产过程中，用以解决零件备件短缺的问题。在装配过程中每缺失一个零件，都会导致装配过程受到很大干扰，浪费成本。3D 打印技术可以用于制造一些装配过程中急需的短缺零件和长期处于小批量的非标零件。空中客车公司相关团队正在建造一个 3D 打印车间，能够在 24 小时内制造出定制零件。目前该团队已经能够生产大量塑料零部件，2015 年年底生产合格的钛合金零件，团队还期望未来能生产铝合金、高温合金零部件。

3.2.3 空中客车防务与航天公司

空中客车防务与航天公司通过建设智能工厂，推进模块化设计、协作机器人、增强现实、智能装配、增材制造等技术的工业化应用，实现了工厂高度智能化，制造效率和质量大幅提升。2018年7月，空中客车防务与航天公司与一网公司（One Web）联合建设的美国佛罗里达智能工厂完成主体结构建设，后续将安装2条One Web微小卫星的批量生产线。这2条生产线集微小卫星组装、集成、测试于一体，采用先进制造技术和流水线装配模式，每天可生产4颗One Web卫星，为组建900颗低轨小卫星星座奠定了基础。

该智能工厂大量应用增材制造、机器人、流水线等工艺和技术，One Web卫星各模块生产单元和总装线引入了协作机器人、智能装配工具、自动光学检测系统、大数据控制系统、自动精准耦合系统、自动导轨传送、自动加热分配系统、增强现实工具以及自动测试系统等多种智能制造手段，开辟了极具创新特点的自动化生产线模式，如图3.2-15所示。这种模式未来将推动微小卫星生产制造进入批量化时代，在保证质量和可靠性的同时，大幅缩短量产微小卫星的制造周期并降低生产成本，推动卫星制造向流水线作业转变，为构建超大规模微小卫星星座以及实现卫星快速补网发射提供有效保障。

为确保在2020年前完成900颗卫星星座部署，2016年年初，空中客车防务与航天公司与一网公司在法国图卢兹合资建设了一条试验生产线，验证和优化One Web卫星的批量化生产流程。2017年3月，开始建设美国佛罗里达卫星制造智能工厂。截至2018年7月，图卢兹卫星制造智能工厂已启动最先进流水生产线，开始生产One Web星座第一批10颗卫星，佛罗里达卫星制造智能工厂将负责生产剩余的890颗卫星。

另外，空中客车防务与航天公司将使用智能可穿戴技术安装座舱座椅。据报道，爱尔兰Accenture公司为空中客车防务与航天公司交付了一种经验证的可穿戴技术——智能眼镜技术，能够帮助工人降低安装座舱座椅的复杂度，节省完成任务的时间。通过智能眼镜技术，制造人员可以使用数字化的、工业级智能眼镜来提高精度，减少完成座椅标记过程的时间。对于不掌握太多技能的工人，无须阅读培训手册，仅通过智能眼镜的实时数据就能上手工作。

军工智能工厂建设的理论与实践

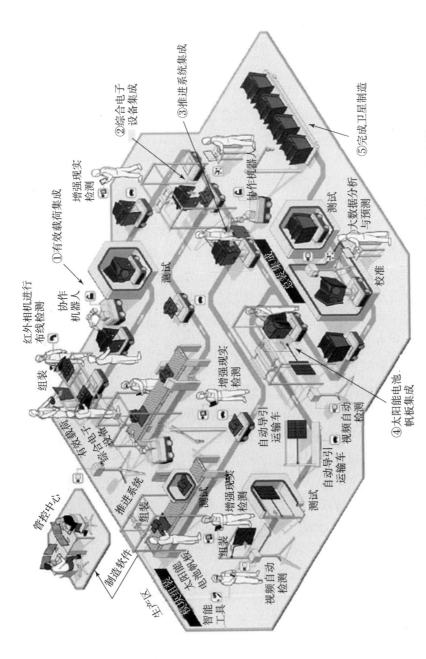

图3.2-15 空中客车防务与航天公司与一网公司合建卫星智能工厂示意图

智能眼镜由一对安全眼镜以及置于侧面、能够对焦并可移除的小片组成。眼镜使用基于文字的标记指导书，为操作人员显示所有必要的信息，将消除装配工艺中存在的误差，使得每架飞机安装座舱座椅的时间减少到原来的六分之一，错误率减少到零，提升了安装工人的总工效。智能眼镜技术还可以支持互动，让操作人员进行条形码扫描、云数据检索、语音控制等。

空中客车防务与航天公司与 Accenture 公司以创业模式工作，加速产品研制、该项目于 2015 年 1 月启动，不到一个月就完成首个样件研制。目前，该技术正在通过 A300 座舱安装实现工业化，其他总装线以及其他空客部门也将迅速跟进。未来，Accenture 公司希望与空客一同在民用航空航天和防务系统制造中广泛使用该技术。

3.3 日本智能工厂的发展

日本工业制造偏重于高端制造业和精密制造领域，汽车及零配件、机床、机器人和电子电器已成为日本工业制造四大支柱产业。随着智能制造热潮席卷全球，日本制造企业利用新兴的物联网、传感器、机器视觉、人工智能技术，已在其智能工厂的实践中迈出了一大步。比如，川崎重工开发的协作机器人可在一人的空间里与人协作，非常灵活；牧野机床利用物联网技术自主研发 ProNETConneX 系统，帮助客户最小化停机时间，延长设备寿命；FANUC 基于物联网技术的零宕机（ZDT）功能，在服务器上集中管理机器人的作业信息，通过移动终端对产品进行远程监控和故障预警等，实现零停机，提高机器人的运作率；Mazak iSMART Factory 解决方案，实现设备互联，通过物联网技术采集设备运转的大数据，实现生产过程可视化，提高设备的综合效率。日本智能工厂的发展特色主要体现在以下几个方面。

（1）源于扎实的数字化基础的柔性化制造单元。

柔性化制造单元在日本企业得到广泛应用，以适应多品种不同批量的制造需求。

在 Mazak 公司，由加工中心、物流导轨、上下料机器人、自动化工装输送线组成的柔性自动化产线，自动完成零件的机加工过程，实现了 720 小时无人值守。偌大的车间里，只看到机器人忙碌的身影和物流车在轨道上来回穿梭，却很少看到工人的作业。

牧野机床公司通过由两台大型卧式加工中心、自动化去毛刺、清洗设备以及物流导轨组成的柔性制造系统（FMS），高效完成大型铸件的精密加工。FANUC 的机加工工厂里由一组机器人、加工中心、在线检测装备、物流装备组成的独立单元完成部分工序的制造或装配，机器人负责上下料、物料定位、物料转运，并且实现了机器间的对话以完成单元内各工序。

而上述柔性自动化单元的背后，实际上是扎实的数字化基础。首先是三维模型贯穿于设计、制造环节。在牧野机床，铸件毛坯在加工前通过三维扫描仪拍照识别、与设计模型比对，自动生成加工参数，实现全自动的加工过程。在 FANUC，通过机器视觉识别毛坯，加工中心自动调用加工程序完成作业。在 Mazak，柔性制造单元可以根据加工要求从刀具库中自动调出刀具。其次是二维码的大量应用，实现了以二维码为载体的制造过程和物流的自动化。Mazak 钣金件上的二维码承载加工参数、图纸信息，工人可根据二维码调出工艺。再次就是模块化基础。FANUC 的数控系统、机器人本体和智能装备都强调标准化、系列化、模块化，形成了完整的产品谱系。正是由于有了这样的基础，才有适合于不同谱系的制具，才有可能实现加工过程 100% 的自动化。

（2）注重前沿技术的研究。

传感器、机器视觉、物联网、数据采集技术已作为成熟技术在日本智能工厂发展中得到广泛应用。

Mazak 公司的 iSMART Factory 解决方案里充分利用物联网技术、数据采集技术，实现对全球工厂设备的实时监控。

FANUC 公司推出的零宕机服务以及牧野机床的 ProNETConneX 系统，都是利用物联网技术对所有的机器人或机床设备进行远程监控，通过收集和分析运转数据，实现预测性的维修维护，减少非计划性停机时间，从过去的事后维修转变为事前预防。

三菱电机的智能工厂"e–F@ctory 解决方案"实现了利用物联网技术采集生产现场的数据，利用边缘计算技术加快数据处理与反馈，提高设备保养等业务的实时性能力。此外，对于新技术的研究也非常重要。三菱电机专门设置了前沿技术的研究部门，参与到新产品的设计中，推动产品与工艺创新。

（3）强调人机协作、人机共融。

日本企业在产线设计与改造方面，注重成本与效率的平衡。对于新产品，在产品设计的同时就着手产线的改造规划，一次建成，减少重复投资；对于老产品的产线则是结合精益思想，从细节上一点一点优化。在新产品研发阶段，充分考虑自动化需求。如三菱电机的伺服电机工厂利用定子结构优化的设计专利，实现了定子自动绕线，既提高绕线的效率又保持质量的稳定性。

此外，有选择地实现自动化也是成本与效率平衡的体现。虽然机加工工艺的自动化率可以高达100%，但在装配环节，由于多品种小批量、可能涉及线缆等柔性配件的安装等因素，无法实现自动化，需要在自动化装配与手工装配中取得平衡。三菱电机的经验是结合产品产量、技术可行性以及投入产出比等因素有选择地使用自动化。

可儿工厂将生产线单元化，生产单元划分为三类——全自动、半自动、纯手工组装多种模式的产线；每一单元完成一部分组装，每一单元可组装20种以上的不同产品；不同生产单元的组合可以最优化的生产方案满足不同批量、不同产品的生产需求，还能达到均衡生产的作用。

川崎重工明石工厂采用一个流＋单元生产＋混流生产的模式，采用分段式的装配单元也有异曲同工之妙。通过自动物流装备搬运物料，人工装配，一天可完成40多台机器人，一条产线可生产上千种型号的机器人。

（4）质量至高无上。

日本工业产品的高质量背后，是质量管理的理念和质量保证的手段，新兴技术的应用进一步帮助企业提升质量管理效率。牧野机床基于质量第一的理念，在产品开发上，工程师专注于产品质量不妥协；在制造过程上，合理利用自动化技术保证质量稳定性。

FANUC强调产品可靠性，专门建成了产品可靠性实验室，采用专业的手段在各种复杂、恶劣条件下对产品进行极限测试，保障产品的高可靠性。Mazak实现了制造精度的自动化检测，并将制造过程的工序与工人代码绑定，如机床出现问题，可以追踪到操作工人。

FANUC的电波暗室，用于产品在电磁环境中正常运行且不对周围其他设备产生电磁干扰的试验。

三菱电机的"e-F@ctory解决方案"的应用，实现了质量信息和错误信息的可视化，利用标准上下限对比方式迅速发现质量问题，通过计算加快问题的分析与处理，防止质量问题进一步扩散。

3.3.1 山崎马扎克公司

山崎马扎克（Mazak）公司成立于1919年，是机床行业的全球领军企业。马扎克的产品主要有复合加工中心、五轴加工中心、卧式加工中心、立式加工中心、车削中心、激光加工机以及与机床配套的CNC系统、FMS系统。

随着制造技术和自动化、数字化技术的不断发展，马扎克在其产品领域内，提出自己独创的DONE IN ONE理念和SMOOTH技术，提高机床的加工精度和智能化程度，形成机床制造的智能工厂解决方案，实现无人化生产，提高制造效率，缩短交货期。

自公司成立近百年来，马扎克已在全球超过26个国家设有81个支持基地，设有11个智能化生产工厂。其中，大口工厂建于1961年，是山崎马扎克公司的第一个工厂，也是公司总部所在地。除日本本土建有6个工厂外，在美国、英国、新加坡和中国分别设有工厂。其中，位于中国宁夏的小巨人工厂主要生产立式加工中心和卧式加工中心，位于辽宁的大连工厂主要生产立/卧式车削中心。

山崎马扎克公司在利用先进制造技术、自动化技术和信息技术，不断探索实践iSMART[①]Factory建设。

——1981年利用立/卧式加工中心、刀库自动交换装置以及运转监控计算机室建成FMF工厂，用于多品种小批量模式的生产。

——1987年通过复合加工机、FMS系统、刀具自动供给装备建立了CIM工厂，用计算机整合生产，进一步提升多品种小批量生产。

——1998年开始建设智能化工厂，在机床上融合信息技术、互联网技术，实现机床的远程监控。

——2003年之后开发了单元式生产设备，实现e-BOT 720小时无人值守。

——2014年，启动了Mazak iSMART Factory，旨在建设高度数字化、不断进化的工厂，以及创造新价值，为客户提供产品及服务，如图3.3-1所示。

---

① 在"iSMART"中，字母"i"寓意革新化、智能化、集成管理；"SMART"则表示自我管理、自我优化，与所有经营活动和业务环境同步。

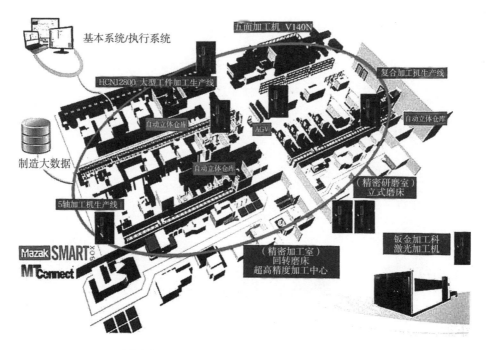

图 3.3-1　Mazak iSMART Factory 解决方案

在 iSMART Factory 的解决方案中，智能化的加工中心、上下料机器人、自动化立库、自动化物流转运等智能装备基于 MTConnect 协议实现设备间的通信，通过物联网采集设备运转的大数据，向上层的 MES 系统传递制造数据，从 MES 系统获取制造指令。

MTConnect 协议是机床专用的开放式通信协议，由美国机械制造协会（AMT）发布，保障了机床通信不受设备生产厂家或型号新旧的限制，如图 3.3-2 所示。

iSMART Factory 的核心内容包括以下几点。

（1）智能加工中心。

智能加工中心能够通过网络实时反馈运行状态、工艺数据、工作进度等信息，能够获取加工程序、生产指令、工艺数据、生产准备信息，能够最大程度减少生产准备工作，具有一定的自适应功能和自我诊断能力。

山崎马扎克公司认为数据的传输和安全非常关键，因此，该公司与思科联合开发了保证机床安全性的 Smart BOX。通过 Smart BOX，不仅可以采集各种设备装置的运转数据，还能识别病毒，只传输符合 MTConnect 协议的数据，阻断病毒对机床的攻击，具有较高的安全性。

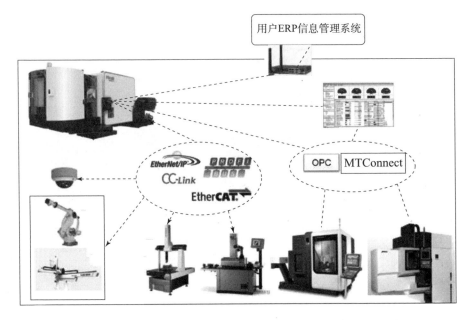

图 3.3-2 MTConnect 通信协议

（2）智能制造生产系统（Smooth Process Support，SPS）。

智能制造生产系统用于加工代码生产、加工计划排程、刀具管理、机床监控与统计，实现从工艺、计划、生产准备、制造过程监控的管理支持，如图 3.3-3、图 3.3-4 所示。

图 3.3-3 SPS 的主要功能

此外，在 Mazak iSMART Factory 方案中，还将公司的 ERP、MES 等系统并入此网络中，通过 Smooth Monitor，将工厂的加工设备和办公室的电脑连接起来，形成网络化工厂，实现底层设备与上层运营管理系统的互联。底层设备的数据通过网络传输，可以在办公层看到每一台设备的运行状态，可实时统计分析每台设备的开动率，通过数据比较分析，为生产改善提供依据。Smooth Monitor 不仅可以监控本地工厂的设备运转情况，还可监控到山崎马扎克公司全球工厂的设备实时运行状况，如图 3.3-5 所示。

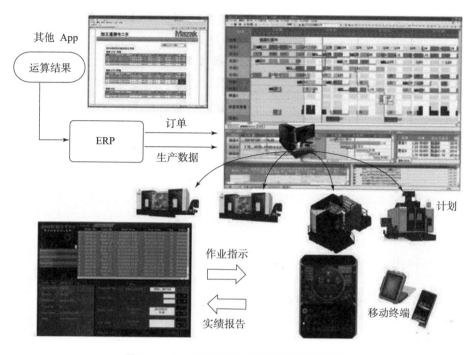

图 3.3-4 智能制造生产调度管理流程图

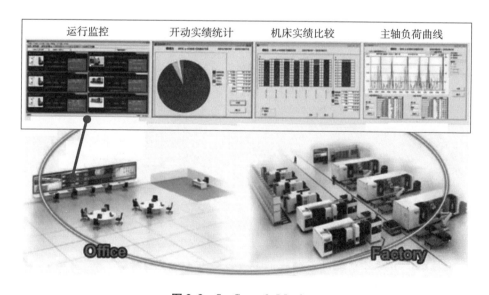

图 3.3-5 Smooth Monitor

iSMART Factory 的建设目标共分为以下五级。

——第一级：利用物联网及工业安全技术，实现设备互联和生产过程可视化。

——第二级：通过大数据分析提高生产绩效。

——第三级：通过制造系统的集成，优化业务运营。

——第四级：通过人工智能技术将资深技术工人的经验融合到制造系统。大口工厂处于第三与第四步间，其建设目标为在制时间缩短30%，半成品库存减少30%，管理工时减少50%。

——第五级：通过人工智能技术，实现制造系统的自主和自适应控制，实现工程的持续进化。

iSMART Factory 的柔性自动化非常具有特色，以山崎马扎克公司总部的大口工厂为例说明。Mazak iSMART Factory 规划图如图 3.3-6 所示。

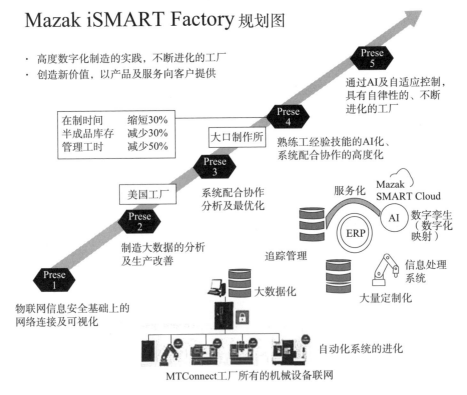

图 3.3-6　Mazak iSMART Factory 规划图

由于生产精密加工机床，装配精度要求极高，对温度、湿度变化和振动都有严苛的要求，大口工厂完全嵌入地下，为加工提供了相对恒定的环境，非常适合高精度加工装配的要求。

基于 iSMART Factory 方案，大口工厂提出的目标是：所有生产活动数字化，通过可视化及数据分析改进生产，最终目的是改善交期，提升生产效率。

（1）机加工车间。

机加工车间的生产布局非常合理，车间的一端是原材料立库和转运至下一车间的通道；车间的中部是由智能制造单元组成的柔性自动化机加工产线，物料通过导轨运送到工位，产线的两侧都装置有立库，用于存放原材料或半成品。此外，在每条产线上方，还布置了工具的自动化配送线，保证工具的自动化切换。每条柔性产线由多台加工中心、去毛刺设备和清洗设备、上下料机器人、物料转运导轨与托盘、工具自动化输送线组成。原材料从进入立库的那一刻起，就开始了它的智能制造之旅。原材料从立库中出库，首先由机器人通过机器视觉进行分拣，装夹到托盘上之后，再由带有导轨的输送车运送到加工工位；加工过程则通过对工件的识别调用相应的加工程序，根据加工工艺换刀、更换工装夹具，上下料则由机器人完成；工件在一个加工中心上完成加工后，由产线旁的导轨送到下一个加工中心里，全部工序完成后，由机器人将零件放到托盘上，再由导轨送到产线边的立库存放。整个加工过程完全自动化，已经达到 720 小时无人值守的水平。

（2）装配车间。

车间的智能化特点体现在装配过程的透明化。装配车间每一个工人手持平板电脑，记录每一台设备的装配进度、质量等数据，通过装配生产看板，可以了解到装配车间设备布局图、装配甘特图和设备装配状态，实时反映每一台机床状态以及订单生产进度与状态；在质量管理方面，实现了制造精度的自动化检测。此外，制造过程的工序与工人代码绑定，如机床出现问题，可以追踪到操作工人。

大口工厂的每台加工设备、物流设备、自动化立库都已联网，通过 Smart BOX 可以每天采集到各种设备的 1 230 万条数据。在车间设置了大量的机床监控看板，可以看到机床的关键工艺参数，如进给率等；并用不同颜色表示不同的设备状态，可以清晰地知道每一台机床每天/每月的运行情况，实现对每一台机床进行精细化管控。此外，在生产现场机床发生报警后，可以通过 PDA、警报等形式进行通知。机床发生报警后可以对其深度分析，找出报警发生原因，如刀具寿命过期，通过及时更换达到减少停机时间的目的。通过对设备的实时监控,大口工厂非计划性停机时间逐年缩短,2016年6月—2017年5月,通过设备监控与及时处理,相比2015年减少了55%。

iSMART Factory解决方案的应用,实现了所有生产活动数字化,通过可视化和数据分析利用,缩短生产周期、提高质量、强化追踪管理、减少管理工作量。

——持续推进智能工厂建设,实现设备互联和数据采集。

——推进柔性制造系统的应用,实现了720小时无人值守,源于加工中心、物流导轨、上下料机器人、自动化工装输送组成的柔性自动化产线,源于对工件形状识别的自动加工。

——通过自身实践和与思科等行业领先者的强强联合,用自己的设备和工厂建立样板,形成完善的智能工厂解决方案。

——充分利用物联网技术、数据采集技术,实现对全球工厂设备的实时监控。

——基于制造过程全面数字化,实现内部的纵向打通,销售通过办公层系统就可了解到订单的执行状态。

——非常重视员工技能的培养、提升,利用荣誉墙激励员工提高自身水平。

(3)钣金车间。

在钣金件的制造过程中,采用激光打印的QR码对钣金件进行追溯管理。QR码包含零件的加工工艺以及工件的身份识别,便于追溯。钣金加工时通过QR码识别加工信息,获取每一道工序的加工参数、图纸等数据。工人可以根据QR码在平板电脑上调出工艺,了解加工方法,通过此手段,减少了查找图纸和工件的时间,使生产效率提升了30%。由于工件的表面喷涂会遮盖QR码,所以山崎马扎克公司采用纸质二维码进行转换对应,保障工件制造工艺和身份信息的传承,实现全程追溯。

案例:大口工厂钣金车间智能化改造项目

(1)改造目标。

大口钣金工厂共有上下四层:一层为钣金激光切割和折弯,二层、三层为钣金焊接,四层为涂装,通过智能化控制系统以及全自动托盘系统,实现了各工序生产的无缝衔接,如图3.3-7所示。

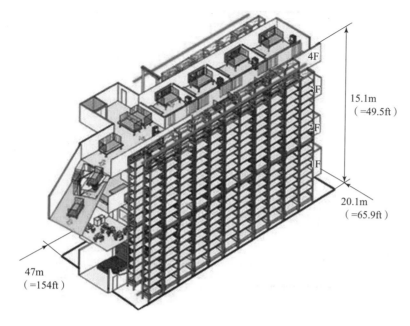

图 3.3-7 大口工厂钣金车间生产体系结构图

(2) 改造方案。

改造方案主要由三大项组成：导入智能生产控制系统、引进自动分拣装置和加工设备更新、钣金生产系统一体化。

第一项：通过导入智能生产控制系统，可共享各工序的生产信息，实现智能化的订单管理；从接受订单—下单—验收一体化信息管理，如图 3.3-8 所示。

第二项：引进自动分拣装置 OPTOPATH，并对加工设备以及材料库进行了换型升级及扩充，其中激光加工设备使用了 Mazak 光纤激光加工机 OPTIPLEX 3015 FIBER Ⅱ 4.0kW+FMS 系统。下面将以一层的钣金激光切割和折弯工序为例进行说明。

工厂改造前使用的是 2 台激光加工机 SUPER TURBO-X510 SC 1.5kW，6 段材料库（2t/段，最大荷载量 12t），6 台冲压折弯机 APEX 100t（折弯长 3 100mm^2/台，2 500mm^4/台）。

工厂改造后，导入了 OPTOPATH 和氮气气体发生装置（PSA），激光加工机更新为 2 台 OPTIPLEX 3015 FIBER Ⅱ 4.0kW+FMS 系统，材料库更新为 10 段（3t/段，最大荷载量 30t），冲压折弯机更新为 3 台 BH13530 135t（折弯长 3 100mm），4 台 BH8525 85t（折弯长 2 600mm）。

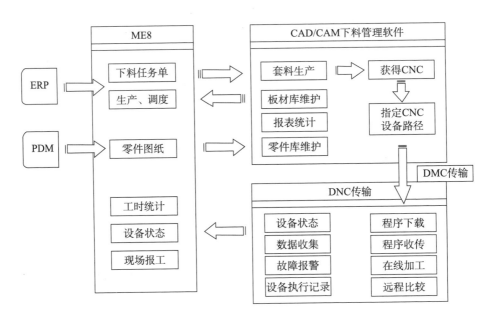

图 3.3-8 智能生产控制系统

第三项：通过智能化生产系统以及全自动托盘系统，对激光切割、折弯、焊接、涂装的生产工序和物流流程进行了优化，实现钣金生产系统一体化管理。

（3）改造效果。

改造大幅提高了整体生产能力和生产效率，将一部分原来外包生产的产品部件变为自行生产，有效降低了生产成本，同时也缩短了生产周期。MES 集成示意图如图 3.3-9 所示。

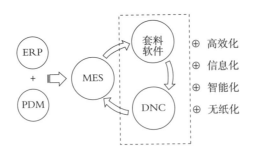

图 3.3-9 MES 集成示意图

——通过导入智能生产控制系统，实现各工序生产信息共享，优化整合了整体生产流程结构，减少生产等待时间，实现智能化生产管理。同时,自动分拣装置 OPTOPATH 的导入,减少了人工参与,加快生产速度及产品传递速度,使生产效率得以大幅提高。通过钣金生产系统一体化,将激光切割、折弯、焊接、涂装的生产工序和物流流程进行无缝衔接,实现了激光切割生产线无人化生产。

——改造后,焊接工序的生产效率提高了 3%,折弯工序的生产效率提高了 18%,特别是激光切割的生产效率提高了 78%。本次智能改造将激光加工机更新为 Mazak 光纤激光加工机,并导入了氮气气体发生装置。与原来使用的 CO_2 激光加工机 SUPER TURBO – X510 SC 1.5kW 相比,OPTIPLEX 3015 FIBER Ⅱ 4.0kW(使用氮气作为辅助气体)的加工时间缩短为原来的一半,使得板材切割速度和加工品质得到了大幅提升。

——与原来的 CO_2 激光加工机相比,光纤激光加工机不需要激光气体和定期点检,具有运行维护成本低、耗电量低等优点,进一步降低了运行成本。由此可见,加工设备的更新,有效提高了生产效率和加工质量,缩短和降低了辅助时间及运行成本。

3.3.2 牧野机床公司

牧野机床公司始建于 1937 年,是全球高端铣床和加工中心的领导厂商之一。其下属厚木工厂于 1967 年投产,占地面积 100 539 平方米,员工 986 人。该工厂制造机床的关键车间(主轴部件生产、装配及检验)建设一直致力于智能化发展。

作为机床的"心脏",主轴是加工中心的主要组成部分之一,是保证加工效率和工件质量的关键部件。其中影响主轴部件性能的旋转精度则主要由主轴、轴承的制造和装配质量决定。厚木工厂在发展过程中,对自动化、数字化、智能化技术与工匠精神进行有效融合,实现了最大限度的保障产品质量。

厚木工厂的主轴盖板生产车间,并列呈现三台卧式加工中心,中间仅由一台工业机器人高效地进行托盘的取放、工装夹具的自动供给,工件的重新装夹等复杂的作业,配合另一侧的大型立体仓库,自动完成工件、工装夹具等在工序间的传送、调运和存贮工作。整个零件的上料、加工、搬运、检测等操作过程一气呵成,无须任何人员干预即可完成,组成了一套完整的柔性制造系统(FMS)。

就是这样一条生产线,完成 900 多道工序、120 多种零件的生产,而且生产现场仅需 1 名员工来负责。FMS 系统是柔性制造技术中最具代表性的制造自动化系统，可以昼夜24小时连续"无人化生产"，可以实现多品种、中小批量的加工管理，能够有效减少毛坯和在制品的库存量，提高产品质量的一致性。

同时，所有机床的状态信息（如温度）都可以在车间的看板上直观显示，一目了然。同时，这些数据都可以通过手机等移动终端进行远程查看，无须进入现场管理人员即可了解生产现场设备的工作状态。

另一条大型机床主轴头生产线同样也采用了同样的生产方式，由6台大型加工中心组成，生产130多种零件，800道工序，使用了5 000多种刀具。

与当前一些制造企业把"机器换人""黑灯工厂"视为数字化、智能化改造目标不同，厚木工厂这种柔性高效的生产模式，体现了牧野机床公司对生产制造智能化发展的独特见解，主要有以下几个方面。

（1）注重前瞻性技术开发。

牧野机床非常重视前瞻性技术的开发。为了适应日趋激烈的市场竞争，很多企业开始将柔性生产方式作为推动生产管理变革和创新的新方向。它们寄希望于找到适应力强、效率高、自动化程度高、不易被淘汰的柔性生产方式或相关智能设备，而能够实现移动作业的工业机器人就是未来的重要应用趋势之一。

为了更好地支持这种生产方式，牧野机床充分发挥自身在AGV小车上的领先技术优势，开始着手移动工业机器人产品——iAssist的开发。目前已经将库卡、发那科的协作机器人与牧野AGV小车完美组合，实现工业机器人的自由移动作业，能高效地完成工件、托盘、刀具和电机的搬运工作。

有了协作机器人的配合，整体产品的安全性是毋庸置疑的，其拥有软垫包裹的机械臂、力传感器和嵌入式安全系统，从而保障了可以与工人在共同的工作空间中进行近距离协同作业。搭配牧野的AGV小车，移动机器人无须任何辅助设施，也不用预先设定行进路径，就能够自动绕开障碍物到达指定地点。通过这种完美的组合，使其能够在白天生产过程中与工人共同完成生产作业，夜晚无人状态下也可以根据指令自行完成相关工作。

与传统机器人相比，这种移动机器人柔性好、适应性强、灵活性高，并且能够实现搬运和生产功能的集成化和自动化，可显著提升厂内物流效率，节省人力成本，未来在柔性生产运输系统中必然会占据越来越重要的地位。据现场人员介绍，目前这款产品已经开始在牧野机床生产现场进行试运行，产品成熟后将会向市场推广。

此外，牧野机床还开发出了类似苹果 Siri 功能的系统以实现人机对话，仅靠语音即可实现对机床的操控，还可以提供机床操作指导。通过一项项的"黑科技"，让我们看到即使是在机床这样的传统制造产业中，也同样拥有巨大的创新空间。

（2）使用物联网技术为客户提供机床预修服务。

无须借助工厂网络，通过设备自身 4G 网络即可安全地与远程服务中心连接，基于自主开发的 ProNETConneX 系统，服务人员可以远程查看实际控制界面，提供运维支持。同时还提供主轴诊断服务，通过主轴上的传感器采集状态信息，预测主轴故障时期，防止非计划性停机。目前除主轴以外，牧野机床还已开始着手开发其他零部件，如丝杆的预测诊断服务。

ProNETConneX 远程支持可以对每个用户使用的机床建立安全的数据库，共享实时报警信息及机床状态，无须与客服进行烦琐的沟通，就可以远程在机床界面上帮助客户迅速进行机床诊断和日常保养计划。对于简单的报警，可通过远程操作缩短停机时间。因此，即使机床发生问题，也可以在最短的时间内恢复运行，缩短停机时间。

其中，主轴诊断功能可以帮助用户监视主轴的状态，将主轴状态以不同的颜色（蓝、黄、红）显示在操作界面上，从而可以简易地把握主轴运行状态，及时预测通知故障时期，提前规划机床的停机时间，避免出现大批量的加工不良问题；同时，还可以根据生产计划合理建立保养日程。

这些服务都是通过机床上安装的 4G 网络路由器来实现通信，其通信网络只能连接牧野数据中心，与工厂网络无关。即使客户工厂没有网络也可以实现设备与牧野服务中心的连接，并且每台机床都有防病毒软件，在网络安全上也有专业保障。

除了提供机床、相应的服务外，牧野机床还有非常专业的工业软件如三维 CAM 系统、模具加工支持系统、数控电火花加工机 CAM 系统等。

（3）严苛的质量控制。

与主轴盖板生产车间完全不同，在厚木工厂的主轴装配车间却很少见到自动化相关设备，现场主轴的装配过程几乎都是由手工完成，工人们精湛的技能水平在这里体现得淋漓尽致。

毕竟再完美的机器人也达不到人手的灵活度，只有训练有素的技工才知道哪一部分精密零件需要怎样的安装工艺，哪一个部件需要怎样的力道进行组装，才能最终保证主轴的完美品质。因此，工匠在装配精度上要远高于机器人。

为保障加工工件尺寸误差不超过 $1\mu m$，除了在加工过程中自动对工件尺寸进行测量外，对于车间现场的环境控制也非常严格——车间常年温度保证在 $23\pm0.4℃$、湿度保证在 35%，而且为无尘车间。为保证温度和湿度可控，车间在不同高度的位置安装了大量的温度传感器来监控车间内温度变化，如遇温度异常会立即停机。同时，为防止地面震动对加工精度带来影响，地面设计异常坚硬，而能够胜任这份工作的技工都必须通过严苛的技能培训，检验合格才能上岗作业。

如果说自动化生产讲求的是快，那这里则是慢工出细活。牧野机床技术工人装配出的主轴产品根本无须检测，其成品检测过程更多地是为了出具详细的检测报告令客户放心。牧野机床对员工的基本要求是专注、严谨，将工匠精神发挥到极致，让产品真正拥有"生命"，造就高质量的产品。

3.3.3 三菱电机公司

三菱电机公司成立于 1921 年，是全球知名的综合性企业集团，在全球电力设备、通信设备、工业自动化、电子元器件等市场占据着重要地位。三菱电机公司的"e-F@ctory 解决方案"在自身智能工厂推进过程中得到了实际应用。

（1）基于物联网技术构建智能工厂"e-F@ctory 解决方案"。

早在 2003 年，三菱电机就已提出了"e-F@ctory"概念，其基本理念是灵活应用 FA 技术和 IT 技术，减少开发、生产、保养等全过程的总成本。

通过在三菱电机工厂的应用实践和不断完善，e-F@ctory 包含了完整的智能工厂理念、实现方案和可以集成多种供应商设备和软件系统的技术体系。如图所示，e-F@ctory 构建了三层架构——在生产现场层进行基础数据的收集和显示，在中间层通过边缘计算对数据进行预处理，然后将数据传递给上层的 IT 系统，如图 3.3-10 所示、如图 3.3-11 所示。

< e-F@ctory的基本理念 >

灵活运用FA技术和IT技术,减少开发、生产、保养等全过程的总成本。
支持用户改善活动的同时,为客户提供在制造业领先一步的综合解决方案。

从2003年就开始提倡此基本理论

架构

- 进行实时收集生产现场数据

  | 可视化 | 显示 |

- 对FA收集的数据进行一次处理（边缘计算）与IT系统无缝连接

  | 可视化 | 分析 |

- 将基于IT系统的分析,解析结果进行反馈

  | 可视化 | 改善 |

通过生产现场的可视化与可使用,支援企业提升价值。

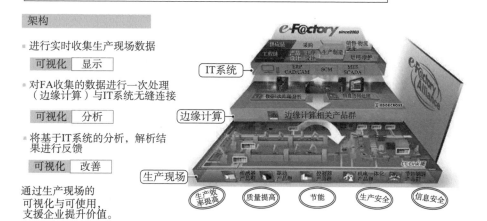

图 3.3-10　e-F@ctory 架构图

在以生产现场为中心的价值链优化方面,边缘计算的运用尤为重要
迈向基于边缘计算的自律分散型物联网

1	2
通过将FA的数据初步处理为适合上传至云端、IT系统的数据,以降低通信量并确保安全性。	通过在生产现场附近进行数据的管理、处理、反馈,以提升设备保养等需要实时性的业务效率。

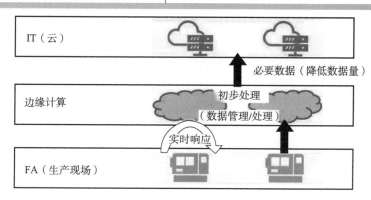

图 3.3-11　e-F@ctory 解决方案中的边缘计算

在功能层面,e-F@ctory 涵盖了智能产线设计、可视化、MES 应用、SCADA 数据采集、质量缺陷分析、设备可维护性分析等技术领域。此外,三菱电机将其智能工厂建设经验向外复制,构建了完整的智能工厂咨询服

务方法论,提供基于 e-F@ctory 理念的咨询服务和智能工厂建设一站式解决方案,包括智能制造蓝图规划和部署、精益理念导入、工艺及业务流程的梳理与优化、IT 与 OT 集成和应用与绩效评价等。

在 e-F@ctory 的三层架构中,三菱电机强调边缘计算技术的应用是 e-F@ctory 解决方案的关键。在 FA 现场层中产生了大量的数据,其中并非所有的数据都对 IT 系统有用,如果不预先加以处理,IT 系统很难快速适应这样大容量数据的处理要求。因此,三菱电机在现场层和 IT 层中间设置了边缘计算层,在生产现场附近进行本地化的分析、诊断后,再实时反馈到生产现场中。这样将生产现场庞大的数据层次化、抽象化后加以管理,既可以降低生产现场与上层系统的数据通信量,又能够轻松被利用。三菱电机智能工厂一站式解决方案如图 3.3-12 所示。

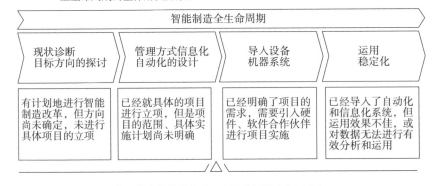

图 3.3-12 三菱电机智能工厂一站式解决方案

然而,一般制造企业生产现场中存在着大量的异构设备或异构协议。因此,边缘计算层需要支持广泛普及的接口收集各种通信标准以及各种设备采集传递的数据,对数据进分层与标准化,再边缘有效处理、获取有用数据,加速生产现场的物联网应用。

在 e-F@ctory 解决方案的不断完善与推进中,三菱电机发现仅凭三菱电机一家的技术很难完整实现该解决方案,因此三菱电机提出必须超越企业、产业的框架进行合作,在各领域、各地区与强大的供应商,包括软件企业、硬件合作伙伴等携手共建。如在一个案例中，三菱电机通过远程监视激光加工机的状态，与 NEC 合作利用云端服务，实时采集设备的运转情况，并进行远程维护。

e-F@ctory 解决方案中采用边缘融合联盟 Edgecross 定义的边缘计算领域平台作为边缘计算层。该联盟于 2017 年，由三菱电机与研华、欧姆龙、日本电气、日本 IBM 和日本甲骨文等另外 5 家不同领域的领先企业组建而成，在边缘计算领域建立了核心合作伙伴关系。"e-F@ctory 解决方案"不仅在三菱电机自身工厂得到了广泛的应用，在全球 200 家工厂也得到了应用，并且三菱电机还为此方案形成了咨询实施服务方法论，为客户提供持续的推进服务。

（2）打造多品种不同批量的柔性化生产模式。

三菱电机的可儿工厂主要生产电磁开关，包括三个核心零件（接触片、线圈和铁心）的自制与装配，在生产布局上，工厂的一层完成零件自制，二层完成部装与总装。自制件完成后送入 JIT 中心，再由高架运输机将物料配送至二层供装配。电磁开关的生产特点是种类特别多，多达 1.3 万种以上，同时产量大，因此生产组织面临这两个难点。

针对这些难点，可儿工厂在生产中引入了"机器人组装单元化生产模式"，巧妙结合适用于多品种生产的人工单元化生产模式和可实现大批量生产的机器人生产模式，并应用 e-F@ctory，通过 FA 与 IT 融合，让作业人员和机器人合理分工、各展所长。这不仅实现了高速自动作业，还显著提高了作业精度，带来了效率和价值的提升。

可儿工厂的组装生产线可生产约 25 000 种产品，依据每月产量不同，分别采用全自动生产线、LCA 生产线（Low Cost Automation，机器+人工）、纯手工组装多种模式的生产线。如每个月 5 万以上产量的产品采用全自动生产线，1 万~5 万之间采用 LCA 生产线，每月 1 万以下的产量采用人工组装，从经济性角度出发，并非完全追求全自动生产。可儿工厂产品组装的柔性自动化单元如图 3.3-13 所示。

电磁开关的组装过程划分为不同的单元生产线，同一条生产线可以组装 20 种以上的不同产品。一个生产单元是一个单件流，配备一名操作工人，在单元生产线中执行局部组装和外观检测。这种产线模式可缩短工人的移动距离，提升效率的同时，降低劳动强度。

装配过程中，可儿工厂采用在细微处改善，充分利用机器视觉、力觉

图 3.3-13　可儿工厂产品组装的柔性自动化单元

传感器等传感器技术不断提升制造效率,例如:

——在工件上用激光打印二维码,给产品一个身份标识,杜绝铭牌和型号错误,实现追溯。

——电磁开关的零部件尺寸都很小,为了提高传送效率,三菱电机对单元生产线上的送料装备做了优化,缩短传送的距离,方便工人投料。工人投料时,通过机器视觉识别二维码,防止错料。

——装配中有很多拧螺钉的动作,设备上加装了力觉传感器,控制拧紧程度,以及通过优化螺钉拧紧的操作,杜绝螺钉锁死的缺陷。

目前,可儿工厂基于产线布局优化、工艺优化及与 e-F@ctory 解决方案的融合,实现了生产过程和质量的可视化,生产效率提升了30%,运转率提高60%,工序数量下降55%。目前已实现100人完成50万件产品的生产,达到平均每15秒加工一个产品的水平。

(3) 通过"e-F@ctory"实现生产革新。

位于爱知县的名古屋制作所下属的可编程控制器工厂共有16条通用SMT生产线,自动化率达到90%以上。在 e-F@ctory 解决方案的应用中,利用 MES 接口组件实现了从各种贴装设备收集运行数据,生产线的数据在管理员的终端上自动显示,实现生产信息、运转信息、质量信息和错误信息的可视化，利用标准上下限对比方式迅速发现质量问题，可以加快问题的分析与处理，防止质量问题扩散，明显改善质量。

由于可编程控制器的品种众多，名古屋制作所采用了单元化生产线模式，可以根据生产指示灵活调整，但这种生产线模式因为有一线操作员的参与，因操作失误对产品质量的影响难以避免，因此，需要想办法减少人为错误造成的损失。在这方面，可编程控制器工厂采用了很多方法进行改善。如利用由生产指示书、显示器和开关螺丝存放箱盖的故障保护终端等构成的系统，帮助操作员正确取出零部件；通过在工具上安装防错装置，通过亮灯提醒工人抓取正确的工具，防止操作错误。

e-F@ctory 在名古屋制作所伺服电机工厂也得到了充分应用，应用过程分为以下三个阶段。

第一阶段的目标是提高产品质量。

三菱电机在各工序加装了大量传感器，用于质量的检测。结合自身经验针对产品制造过程的各项检测参数设置了上下限，根据缺陷数据间的因果关系迅速查明原因，以前问题解析需要 2 天时间，现在只需要 5 个小时，找到根本原因后，还可避免次品的再次发生。

第二阶段的目标是节能。

在可视化之后，对每道工序的能源进行了管理，如对框架烧嵌工序的异常能耗进行分析，提升生产效率和实现节能。

第三阶段的目标是反馈至设计。

现在已经达到了制造过程数据由原来向质量反馈转变为向产品及其产线设计的反馈，通过从制造到设计的实时反馈，促进设计达到最佳状态。

此外，在自动化方面，三菱电机也做了很多优化工作。伺服电机的装配生产线采用人机结合的模式进行装配。通常情况下，电机里定子绕线较难实现自动化，但三菱电机为实现定子绕线自动化生产采用了专利技术。三菱电机把定子设计成可以打开的结构，当需要绕线时，每一段定子可像活页的形式展开，单独完成绕线。通过产品结构的优化，在不影响产品性能的情况下，很好地满足自动化生产的需求，提高了生产效率。

（4）小结。

三菱电机公司不仅系统提出 e-F@ctory 智能化解决方案，而且在自己的多家工厂得到了充分的实践，并最终形成向外推广复制的能力，形成其创新的商业模式。此外，三菱电机在其智能化的进程中，并未提出宏大的口号，而是扎扎实实做好每一小步的工作，一点点取得实效，值得我们借鉴。

——并不盲目追求全自动化，而是结合同种产品产量、技术可行性以及投入产出比等因素有选择地使用自动化。

——三菱电机对于老工厂的智能化升级不一味追求"高大上"。对于老产品的产线是结合精益思想，从细节上一点一点优化；对于新产品，则在产品设计的同时就着手产线的改造规划，一次建成，减少重复投资。

——从产品设计的源头考虑自动化应用的需求。在伺服电机工厂，利用定子结构优化的设计专利，实现了定子自动绕线，既提高绕线的效率又保持质量的稳定性。

——设备维护做得很好。除了按照规范对设备进行主动维护外，通过系统的统计分析，发现设备异常情况多时，就会进行预警干涉，并且还可通过电流、次数的监控对核心部件的寿命进行管理，提前进行预防。三菱电机的第一条全自动组装线是2012年运行，目前依然运行良好。

——可儿工厂全自动电磁阀组装线注重人机结合，提高产线柔性化能力，实现了多种相似产品的混线生产。

第4章 我国军工智能工厂的发展情况

我国军工企业实施智能工厂起步明显落后于国外发达国家，目前尚未形成一家真正意义上的智能工厂，但在前期的信息化条件建设中，各军工企业形成的一些数字化条件，为今后实施军工智能工厂建设奠定一定的基础。

4.1 军工智能工厂建设的必要性

4.1.1 开展军工智能工厂建设的重要意义

军工智能工厂的建设，可以实现武器装备的高质量、快速、低成本研制生产，提高武器装备研制生产的快速响应能力，加速军工制造向数字化、智能化的转型升级，满足未来武器装备发展需求。

（1）是满足武器装备发展需求的重要抓手。

现代战争爆发突然，进程短促，应变快速，陆、海、空、天一体化和精确打击等特点迫切要求军工制造业实现研制手段的高质量、生产过程的快速反应和管理的低成本。因此，必须以世界眼光和战略思维构筑以智能制造为主导的军工制造业。智能工厂的建设，一方面可以使CAD、CAM、CAPP、MES、ERP、数字化制造装备等得到快速发展，大幅提升武器装备科研生产体系的功能、性能和自动化程度。另一方面，使武器装备科研生产体系的柔性化、自动化不断提高，并向着具有感知、决策、执行等功能特征的智能化发展。这将显著提高武器装备研制生产的自动化、智能化水平，使得武器装备制造过程更加稳定，有助于提高武器装备质量，进一步降低武器装备研制生产成本、缩短武器装备研制生产周期，提升武器装备快速响应能力。

（2）是加速军工制造向数字化、智能化转型升级的重要途径。

数字化、智能化特征的智能制造，是各国争夺第三次工业革命先发优势的主战场，也是军工制造发展的必然趋势。当前，我国武器装备发展正处在加速创新的阶段，装备性能的提高和功能的拓展，对材料、工艺、质量、效率、可靠性等要求不断出新。智能工厂是实现智能制造的重要载体。武器装备科研生产也要顺应时代发展潮流，通过开展智能工厂的建设，采用增材制造、基于模型的新型设计方法、虚拟制造、虚拟试验等数字化技术以及工业机器人、传感器技术、智能控制识别技术、智能仪表等智能化技术，推进工业机器人、精密仪表、新型传感器、智能工控机等在武器装备科研生产中的应用，将有利于形成新的武器装备制造工艺体系，加速军工制造向数字化、智能化方向转变，为未来武器装备研制生产提供有力保障。

（3）是军工制造业实现创新发展、价值创造的关键。

开展军工智能工厂建设，将实现产品设计方法和工具的创新，企业管理模式的创新，企业间协作模式的创新，是对传统的、落后的操作方式、运行程序及思想观念的改造过程，是军工制造业深化改革的必然。它的实施可大幅度提高武器装备研制和生产效率；可显著提高军工制造企业的生产工艺水平，增强企业质量控制的能力，确保武器装备的质量及可靠性。

（4）是实现武器装备科研生产的节能环保、安全可靠的重要保障。

军工智能工厂的建设，可以应用更节能、环保的先进装备和智能优化技术，有助于从根本上解决武器装备科研生产制造过程的节能减排问题。另外，智能工厂能够代替人从事一些单调、频繁和重复的长时间作业，或是在危险、恶劣的工作环境下作业，或是用于弹药、火工品等高危产品制造，能够有力保障武器装备生产的本质安全性。

4.1.2 当前军工智能工厂建设面临的问题

"十三五"期间，国家出台相关政策，大力推进全国范围内各制造企业智能工厂建设。国防科技工业领域也开展了相关军工企业智能工厂建设项目的申报和评审工作。但由于当时军工行业对智能工厂的概念内涵认识不清，规划设计不尽合理，前期信息化条件建设形成的能力不足以支撑智能工厂的建设。如，信息化尚未与业务融合，众多的信息系统如何整合、集成成为较大障碍；数字化是智能制造的必由之路，但数据质量却很差；底层的自动化设备比较少，如加工设备、质检设备；片面追求自动化与"机器换人"；基础管理水平薄弱，亟须大量的"管理补课"，等等，导致军工智能工厂的建设基本处于滞步的状态。

（1）对智能工厂的认知片面，存在局限。

不少军工企业对智能工厂的建设，仍局限在车间生产的智能化。比如，认为智能工厂建设是采用三维数字化设计和仿真技术，实现武器装备研发设计的效率和质量；认为智能工厂建设是采用工业机器人、高端数控机床、PLC等智能制造设备，提高武器装备科研生产的自动化和智能化水平；认为智能工厂建设是把传感器、处理器、通信模块融入产品中，实现产品的可追溯、可识别、可定位；认为智能工厂建设是构建基于互联网的C2B模式，实现武器装备维护、维修的个性化自主设计，等等。这些对智能工厂的认知，主要集中在产品、装备、生产、管理、服务等某个方面以及研发设计、生产制造、维修保障等某个环节的智能化改造，全面性和系统性较为不足。

智能车间、智能工厂和智能制造是一个层层递进的关系。智能车间的建设就好比是提高每一个士兵单兵作战的能力，做到每一颗子弹消灭一个敌人；而智能工厂建设则是要提高部队协同作战能力，海陆空一体化协同；智能制造则是上升到国家整体军事力量的提升上，从而带动与其相关的农业、服务业等国民经济组成部分的产业级管理水平的提高。因此，智能工厂的建设应以提升工厂运营管理整体水平为核心，将业务层级拓展到武器装备科研生产活动甚至整个供应链。

（2）智能工厂的建设规划与企业战略不匹配。

智能工厂的建设无疑是帮助企业转型升级、突破创新、赢得可持续发展的竞争优势的一把利器。但是军工企业在智能工厂的建设规划过程中，没有充分地识别当前内外部的环境，没有做好需求分析、生产效率和质量效益分析，导致智能工厂的规划设计与军工企业发展战略不匹配。

智能制造、智能工厂是为军工企业发展战略服务的，不研究企业发展战略，不明确转型升级的方向，没有抓住与战略匹配的军工核心能力建设这条主线，仅仅按技术发展方向进行智能工厂、智能制造的规划，盲目追求自动化、数字化、智能化，这是十分错误的。军工企业应以企业发展战略需求为立足点，就如何实现智能工厂的目标做出相关方案，提升制造的智能化水平，提高品质和效率才是真正有效的迈向智能工厂的成功之路。

（3）智能工厂建设的系统性规划不足。

智能工厂建设是一项复杂的系统性工程，涉及研发设计、生产制造、仓储物流、维护保障、信息咨询等各个环节，需要军工企业立足于围绕武器装备产品的全生命周期价值链，实现制造技术和信息技术在各个环节的融合发展。限于智能生产设备和技术缺乏以及认知不够深入等因素，我国军工企业智能工厂建设整体来看缺乏系统性规划，覆盖的环节还有待完善。

虽然行业主管部门、军工集团层面有相对长远的规划布局，但从总体上来看，我国军工企业智能工厂建设缺乏顶层设计，系统性规划不足。一方面，军工企业未能正视智能工厂建设带来的短期和长期效益，缺乏对近期和远期目标的规划，对项目整体把控能力较差。另一方面，各个部门业务隔离，信息部门牵头制订信息化规划，生产部门牵头制订技改方案，部门之间信息传递不畅，因为企业整体需求不够明确，系统目标不同，导致智能工厂建设合理性、可行性不足。

（4）前期军工投资形成的数字化条件难以支撑智能工厂建设。

智能工厂建设是在数字化、数字互联的基础上发展起来的。军工行业通过前两个五年计划的信息化条件建设，形成了一定的自动化、数字化基础。从形成的能力支撑智能工厂建设的角度看，当前军工企业信息化建设存在如下问题。

——自动化基础依旧薄弱。部分环节开始了机器换人，如焊接、喷涂、搬运、打磨等环节；装配环节的自动化程度还非常低，质检自动化，如视觉检测、激光检测等应用较少，生产线布局受制于场地建设，无法满足精益生产的要求；投资与收益在部分环节还不成正比。

——自动化与信息化分离。自动化与信息化各自独立建设，信息化没有明确对自动化的要求，直接导致自动化设备或产线数据采集困难，即使采集了数据，也没法使用。信息系统建设过程中，重建设、轻运维，没有与实际业务融合，不能满足生产自动化的使用要求，与智能制造要求差距较大。

——标准化和数据规范性较差。在生产经营过程中，对业务和管理的过程没有形成标准化体系。数据是智能工厂的血液，但缺少数据标准、一物多码作业标准执行不到位；系统数据分散在多个系统中，管理混乱；数据无法为决策所服务。

——业务模式的变革难。信息化与管理没有充分融合；业务部门领导没有成体系的管理思路；对信息化了解不够，没有"走出去"；缺少全局流程优化的观念；参与较少，认为是业务执行人员的工作；缺少数字化工厂建设的专业人才，管理基础较为薄弱。

（5）安全可控能力有待进一步提升。

国防科技工业领域一些关键部件、软件或元器件对外依存度仍然较高，安全可控能力有待进一步提升。

一是从智能装备领域来看，国内智能装备市场国产化率仍较低。目前，国外品牌占据国内工业机器人市场的主导地位，国内工业机器人受制于基础工业的差距，在关键零部件伺服电机、减速器、控制器等方面自主研发生产能力较弱，与国外品牌相比，在精密度、可靠性和稳定性方面还有较大差距。

二是从工业控制领域来看，军工信息和网络安全的形势较为严峻。国外相关建设与研究起步较早，已有较成熟的标准、产品、服务体系，同时检测认证、安全防护产品等核心技术及工具也较为成熟。国内军工领域缺乏自主可控的检测认证技术与工具，相关标准、安全咨询评估等方面仍处于探索建设阶段。

（6）工厂运营层还是黑箱。

在工厂运营方面，车间仍然是一个黑箱，生产过程还难以实现全程追溯。依然存在大量信息化孤岛和自动化孤岛。智能工厂建设涉及智能装备、自动化控制、传感器、工业软件等领域的供应商，集成难度很大。

面对现阶段信息化条件建设中的种种问题，军工企业不宜贸然推进智能工厂建设，不能跟风、盲目开展建设，搞"大跃进"，以免造成军工投资打水漂。需要提前对智能工厂项目做好规划，并通过一套标准来规范整个流程，确保项目建设的科学性、系统性和有效性。

4.2 军工智能工厂建设的政策环境

4.2.1 智能制造政策

智能制造是当今全球制造业的发展趋势和核心内容，也是制造业升级的方向。我国针对智能制造推出了一系列政策。

（1）《中国制造 2025》战略。

《中国制造 2025》于 2015 年 5 月 8 日正式发布，描绘了建设制造强国的蓝图：通过 30 年的努力，到中华人民共和国成立一百周年时，中国从制造大国成为世界一流的制造强国。按照《中国制造 2025》的要求，要把智能制造作为制造业转型升级的重要突破口和抓手，而智能工厂是智能制造的关键之一。

（2）智能制造试点示范专项活动。

自 2015 年起，实施的智能制造试点示范专项，旨在基础条件好和需求迫切的重点地区、行业和企业中选择试点示范项目，分类开展流程制造、离散制造、智能装备和产品、智能制造新业态新模式、智能化管理、智能服务 6 个方面的试点示范。

2015—2018 年，工业和信息化部共批准智能制造试点示范项目 305 项。所属试点示范项目 10 项以上的制造业行业包括电气机械和器材制造业、汽车制造业、通用设备制造业、化学原料和化学制品业、专业设备制造业、非金属矿物制品业、仪器仪表、医药制造业和纺织服装、服饰业共 11 项制造业大类。

（3）《智能制造发展规划（2016—2020 年）》。

《智能制造发展规划（2016—2020 年）》由工业和信息化部、财政部于 2016 年 12 月联合发布。该文件提出：在基础条件较好的领域，开展智能工厂的集成创新与应用示范；智能工厂普及率超过 20%，智能工厂试点示范项目实施前后实现运营成本降低 20%，产品研制周期缩短 20%，生产效率提高 20%，产品不良品率降低 10%，能源利用率提高 10%。

（4）智能制造综合标准化与新模式。

智能制造综合标准化与新模式应用重点项目库包括两类：一是智能制造综合标准化试验验证类项目；二是智能制造新模式应用类项目。2017 年，智能工厂标准列入工业和信息化部第四季度标准计划。2018 年 3 月，工业和信息化部正式印发《智能制造综合标准化与新模式应用项目管理工作细则》，进一步明确智能制造综合标准化与新模式应用项目的组织管理。

（5）《国家智能制造标准体系建设指南（2018 版）》。

《国家智能制造标准体系建设指南（2018 版）》于 2018 年 7 月，由工业和信息化部、国家标准化管理委员会共同组织制定并发布。该文件对智能工厂的标准做出了规定，主要包括智能工厂设计、建造与交付，智能设计、生产、管理、物流和集成优化等部分，如图 4.2-1 所示。其中重点是智能工厂设计、智能工厂交付、智能生产和集成优化等标准。主要用于规定智能工厂设计、建造和交付等建设过程和工厂内设计、生产、管理、物流及其系统集成等业务活动。针对流程、工具、系统、接口等应满足的要求，确保智能工厂建设过程规范化、系统集成规范化、产品制造过程智能化。

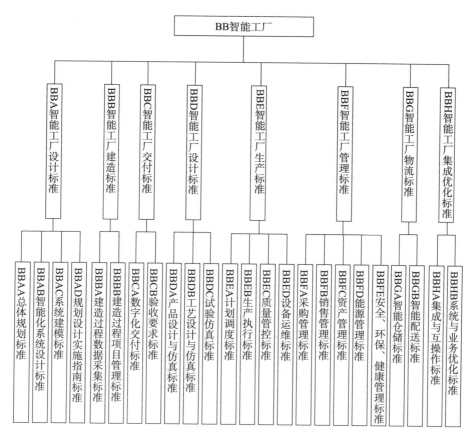

图 4.2-1 智能工厂标准子体系

①智能工厂设计标准。

智能工厂设计标准主要包括智能工厂的基本功能、设计要求、设计模型等总体规划标准;智能工厂物联网系统设计、信息化应用系统设计等智能化系统设计标准;虚拟工厂参考架构、工艺流程及布局模型、生产过程模型和组织模型等系统建模标准;达成智能工厂规划设计要求所需的工艺优化、协同设计、仿真分析、设计文件深度要求、工厂信息标识编码等规划设计实施指南标准。主要用于规定智能工厂的规划设计,确保工厂的数字化、网络化和智能化水平。

②智能工厂建造标准。

智能工厂建造标准主要包括建造过程数据采集范围、流程、信息载体、系统平台要求等建造过程数据采集标准;满足集成性、创新性要求,促进智能工厂建设项目管理科学化、规范化的建造过程项目管理标准。主要用于规定智能工厂建设和技术改造过程，通过智能工厂建造过程的控制与约束，确保智能工厂建设质量、建设周期、建设成本等预定目标的实现。

③智能工厂交付标准。

智能工厂交付标准主要包括交付内容、深度要求、流程要求等数字化交付标准；智能工厂各环节、各系统及系统集成等验收要求标准。主要用于规定智能工厂建设完成后的验收与交付，确保建成的智能工厂达到预定建设目标，交付数据资料满足智能工厂运营维护要求。

④智能工厂设计标准。

智能工厂设计标准主要包括基于数据驱动的参数化设计、专业化并行/协同设计、基于模型的产品生命周期（定义 MBD、制造和检验）标准以及产品设计全过程的标准化管理；试验方法设计、试验数据与流程的管理、试验结果的分析与验证、试验结果反馈等试验仿真标准。主要用于规定产品的数字化设计和仿真，以及产品试验验证过程仿真的方法和要求，确保产品的功能、性能、易装配性、易维修性，缩短新产品研制和制造周期，降低成本。

⑤智能工厂生产标准。

智能工厂生产标准主要包括计划仿真、多级计划协同、可视化排产、动态优化调度等计划调度标准；作业文件自动下发与执行、设计与制造协同、制造资源动态组织、生产过程管理与优化、生产过程可视化监控与反馈、生产绩效分析、异常管理等生产执行标准；质量数据采集、在线质量监测和预警、质量档案及质量追溯、质量分析与改进等质量管控标准；设备运行状态监控、设备维修维护、基于知识的设备故障管理、设备运行分析与优化等设备运维标准。主要用于规定智能制造环境下生产过程中计划调度、生产执行、质量管控、设备运维等应满足的要求，确保制造过程的智能化、柔性化和敏捷化。

⑥智能工厂管理标准。

智能工厂管理标准主要包括供货商评价、质量检验分析等采购管理标准；销售预测、客户关系管理、个性化客户服务等销售管理标准；设备可靠性管理等资产管理标准；能流管理、能效评估等能源管理标准；作业过程管控、应急管理、危化品管理等安全管理标准；职业病危害因素监测、职业危害项目指标等健康管理标准；环保实时监测和预测预警能力描述、环保闭环管理等环保管理标准；基于模型的企业战略、生产组织与服务保障等基于模型的企业（MBE）标准。主要用于规定企业生产经营中采购、销售、能源、工厂安全、环保和健康等方面的知识模型和管理要求等，指导智能管理系统的设计与开发，确保管理过程的规范化和精益化。

⑦智能工厂物流标准。

智能工厂物流标准主要包括物料标识、物流信息采集、物料货位分配、出入库输送系统、作业调度、信息处理、作业状态及装备状态的管控、货物实时监控等智能仓储标准；物料智能分拣系统、配送路径规划、配送状态跟踪等智能配送标准。主要用于规定智能制造环境下厂内物流关键技术应满足的要求，指导智能物流系统的设计与开发，确保物料仓储配送准确高效和运输精益化管控。

⑧智能工厂集成优化标准。

智能工厂集成优化标准主要包括虚拟工厂与物理工厂的集成、业务间集成架构与功能、集成的活动模型和工作流、信息交互、集成接口和性能、现场设备与系统集成、系统之间集成、系统互操作等集成与互操作标准；各业务流程的优化、操作与控制的优化、销售与生产协同优化、设计与制造协同优化、生产管控协同优化、供应链协同优化等系统与业务优化标准。主要用于规定一致的语法和语义，满足通用接口中应用特定的功能关系，协调使能技术和业务应用之间的关系，确保信息的共享和交换。

4.2.2 大数据政策

2015 年，国务院印发《促进大数据发展行动纲要》，明确大数据行业的发展方向。2016 年，工业与信息化部印发《大数据产业发展规划（2016—2020 年）》，全面部署"十三五"时期大数据产业发展工作，强化大数据产业创新发展能力，推动促进数据开放与共享、加强技术产品研发、深化应用创新、完善发展环境和提升安全保障能力。

工业大数据是未来制造业在全球市场竞争中发挥优势的重要支柱，而智能制造环境下，只有利用工业大数据技术，才能真正实现对智能工厂的有效驱动。随着信息化与工业化的深度融合，信息技术渗透到了工业企业产业链的各个环节，使得工业企业所拥有的数据日益丰富。工业大数据是在工业领域信息化应用中所产生的数据，呈现出大体量、多源性、连续采样、价值密度低、动态性强等特点。智能工厂中，工业大数据驱动作用主要有以下几点。

（1）提升车间管理水平。

智能工厂安装有数以千计的小型传感器，来探测温度、压力、热能、振动和噪声等，利用这些数据可以实现很多形式的分析，包括设备诊断、用电量分析、能耗分析、质量事故分析（包括违反生产规定、零部件故障）等。在生产过程中使用这些大数据，就能分析整个生产流程，一旦某个流程偏离了标准工艺，就会发出报警信号，快速地发现错误或者瓶颈所在，从而实现问题的快速发现和定位。

（2）优化生产流程。

将生产制造各个环节的数据整合集聚，并对工业产品的生产过程建立虚拟模型，仿真并优化生产流程。当所有流程和绩效数据都能在系统中重建时，对各环节制造数据的集成分析有助于制造商改进其生产流程。例如，在能耗分析方面，在设备生产过程中利用传感器集中监控所有的生产流程，能够发现能耗的异常或峰值情形，由此便可在生产过程中优化能源的消耗，对所有流程进行分析，此举将会大大降低能耗。

（3）推动现代化生产体系的建立。

通过对制造生产全过程的自动化控制和智能化控制，促进信息共享、系统整合和业务协同，实现制造过程的科学决策，最大程度实现生产流程的自动化、个性化、柔性化和自我优化，实现提高精准制造、高端制造、敏捷制造的能力，实现智能生产。

4.2.3 "互联网+"政策

2015年7月，《国务院关于积极推进"互联网+"行动的指导意见》正式发布。该文件提出"互联网+"协同制造，推动互联网与制造业融合，提升制造业数字化、网络化、智能化水平，加强产业链协作，发展基于互联网的协同制造新模式。该行动计划与智能工厂最紧密的联系是："互联网+"协同制造、"互联网+"电子商务和"互联网+"人工智能。以智能工厂为发展方向，开展智能制造试点示范，将有效支撑制造业智能化转型，构建开放、共享、协作的智能制造产业生态。

2017年11月19日，国务院印发《关于深化"互联网+先进制造业"发展工业互联网的指导意见》，提出到21世纪中叶，工业互联网创新发展能力、技术产业体系以及融合应用等全面达到国际先进水平，综合实力进入世界前列。

4.2.4 物联网政策

近年来,我国高度重视物联网的发展,且把物联网上升为国家战略产业。2017 年 1 月,工信部发布《物联网"十三五"规划》,明确了物联网产业"十三五"的发展目标。2017 年 6 月,工信部办公厅下发了《关于全面推进移动物联网(Narrow Band Internet of Things,NB – IoT)建设发展》的通知。未来物联网的扎实落地将助力智能工厂进一步升级。

从概念上来讲,工业物联网是指通过信息传递设备把物与物、物与人、人与人相连,使得信息在三者之间交换并被处理、运用。即是一个物与互联网服务相互交叉的网络体系,可实时影响所有工业生产设备,人与设备、设备之间、设备与产品乃至产品与客户/管理/物流等可自发性进行连通与交流,并自动向最优解决方案调整,从而构建一个具有高度灵活性、个性化、利用最少资源进行最高效率生产的工业生产体系。

总体上,工业物联网把工厂自动化、数字化设备与企业信息化管理系统联动起来,实现工厂的智能化管理。物联网具有"三大特征":一片云(云计算、云存储器),两张网(无线传感器网、互联网),探知后行动。具体内涵有以下几点。

传感器可以说是物联网的基础,它运作的过程相当于一个收集信息的过程。传感器可以通过检测事物的震动频率、压力、温度、红外线、加速度等特征以感知事物的状态,从而收集信息。在传感器领域(Sensor Field)内,传感器节点(Sensor Node)两两相互联系,通过无线传感器网互相传递信息。汇聚节点(Sink Node)是连接传感器网络与互联网等外部网络的节点,在物联网的运作当中起到重要作用。在此基础上,互联网(Internet)将收集到的信息传输至数据中心(Data Center)以及用户(User)。通过各种网络,数据收集回来后,还要做进一步的加工处理,再重新返回云端。这个也就是上文所说的"探知后行动",这个返回不是简单的感知的返回。做个比喻,这一过程相当于我们人类的手,通过触摸去感知环境,再通过神经系统传输到大脑进行加工处理,从而对外传达信号以控制我们的手,实施一系列的动作。这种说法也是当今网络研究的热点之一——"神经网络"。现在的"探知后行动"更多体现在信息输出的功能,而将来则是体现在执行的功能上。

搞懂物联网,只需要梳理两个线条:第一个线条是信息采集;第二个线条是指经过云服务器加工之后的数据,通过网络执行功能。传感器负责采集信息，用户通过电脑、手机等终端获取数据，功能的执行变得智能化，一切都变得方便快捷。

工业物联网的应用改变了传统制造业中被动的信息收集方式，实现了自动、准确、及时地收集生产过程的生产参数。传统的工厂生产采用 M2M 的通信模式，实现了机器与机器间的通信，而物联网通过 Things to Things 的通信方式，实现人、机器和系统三者之间的智能化、交互式无缝连接，从而使得企业与产品需求方的联系更为紧密，企业可以感知到需求的不断变化。当前，先进制造企业基本上实行了信息化管理，如多数企业采用的基于 ERP 的现代企业管理制度，基本上实现了信息共享、实时获取生产经营情况等功能。

4.2.5 工业互联网政策

2018 年 7 月，信息化部印发了《工业互联网平台建设及推广指南》和《工业互联网平台评价方法》。2019 年 1 月 18 日，工业和信息化部已印发《工业互联网网络建设及推广指南》。2019 年 3 月，"工业互联网"成为"热词"，并写入 2019 年国务院《政府工作报告》。

工业互联网的本质和核心是通过工业互联网平台把设备、生产线、工厂、供应商、产品和客户紧密地连接融合起来。可以帮助制造业拉长产业链，形成跨设备、跨系统、跨厂区、跨地区的互联互通，从而提高效率，推动整个制造服务体系智能化。工业互联网首先是全面互联，在全面互联的基础上，通过数据流动和分析，形成智能化变革，形成新的模式和新的业态。互联是基础，工业互联网是工业系统的各种元素互联起来，无论是机器、人还是系统。互联解决了通信的基本，更重要的是数据端到端的流动，跨系统的流动，在数据流动技术上充分分析、建模。专家认为，智能化生产、网络化协同、个性化定制、服务化延伸是在互联的基础上，通过数据流动和分析，形成新的模式和新的业态。

相比互联网，工业互联网更强调数据，更强调充分的连接，更强调数据的流动和集成以及分析和建模，这和互联网是有所不同的。工业互联网的本质是要有数据的流动和分析。

《工业互联网网络建设及推广指南》提出，初步建成工业互联网基础设施和技术产业体系，包括建设满足试验和商用需求的工业互联网企业外网标杆网络，建设一批工业互联网企业内网标杆网络，建成一批关键技术和重点行业的工业互联网网络实验环境，建设 20 个以上网络技术创新和行业应用测试床,形成先进、系统的工业互联网网络技术体系和标准体系等。

关于工业物联网、工业互联网、智能工厂和数字化车间的关系如图 4.2-2 所示。

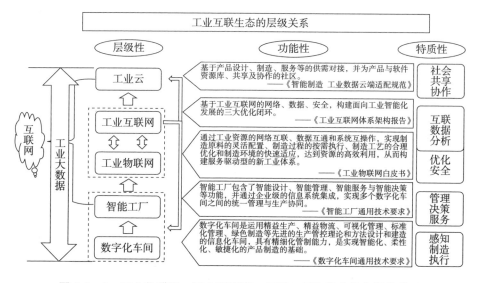

图 4.2-2 工业物联网、工业互联网、智能工厂和数字化车间的关系

从字面上看,物联网更强调物与物的"连接",而工业互联网则要实现人、机、物全面互联。工业物联网强调的是车间、物与物之间的关联,包括感知、运行、车间、工厂内部决策等,同时,工业物联网也是有安全体系的。

工业互联网是指工业互联的网,而不是工业的互联网,特别是加上"平台""体系架构"后,其概念就得到了延伸,往下到控制层、车间,往上覆盖到了工业云。看似所有的概念都可以归纳与工业互联网(平台),而从企业的角度而言,工业物联网、工业互联网怎样定义各自的范围是次要的,关键是如何在两个"网"的基础上,注重以研发、质量、效益、服务、成本、人才、绿色制造等要素为核心,做好工厂自身的自动化、数字化乃至智能化的建设。

4.3 军工智能工厂建设的思路建议

4.3.1 军工智能工厂特征及建设难点

①军工制造业涉及核、航天、航空、船舶、兵器、电子 6 大行业,生

产特点、业务类型较为复杂，对系统性规划智能工厂建设带来难度。

②武器装备产品的特性是品种规格多样，物料清单（BOM）结构复杂多变，导致生产计划调度困难。

③各领域军工企业生产对象不一样，管理需求不同，生产车间可能分为铸造车间、锻造车间、热处理、机械加工车间和装配车间等，不同形态的车间管理需求不同。

④各军工企业的信息化水平存在较大差异；各军工行业的 ERP、MES 系统覆盖率不同，不少军工企业的生产派工、过程控制、资源管理、质量检测等还依靠人工方法，导致任务执行进度、设备状态、物料状态等难以跟踪。

⑤制造装备类型繁多，服役周期不同，数控机床及各种加工装备、工业机器人、表面贴装设备（SMT）、检测仪器和物流系统等底层设备自动化和数字化程度差别大。

⑥产品质量管理，多数军工企业通常还是以离线检验为主，特别针对多品种、小批量的产品生产，产品的质量和生产率很大程度上依赖于工人技术水平，废品率得不到有效控制。

4.3.2 国内外智能工厂建设思路分析

无论是国内还是国外，业内已有一个共识，即智能工厂的成功实施离不开一个基础架构，这个架构包括了最底层的基础设施层、智能装备层、智能产线层、智能车间层，一直到最上面的工厂管控层。像搭积木一样，只有把架构中这每一层都一层层搭建牢固结实了，才有可能实现终极目标，即通过分析工具对海量数据的分析，做出正确的业务运营决策，实现业务目标的达成。

在智能工厂具体的实施方式上，目前国内和欧美存在差异。欧美新建工厂很少，绝大多数都是基于现有工厂及装置的智能化、数字化转换实施，相对来说也更务实些，在遵循统一的基础架构的思路下，倾向于小步跑的方式，去优先实施一些能解决具体业务需求的项目；也就是说，国外强调顶层设计，但具体的应用，会根据自身的业务需求，一点一点地实施与完善，最终拼出一张完整的智能工厂拼图。目前国内，相对而言，新建项目更多些。另外，由于政府的推动及制造商的热情，往往偏多于整体实施，一次往往要考虑多个子项目，项目规模大些。这样的好处，当然是可以加快实施的步伐，早日享受智能化所带来的好处。但往往一次性投资偏大，更由于智能工厂的建设并非标准化方案，需要一个试点、实践、反思、修正的反复过程；主观上期望的一蹴而就，可能导致实施风险偏大，项目实施难以达到预期目标，实施方案与业务需求脱节等弊端。

另外一个较大的差距是在智能工厂实施的关注点上，国内企业更多关注技术因素，包括类似工业物联网、工业4.0这些由外部供应商提供的技术工具。而欧美企业除了关注技术因素外，他们更为关注为保障智能工厂的实施及运营，而在组织机构、人员、思维及工作方式的改变、沟通等领域的"软技巧"因素。他们甚至认为，技术因素其实是相对容易实现的，真正的难点是后面这些内在的因素。

4.3.3 军工智能工厂建设的总体思路

加快推进军工智能工厂建设，是实现军工制造业智能化转型、实现高端国防先进制造的有力保障，是高性能武器装备研制生产的基础和保障，是实现军工制造强国跨越式发展的关键。

由于军工行业的产品类型、业务范围和信息化条件建设存在较大差异，自动化、数字化、智能化能力参差不齐，探索和建设军工智能工厂是长期的过程，不可一蹴而就。同时，闷头实施军工智能工厂显然也不是有效的做法；有效的做法是，在充分了解行业内的标杆或榜样的基础上，了解自身现状，分析出其间的差距；再结合自身需求，才有可能实施出合适可行的军工智能工厂解决方案。

为了探索具有军工特色的智能工厂建设模式，在建设思路上宜从以下几个方面入手。

（1）立足实际现状和需求，探索军工智能工厂发展路径。

军工智能工厂建设过程中，需要根据实际情况，结合不同生产类型企业的特点和需求，梳理现状、找准短板，注重提炼不同类型军工企业的最佳实践，从不同层次挖掘、提炼和探讨适合军工特色的智能工厂模型、建设方案和发展路径。比如，军工制造多为离散型制造业，具有多批次、小批量、多品种等特点，其工艺路线和设备的使用较灵活，智能工厂建设应重视生产的柔性以及生产线的柔性。另外，不是所有的军工企业都适合建设智能工厂，最合适建设智能工厂的是产品附加值高、少数专精特的军工企业。

（2）提升质量稳定性和效率。

效率、效益、质量是军工智能工厂建设的宗旨。建设智能工厂的关键点是通过优化科研生产模式，提高武器装备生产的质量稳定性和效率、效益。《中国制造2025》把质量作为建设制造强国的生命线，强化企业质量主体责任，走以质取胜的发展道路。近年来，武器装备生产的可靠性、安全性和适应性等方面不断提高，但是与国外先进国家相比，我国武器装备产品在生产效率效益、高可靠性方面仍存在差距。因此，军工企业需要坚持"创新驱动、质量为先"的指导方针，不能把智能工厂理解为"建一条数字化、智能化生产线加盖一个厂房"或者"买些高端装备、搞点一信息化"，务必强调建设智能工厂、提高产品质量的宗旨，将产品质量全过程稳定和效率提升的要求贯彻落实到生产过程的每一环节。通过军工智能工厂建设，形成满足多品种、小批量产品供给的快速响应能力，从而大幅提升制造的柔性、敏捷性和可靠性。例如，企业全员劳动生产效率高，产品可靠性高，生产效率高，设备综合利用效率高，环境污染程度低，则智能工厂水平高。

（3）科学提升自动化、数字化和智能化水平，探索务实的智能工厂建设策略。

军工制造涉及核、航天、航空、船舶、兵器、军工电子六大行业领域，各行业产品、业务差异性较大，智能工厂建设不能盲目跟风。2015年，北京航空航天大学刘强教授提出著名的智能制造"三不要理论"：不要在落后的工艺基础上搞自动化，不要在落后的管理基础上搞信息化，不要在不具备网络化、数字化基础时搞智能化。从当前形势看，我国大部分军工企业的自动化、数字化程度还不高，所以，目前推进军工智能工厂建设，要遵循自动化补课、数字化普及和智能化示范的原则。

同时，军工智能工厂构建过程中，生产装备的自动化是看得见的、容易实现的，企业不能盲目强调自动化，如大量购买智能机器人、生产线和数控设备，应该考虑在低附加值、高劳动强度或者不适合人类工作的某些工种或岗位用机器部分取代，对在线检测与检验、车间物流配送环节以及机械产品装配等关键工序提高设备自动化率。

建设军工智能工厂的关键是夯实数字化基础。智能工厂是在数字化工厂上逐步完善走向智能的新型工厂模式，数字化是智能化的第一步，国外提出的基于"数字线"的系统设计以及基于模型的企业，都是从数字化做起，数字化具有非常清晰的落地性。

军工智能工厂建设，需要开展基于三维模型产品制造、工艺、工装的数字化设计，基于统一数字模型实现对零件加工、产品装配等仿真，开展生产线和车间规划的仿真和优化，从而实现工艺设计、生产计划、制造执行、车间管理等数字化。

建设军工智能工厂的核心是提升数据能力，获取材料、产品、设备、人员、环境等各类制造数据，通过数据—信息—知识的转化，实现生产管控智能化，实现数据在企业内部的流动，使得隐形数据显性化，是军工制造进入高级阶段的必然路径。然而，这种智能化不是通过购买就能快速复制，需要军工企业长期的积累。军工企业应该重视这个层面的能力，才能有效提升核心竞争力。

（4）"以人为本"和高端人才培养是智能工厂建设不变的准则。

军工智能工厂建设中，并不是不需要人，"以人为本"是不变的准则。所有的智能生产应该是人机协作，终究要服务于人。德国博世费尔巴哈工厂和西门子智能工厂，是工业4.0实践的示范工厂，并未追求产线的无人化，可以发现几乎在每条产线上工作人员仍然发挥重要作用。人最为重要的作用，是提出改进意见。西门子安贝格工厂的员工提出的改进意见对年生产力增长的贡献率达40%，剩余60%源于基础设施投资，包括购置新装配线和用创新方法改造物流设备。同时，军工制造是复杂的系统工程，企业最有价值的是在探索、实践过程中造就的专家团队和积累的知识集合。因此，在人机协同工作中，应该以人为主、以机器为辅，要帮助人从单调、重复的工作中脱离出来，扎扎实实去做单点技术突破，以及更多有价值的现场决策性工作。

军工智能工厂建设中，要重视高端人才的培养。实现智能生产后，所有的机器必须要靠人工操作来实现，机器人需要人来操作管理，让机器人精准执行指令。工人对产品的品质，对技术的研究、加工工艺的把握会更进一步，工人的思维要和智能工厂的发展匹配。如果企业花费巨资引进先进的生产线、工业机器人等，但由于高级技能人才、复合型人才相对缺乏，出现"不会用""用不好"等现象，会造成资源闲置，严重制约生产效能发挥。

实 践 篇

第 5 章 军工智能工厂的建设方案

军工制造涉及核、航天、航空、船舶、兵器、电子六大行业，行业不同，其产品、业务、生产批量、生产工艺流程、企业信息化发展水平的不同，智能工厂规划实施也不同。因此，军工制造领域的智能工厂建设没有统一的模板，需要根据各军工企业自身的发展战略、产品业务、信息化（数字化）条件、研制生产情况等进行有针对性的规划设计。结合军工企业的具体情况和特点，智能工厂需从以下四个方面考虑智能工厂的落地方案，同时应突出发展的阶段性及不同阶段的具体内容。

①数字化转型。实现基于产品生命周期管理端到端集成的产品全生命周期数字化，并拓展工业数据感知获取、初步数据挖掘和数据可视化。

②网络化升级。实现以工业互联网和工业大数据驱动的工厂规划、管理、运营、执行等的纵向集成，并以智能装备打下智能工厂的基础。

③智能化提升。以构建和应用产品、制造装备、工艺过程、供应链（物流过程）等不同方面、不同层级的数字孪生为基础，建立网络信息物理生产系统（CPPS），并应用新一代人工智能，实现工厂间的横向集成。

④智能化改造。面对已经形成并有效运行的庞大数量的制造企业采用传感技术、大数据技术、智能软件技术进行改造（制造装备与生产线），使大部分企业实现智能化转型，以较小投资获得巨大效益。

5.1 方案设计流程

根据其他行业智能工厂建设已有的经验，结合军工制造特点，把军工智能工厂的规划设计分为现状评估、需求分析、实施方案、项目投资预算、项目可行性分析、项目实施计划共六大步骤，如图 5.1-1 所示。

（1）现状评估。

现状评估主要是对军工企业现有的信息化条件进行评估，以判断现有企业数字化水平与智能工厂要求的差距，以此找到企业实施智能工厂建设的最佳切入点和行动方向。现状评估分为以下两个层面。

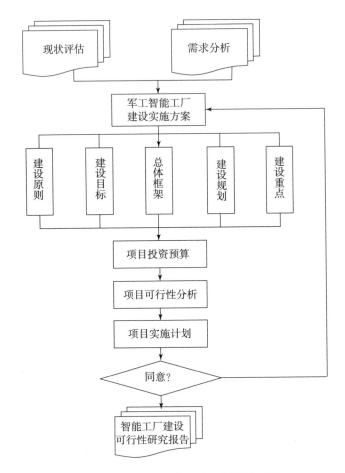

图 5.1-1　军工智能工厂规划设计流程

①宏观层面。

采用西门子推出"数字化企业评估工具",初步判断军工企业在战略规划、组织管理、系统集成、生产现场、数据管理、数字化应用共 6 个方面的情况。

②微观层面。

结合军工制造特性,从数字化工程、数字化管理和数字化支撑三个维度,构建成面向军工企业数字化工厂的综合评估指标体系,以此期望对军工企业信息化能力、数字化水平做全面深入判断分析,找到实施智能工厂的改进方法和途径。

(2) 需求分析。

看一个军工企业有没有必要开展智能工厂规划建设,除了要对企业数字化基础条件、产品和业务特性进行分析外，还要弄清楚这个企业建设智能工厂的需求。这个需求与企业发展战略和军工核心能力建设是不可分开的。企业发展战略是智能工厂建设需求的总输入，军工核心能力建设是智能工厂建设需求的落脚点。相对来讲，军工智能工厂建设需求分析要比以往军工投资建设需求更为复杂。智能工厂的需求分析流程如图5.1-2所示。

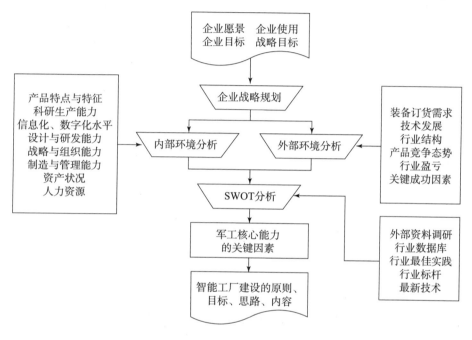

图 5.1-2 智能工厂需求分析

（3）智能工厂实施方案。

根据现状评估和需求分析的结果，制定智能工厂建设原则和目标，设计智能工厂建设总体框架、建设内容、建设重点、运行方案和后评价等工作。实施方案总体上遵循数字化转型、网络化升级、智能化提升的思路。

（4）项目投资预算。

按照《国防科技工业固定资产投资项目工程建设其他费用和预备费编制规定》（科工法〔2005〕496号）等文件要求，进行项目的投资预算和汇总。

（5）项目可行性分析。

可行性分析是通过对项目的主要内容和配套条件，如资源供应、建设规模、工艺路线、设备选型、环境影响、资金筹措等，从技术、经济、工程等角度进行分析比较，并对项目建成以后可能取得的效益和影响进行预测，从而提出该项目建设的可行性意见。

（6）项目实施计划。

项目实施计划包括项目实施的组织，落实总项目和分项目的负责人和团队，编制项目实施进度，明确项目实施的先后顺序、内容、时间进度以及关键节点。

5.2 军工企业数字化水平现状评估

5.2.1 宏观评估

西门子公司推出"数字化企业评估工具"，将数字化企业发展程度以"数字化企业指数"的形式，分别在六个维度中以 0～4.0 分为五个层级。"数字化企业评估工具"主要以调查问卷的形式来实现，其数字化企业指数模型如图 5.2-1 所示。

图 5.2-1 数字化企业指数模型

指数为 2.0 代表企业工厂处于自动化阶段，指数为 3.0 代表企业工厂基本达到数字化水平，指数为 4.0 代表企业工厂具备准智能化能力（4.0 阶段尚未实现制造系统的自适应、自组织、自决策并跨企业、跨行业、跨地域调动生产资源等智能制造愿景，因此将其称为准智能化）。

其中，2.0 到 3.0 的最重要内容是采用 ERP 和 MES（两者融合趋势明显）等生产管理系统（或称 IT 信息系统）进行运营和生产管理，并实现与自动化系统（或称 OT 运行系统）的纵向集成，3.0 到 4.0 的最重要内容是实现产品全生命周期管理，实现信息流与价值流（含物流、资金流）的协调整合。

具体问卷调查设计及内容如下。

数字化企业评估问卷

请问贵公司从属于哪个行业？（单选）

A. 核　　　　B. 航空　　　　C. 航天　　　　D. 船舶

E. 兵器　　　F. 电子　　　　G. 其他

1. 请问贵公司对数字化转型、智能制造升级工作的定位符合以下哪一项？（单选）

A. 重要战略之一，管理层调动各部门配合推动执行

B. 重要工作任务之一，管理层委任一个或多个部门推动执行

C. 主要工作任务之一，由某个相关部门负责执行

D. 例行技术改造工作任务之一

E. 未曾涉及相关话题

F. 其他

2. 请问贵公司是否针对数字化转型、智能制造升级制订了战略规划与转型升级路线图？（单选）

A. 已经制订了系统的规划和详尽的路线图，并已有条不紊地按步骤实施

B. 初步拟定了相关规划和路线图，但仍然在探讨、完善过程中

C. 正在制订相关规划和路线图或尚在学习准备过程当中

D. 有计划制订相关规划，但尚未启动

E. 既没有相关规划，也没有计划启动

3. 请问贵公司是否针对数字化转型、智能制造升级设置了相应的职能和团队？（单选）

A. 设置了跨部门的负责统筹协调的专职工作部门

B. 设置了跨部门的负责统筹协调的兼职或半兼职工作团队

C. 设置了跨部门的负责统筹协调的部分职能工作人员

D. 有计划对相关架构进行调整，但尚未实施

E. 无相关调整计划

4. 请问贵公司是否已经部署以下系统？（多选）

A. ERP（企业资源计划）

B. PLM（产品生命周期管理）

C. MES（制造执行系统）

D. WMS（仓库管理系统）

E. SCADA（数据采集与监控）

F. ESB（企业服务总线）

G. 工控集成软件平台（类似TIA Portal）

H. APS（先进规划与排程系统）

I. DCS（分布式控制系统）

J. APC（先进过程控制）

K. 仿真软件

L. 工厂设备资产管理系统（Asset Management System）

M. 一个都没有

N. 其他

5. 请问贵公司上述提及的已经部署的自动化和信息系统，集成与互联互通程度如何？（单选）

A. 80%以上，偶尔依赖人工

B. 50%~79%，部分依赖人工

C. 20%~49%，较大程度依赖人工

D. 20%以下，彼此之间相对孤立

E. 只上线了个别系统，不涉及集成与互联互通问题

6. 请问贵公司生产现场自动化率达到什么水平？（单选）

A. 80%以上　　B. 60%~79%　　C. 40%~59%

D. 20%~39%　　E. 0~19%

7. 请问贵公司生产现场标准化程度如何？（单选）

   A. 集团旗下多个工厂均拥有完善统一的底层工控自动化、工业通信等管理标准

   B. 在至少一个工厂全厂范围内有完善统一的底层工控自动化、工业通信等管理标准

   C. 在至少一个工厂的部分车间内有统一的底层工控自动化、工业通信等管理标准

   D. 在至少一个车间部分生产线上有统一的底层工控自动化、工业通信等管理标准

   E. 无任何管理标准

8. 以下哪种情况，最符合贵公司在生产现场网络信息安全方面的实际情况？（单选）

   A. 基于集团总体安全策略在生产现场拥有完善的网络信息安全防护体系（如纵深防御）

   B. 生产现场拥有相对标准的网络信息安全规范与相应的技术解决方案

   C. 能通过一定的技术解决方案，基本保证生产现场网络信息安全

   D. 能通过一定的单体技术手段，解决生产现场局部的网络信息安全问题

   E. 无任何管控手段

9. 请问贵公司在生产现场数据采集与管理方面如何？（单选）

   A. 能够针对整个生产过程，完整高效地采集数据（80%~100%）

   B. 能够针对关键生产环节或设备，完整高效地采集数据（60%~79%）

   C. 限于设备与技术能力，仅能对部分生产环节或设备实现数据采集（40%~59%）

   D. 限于设备与技术能力，仅能对个别生产环节或设备实现数据采集（20%~39%）

   E. 限于设备与技术能力，仅能实现零散的数据采集（0~19%）

10. 请问贵公司对生产现场采集的数据利用效率如何？（单选）

    A. 能够充分利用所采集数据产生分析洞见，改进生产运营（预测性维护、机器学习等）

B. 能够分析所采集部分数据，发现一些问题，实现一定程度的改进（生成报表、可视化）

C. 尝试利用所采集的数据，但收效甚微

D. 有意愿利用所采集的数据，但不知道如何入手

E. 所采集数据基本处于闲置状态

11. 在贵公司的产品设计、工艺与工厂设计、工程与调试、运行、维护等生产活动中，多大程度上应用了虚拟仿真？（单选）

    A. 各个环节都有应用　　　　　B. 在多于一个环节有应用

    C. 个别环节有应用　　　　　　D. 没有应用

    E. 没有了解

12. 上述您所提及的虚拟仿真环节，在多大程度上实现了虚实之间的数据双向流通？（单选）

    A. 各个环节之间都实现了　　　B. 在多于一个环节实现了

    C. 个别环节实现了　　　　　　D. 完全没有实现

    E. 没有了解

13. 贵公司是否以任何形式使用过部署在云端的针对工业企业的App，使用程度如何？（单选）

    A. 大量应用并融入日常生产活动中　B. 部分场景有所应用

    C. 单一场景试点应用　　　　　D. 有计划但尚未投入使用

    E. 尚无计划使用

14. 在数字化人才培养方面，请问贵公司的情况符合以下哪一项？（单选）

    A. 全面制订了适应不同层级员工实际需求的数字化人才培养计划

    B. 针对部分工作实际相关人群，制订了相应的数字化人才培养计划

    C. 当前正在制订相应的数字化人才培养计划

    D. 有计划制订数字化人才培养规划，但尚未启动

    E. 无相关计划

15. 请问贵公司在数字化转型、智能制造升级方面是否有专门的投资计划？（单选）

    A. 有专项预算，已在相关领域进行投资

B. 有专项预算，计划 2 年内在相关领域进行投资

C. 有专项预算，但尚无详细投资规划

D. 有规划，但尚无专项预算

E. 暂无任何投资计划

16. 请问贵公司在推动数字化转型、智能制造升级过程中遇到的最大痛点是什么？（请选择您认为最重要的三项）

　　A. 缺乏具有战略视野的顶层设计

　　B. 不知如何有效结合业务制定相关的战略与路线图

　　C. 早期缺乏系统的规划导致后续项目需要不断返工

　　D. 企业管理、组织架构与职能设置无法有效推进相关工作

　　E. 缺乏转型升级所需资金支持

　　F. 源自多家不同供应商的信息系统之间无法有效实现集成与互联互通

　　G. 生产现场标准化水平低、异种品牌设备并存，影响数据采集、设备协同效率

　　H. 完成采集的数据，不知道如何使用

　　I. 其他

17. 您希望数字化升级给贵公司带来哪些收益？（请选择您认为最重要的三项）

　　A. 缩短产品上市时间　　　　B. 提升运营效率

　　C. 提升产品质量　　　　　　D. 降低成本

　　E. 提升创新能力　　　　　　F. 优化流程

　　G. 实现更高可靠性和安全性　H. 实现柔性生产

　　I. 融入产业数字化生态　　　J. 创新商业模式

　　K. 提升整体竞争力

18. 在物联网时代，您认为加速数字化转型与创新的有效途径是？（请选择您认为最重要的三项）

　　A. 利用工业物联网、人工智能、工业云、边缘计算、数字化双胞胎等新技术，打造数据驱动的新型企业

　　B. 引入有行业洞察的咨询服务，提供从企业物联网布局、数字化转型到运营管理的全价值链规划设计

C. 在企业内部设立专职团队，敏捷推进数字化转型与创新
D. 携手各方合作伙伴，共同打造数字化生态
E. 提升现有企业管理和运营平台的精益性和竞争力，夯实基础

5.2.2 微观评估

军工企业数字化工厂建设水平的微观评估常用同行专家评议的方法，需要同时评估数字化工厂工程技术、数字化工厂管理技术和数字化工厂支撑技术3个模块。根据评估范围和内容，确定每个二级指标下面的三级指标，同时通过三级指标对二级指标进行细分，形成从上至下的3层量化评估指标体系。

（1）数字化工厂工程技术评估指标。

数字化工厂工程技术评估指标包括数字化工厂设计研发技术应用、数字化工厂制造技术应用、数字化工厂试验技术应用和数字化工厂其他技术应用4个二级指标，如表5.2-1所示。

表5.2-1 数字化工厂工程技术评估指标

二级指标	三级指标	三级指标评价标准	分值
数字化工厂设计研发技术应用（30%）	CAD应用（0~5分）	1. 二维出图比例大于50%（含），未使用三维CAD	1~2
		2. 基于三维模型进行产品结构件设计/管路/线缆的布置及工装设计等，比例小于50%	3~4
		3. 基于三维模型进行产品结构设计/管路/线缆的布置及工装设计等，比例大于50%（含）	5
	数字化预装配技术应用（0~8分）	1. 在产品数字化定义的基础上，进行产品装配建模	1~2
		2. 以可视化的形式规划/展示和验证虚拟装配工艺过程，通过人机协同的装配工艺规划算法生成装配顺序和路径，进行装配过程的仿真与协调，实现各级工序的有序进行	3~5
		3. 实现基于数字样机的分析与优化，包括结构分析，运动模拟/空间结构优化/机构运动优化/装配模拟优化及数字样机的综合优化	6~8
	CAPP应用（0~15分）	1. 使用CAPP系统生成工艺规程，进行工艺文件管理，覆盖率低于60%（注：若使用检索式CAPP得1~2分，若使用创成式得3分）	1~3

续表

二级指标	三级指标	三级指标评价标准	分值
数字化工厂设计研发技术应用(30%)	CAPP 应用（0～15分）	2. 使用 CAPP 系统生成工艺规程，进行工艺文件管理，覆盖率低于 60%（注：若使用检索式 CAPP 得 4 分，若使用创成式得 5 分）	4～5
		3. 使用 CAPP 系统进行工艺决策/工艺数据及工艺知识库的管理，覆盖率高于 60%，并建立了与 CAPP 相关的加工方法、切削参数/设备参数/典型工艺等基础工艺数据库	6～8
		4. 大部分零件都使用 CAPP 系统，建立了与 CAPP 相关的基础数据库，实现了 CAPP 系统与 CAD、CAM 及 PDM 等系统的数据交换与共享	9～12
		5. 基于三维模型生成工艺规程、工艺数据，文件纳入 PDM 进行统一管理	13～15
	DFX 应用（0～12分）	1. DFX 在产品开发设计中发挥作用，融入计算机辅助设计中	1～4
		2. DFX 在 PDM 和工作流控制下，实现了企业内部跨部门的 DFX 驱动设计	5～8
		3. 建立了一个 DFX 驱动的网络化产品协同设计系统，实现了跨企业的 DFX 驱动设计	9～12
	PDM 应用（0～15分）	1. 具有跨部门的产品生命周期管理功能	1～3
		2. PDM 系统接收工艺规划系统提供的工艺路线/设备/工装/工时和材料定额等信息，并向 CAPP 系统发出技术准备计划/设备负荷/刀量具信息等，能对工艺数据及工艺流程进行有效管理	4～9
		3. 以 PDM 系统为集成平台，将与产品有关的信息统一管理，为 CAD、CAP、CAM 系统提供各自所需的工程数据和工作流程的自动化管理	10～12
		4. 企业应用 PDM 有效的组织和管理产品的设计/工艺流程设计/制造/销售及维护等相关的数据定义，保持生命周期内产品数据的一致性，能做到实时更新/共享和安全	13～15
	CAO 应用（0～8分）	1. 建立了统一规范操作的知识库和基础数据库，能实现简单的匹配检索	1～2
		2. 在建立基础数据库的基础上，建立对应的专家系统，自动检测、阻断错误的操作继续进行	3～5
		3. CAO 与 CAD、CAM 等整合，实现集成和信息共享，优化产品的研发、工艺设计	6～8

续表

二级指标	三级指标	三级指标评价标准	分值
数字化工厂设计研发技术应用（30%）	计算机辅助工装设计应用（0~12分）	1. 将计算机辅助工装设计应用于工艺装备准备过程，实现刀具、夹具、量具的计算机辅助设计与制造，但覆盖率低于60%	1~3
		2. 将计算机辅助工装设计应用于工艺装备准备过程，实现刀具、夹具、量具的计算机辅助设计与制造，但覆盖率高于60%	4~6
		3. 将计算机辅助工装设计应用于工艺装备准备过程，实现刀具、夹具、量具的计算机辅助设计与制造，覆盖率高于60%；并建立了与计算机辅助工装相关的专家知识库，刀具、夹具、量具设计等基础关键数据库	7~9
		4. 大部分产品运用计算机辅助工装设计，建立了与其相关的基础数据库，并实现了计算机辅助工装设计应用与CAD、CAM及PDM等系统的数据交换与共享	10~12
	逆向工程（RE）应用（0~10分）	1. 基于逆向工程进行产品结构设计/旧零件的还原/产品的检测等，比例小于20%	1~3
		2. 基于逆向工程进行产品结构设计/旧零件的还原/产品的检测等，比例小于50%	4~7
		3. 基于逆向工程进行产品结构设计/旧零件的还原/产品的检测等，比例大于50%（含）	8~10
	成组技术（GT）应用（0~15分）	1. 成组技术运用于辅助产品开发设计，对企业已设计、制造过的零件编码和分组，建立设计图纸和资料的检索系统	1~5
		2. 成组技术不仅运用于产品开发设计，还能够以多种形式，运用于辅助产品制造工艺设计、工装设计、生产单元的建立等	6~10
		3. 成组技术运用范围进一步拓展到企业的生产管理，按零件组织生产，采用零件管理，质量管理转为以生产单元自控为主，工人技能丰富化等	11~15

续表

二级指标	三级指标	三级指标评价标准	分值
数字化工厂制造技术应用（30%）	CAM应用（0~15分）注：该指标得分为各分项实际得分累加和	1. 利用计算机生成数控加工代码	0~3
		2. 能对所生成的NC程序进行模拟仿真，进行刀位验证（欠切/过切/刀具干涉）	0~3
		3. 利用计算机进行零件加工轨迹定义，包括加工类型的选择/定义加工的联动坐标数/走刀方式（行切/环切等）等	0~3
		4. 能根据CAPP产生的工艺规划，从零件的集合定义模型中提取加工特征，并根据加工的需要进行加工范围的定义/工艺补充定义/可切削性分析和加工工艺参数的选择等	0~3
		5. 实现了从零件设计/工艺设计到零件的数字化制造全过程的信息共享	0~3
	数控设备应用（0~15分）	1. 数控加工零件（含钣金件）比例低于50%	1~4
		2. 数控加工零件比例高于50%，但数控设备的利用率低于50%	5~8
		3. 数控加工零件比例高于50%，数控设备组成柔性制造单元，且数控设备的利用率高于50%	9~12
		4. 数控加工零件比例高于50%，以数控机床或加工中心为基础，有电子计算机实现自动控制，且利用率高于50%	13~15
	MES应用（0~20分）	1. 主要生产车间有MES系统，通过MES安排生产进度计划，并对生产进度计划的执行进行控制	1~6
		2. 主要生产车间有MES系统，MES系统能够收集生产过程中大量的实时数据，并且能对实时事件及时进行处理，对企业的生产活动做出指导/响应和报告	7~15
		3. MES系统将企业计划层的MRP/ERP系统与企业生产的现场控制系统进行有机集成，与计划层和控制层保持双向通信能力，能够优化整个生产过程，具有快速响应环境变化的能力	16~20
	仿真技术应用（0~20分）	1. 能够对简单的加工过程进行仿真优化，而且效率低于50%（不包括虚拟装配）	1~5
		2. 能够使用虚拟仿真技术，对简单的加工过程仿真获利高于50%，并且对整个生产过程可以进行仿真、分析、优化，效率低于50%	6~9

续表

二级指标	三级指标	三级指标评价标准	分值
数字化工厂制造技术应用（30%）	仿真技术应用（0~20分）	3. 对整个生产过程进行仿真获利高于50%，且使用虚拟现实技术效率低于50%	10~14
		4. 使用虚拟现实技术效率高于50%	15~20
	快速原型技术（RPM）（0~12分）	1. 快速原型技术运用于制造产品的概念原型与功能原型，展示产品设计的概念、形态、布局等以及产品物理试验验证	1~4
		2. 快速原型技术直接运用于制造复杂的单件零件、批量模具，降低复杂零件的加工难度	5~12
	模块化制造系统应用（0~18分）	1. 建立工艺模块、特征模块、设备信息、工装模块等基础数据库，能运用相关优化算法实现匹配检索	1~5
		2. 初步建立模块化制造系统，实现工艺快速准备、制造系统重构、工装模块化	6~13
		3. 实现模块化制造系统与CAD、CAM等系统之间的整合、资源共享，并支持多用户可依据不同权限进行相应的访问	14~18
数字化工厂试验技术应用（25%）	CAE应用（0~13分）	1. 以产品的三维模型为基础，对产品结构的强度/刚度等进行常规分析和优化	1~4
		2. 以产品的三维模型为基础，分析产品的静态和动态特性，优化产品结构参数并进行工艺过程仿真	5~8
		3. 基于虚拟样机，对产品的使用性能进行分析	9~13
	CAT应用（0~15分）	1. 产品设计中进行数字化实验与测试的分析优化	1~6
		2. 以产品的模型为基础，在产品的设计/制造全过程中进行数字化试验与测试分析	7~15
	CSM应用（0~22分）	1. 以产品的模型为基础，对其静强度试验和动强度试验进行仿真分析	1~10
		2. 基于产品的虚拟样机，对其在实验过程中的性能进行分析，优化产品结构参数，改进设计	11~22
	CFD应用（0~22分）	1. 以产品的模型为基础，分析产品内外部流态过程的仿真	1~10
		2. 基于产品的虚拟样机为基础，辅助模拟更接近真实的数字化环境，分析产品的静态和动态特性，优化产品结构参数，提高试验精度	11~22

续表

二级指标	三级指标	三级指标评价标准	分值
数字化工厂试验技术应用（25%）	VT&E 应用（0~28分）	1. 产品研发设计过程中，建立产品的虚拟样机，代替部分物理试验的内容，优化产品设计	0~7
		2. 建立以虚拟样机为主的整个数字化环境，模拟真实的产品试验，辅助产品研发设计	8~20
		3. 能够以产品的辅助设计、制造分析软件集成，基于 PDM 实现数据信息的共享	21~28
数字化工厂其他技术应用（15%）	计算机支持协同设计应用（0~30分）	1. 企业内不同部门在产品设计阶段实现了协同	1~8
		2. 企业之间在产品设计阶段实现了设计、工艺、质量、成本等之间的协同	9~20
		3. 以项目为基础，参与项目各企业实现协同开发	21~30
	设计制造集成技术应用（0~30分）	1. 采用专用数据接口实现设计制造应用系统的数据传输	1~8
		2. 按照标准或者统一的集成信息模型实现设计制造的数据共享	9~20
		3. 基于企业用信息平台，实现产品设计制造各个方面的信息共享	21~30
	决策支持系统（DSS）应用（0~40分）	1. 建立了决策支持系统的基础关键数据库，即用于检索问题可能解决方案的模型库和知识库	1~15
		2. 建立智能决策支持系统，在模型和知识管理的基础上，增加了专家系统、数据挖掘技术、知识发现技术	16~30
		3. 建立了基于 Web 的智能决策支持系统，充分调用企业内部、外部的数据资源，辅助决策	31~40

（2）数字化工厂管理技术评估指标。

数字化工厂管理技术评估指标包括企业间管理技术应用和企业内管理技术应用2个二级指标，如表5.2-2所示。

表 5.2 - 2　数字化工厂管理技术评估指标

二级指标	三级指标	三级指标评价标准	分值
企业间管理技术应用（40%）	SCM 应用（0~40分）	1. 实现原料采购/产品销售管理	0~15
		2. 实现从原料采购/生产/贮存/仓库管理/分发/运输/订单履行，直到客户服务及市场需求预测/订货全过程信息管理	16~30
		3. 实现了整条供应链的所有企业之间的共享、计划管理、经营协调	31~40
	CRM 应用（0~30分）	1. 通过市场/销售/服务业务数据的积累，满足一般的查询统计需要	1~15
		2. 建立了企业/部门/员工业绩的量化评价体系，能够基本准确地为企业生产/物流提供依据	16~30
	电子商务技术应用（0~30分）	1. 企业内部建设了电子商务系统，并通过此系统在网页上展示企业相关资料与产品	1~12
		2. 企业通过建好的电子商务平台，实现了网上招标、采购、订购等	13~20
		3. 企业不仅实现了网上的订购、采购，同时允许客户进行个性化定制，允许其自主调整、设置产品的某些可选配置和功能	21~30
企业内管理技术应用（60%）	OA 应用（0~22分）	1. 文档写作、数据统计等实现电子化，低于50%的办公信息载体从纸介质方式转变为计算机数据介质方式	1~6
		2. 以网络技术和协同工作为基础，实现内部数据交换/消息的发布/接收/公文流转等，并且高于50%的办公信息载体从纸介质方式转变为计算机数据介质方式	7~12
		3. 以网络技术和协同工作为基础，实现工作流程的自动化以及内部信息共享	13~16
		4. 以知识管理为核心，实现信息处理/业务流程/知识管理融为一体的办公自动化	17~22
	CAQ 应用（0~25分）	1. 按照质量管理体系的要求建立计算机辅助质量管理系统，能静态地管理产品质量信息，并对计量器具实施全程跟踪管理	1~8
		2. 辅助制订质量管理计划，实时采集产品质量数据，进行生产过程质量控制与信息管理，实现重点产品质量动态管理	9~18
		3. 建立集成化的质量管理系统，实现型号研制与批量生产中质量信息采集/分析/处理与传递的自动化，支持质量问题的追溯/诊断与决策	19~25

续表

二级指标	三级指标	三级指标评价标准	分值
企业内管理技术应用（60%）	制造业管理信息系统（0~33分）	1. 建立部门级 MIS 系统，如财务管理/人事管理等	1~6
		2. 在企业 Intranet 基础上实现日常事务管理，包括财务/人事/库存等	7~12
		3. 在企业 Intranet 基础上，除了实现日常事务管理，还实现了计划管理、物料管理，实现按照订单安排生产计划	13~18
		4. 在企业 Intranet 基础上，除了实现日常事务管理外，还实现了物流控制与成本管理，实现了经营计划/生产计划/成本核算以及车间作业计划的管理	19~25
		5. 实现了企业内外部物流/信息流/价值流的集成，实现产/供/销/人/财物信息的集成	26~33
	BRP 应用（0~20分）	1. 局部的流程再造。选择了一个或几个关键流程实施流程再造，以达到局部的重组	1~6
		2. 全部的流程再造。选择一定的范围，对所有主要流程实施流程再造，强调流程相关部门之间的紧密协作和及时反馈，以提高部门的工作效率和效果，但仍保持企业现有机制和部门的职能划分，保持部门状态或边界不变	7~12
		3. 全局流程再造。建立了一个完全面向流程的企业运作模式，包括组织机构重组，必要时设计供应商的流程再造	13~20

（3）数字化工厂支撑技术评估指标。

数字化工厂支撑技术评估指标包括硬件平台和软件平台2个二级指标，如表5.2-3所示。

表5.2-3 数字化工厂支撑技术评估指标

二级指标	三级指标	三级指标评价标准	分值
硬件平台（40%）	制造设备性能（0~30分）	1. 数控机床的应用在企业中低于30%	1~10
		2. 数控机床的应用在企业中低于60%	11~20
		3. 数控机床的应用在企业中高于60%	21~30

续表

二级指标	三级指标	三级指标评价标准	分值
硬件平台（40%）	计算机拥有量（0~20分）	1. 不能保障员工正常开展日常的各项工作	1~6
		2. 基本能保障员工正常开展日常的各项工作	7~14
		3. 能充分保障员工正常开展日常的各项工作	15~20
	计算机网络建设程度（0~30分）	1. 初步建成了外网和内网，初步实现了企业内部各成员间、外部企业伙伴间的资源信息共享，但联网的计算机数量不能满足需求	1~8
		2. 不仅建成了外网和内网，而且联网的计算机能满足开展各项对内、对外业务的需求	9~18
		3. 在建成了外网和内网的基础上又建立了专网，可以在专网上安全地传输秘密信息，可依据相应的管理权限传输机密信息	19~30
	存储设备性能（0~20分）	1. 存储设备容量大，安全性高，数据不易丢失	0~8
		2. 存储设备不仅安全性高、容量大，读取、存储速度快，其安全保障措施完善，安全性极高	9~20
软件平台（60%）	操作系统软件应用（0~16分）	1. 操作系统软件稳定、可靠，能兼容日常应用软件和部分应用软件	1~6
		2. 操作系统软件稳定可靠，能兼容绝大多数应用软件和企业开发的系统	7~16
	系统安全性和保密性（0~20分）	1. 通过三级保密资质认证	8
		2. 通过二级保密资质认证	14
		3. 通过一级保密资质认证	20
	数字化工厂标准体系（0~22分）	1. 有具体的数字化工厂标准体系，在企业应用面低于30%（含30%）	1~7
		2. 有具体的数字化工厂标准体系，在企业应用面低于60%（含60%），高于30%	8~15
		3. 有具体的数字化工厂标准体系，在企业应用面高于60%，并能根据企业数字化进程及时更新标准和规范	16~22

续表

二级指标	三级指标	三级指标评价标准	分值
软件平台（60%）	网络性能水平（0~20分）	1. 网络性能不稳定或带宽不能满足企业各项工作对网络的基本要求	0~6
		2. 网络性能比较稳定，并且带宽大小能够为企业目前各项工作的正常进行提供必要保障	7~14
		3. 网络性能非常稳定，充足的带宽/有效的安全保障措施等能够为企业各项工作的正常进行提供充分保障	15~20
	数据库技术水平（0~22分）	1. 实现部门级基础数据的收集、整理、利用	1~10
		2. 建立企业级基础数据库，并做好了相关的数据编码与标准化工作，实现了企业内部统一的基础数据管理和利用	11~20

（4）评价标准。

数字化工厂按照建设程度可以分为3个等级：初级水平（0~40分）、中级水平（41~80分）、高级水平（81~100分），每个建设水平都有自己的显著特征和着重点。

——数字化工厂建设初级水平：以单项数字化技术应用提升为核心。

企业能够较好地应用某一项数字化技术，在产品研发和制造过程中应用计算机辅助设计（CAD）、计算机辅助制造（CAM），在生产过程自动化中使用计算机辅助检测（CAT）和计算机辅助工艺编制（CAPP）系统的部分功能模块；在企业管理信息化方面，使用管理信息系统（MIS）和办公自动化系统（OA），初步实现以财务管理为核心的人、财、物、产、供、销的计算机辅助管理。数字化对降低产品成本和提高劳动生产率有一定的贡献，对产品需求变化的快速响应能力有一定提高，对提高产品质量有一定的贡献，数字化综合效益一般。

——数字化工厂建设中级水平：以业务流程再造为核心的系统集成，加强企业的单一基础数据建设。

在产品设计制造过程中使用产品数据一致性管理技术，逐步实现基于PDM的设计制造集成，即CAD/CAPP/CAE/CAM的集成，制造加工过程逐步实现计算机数字控制（CNC）和柔性制造系统（FMS）；在企业内部建立企业级信息资源数据库，实现信息共享，初步实现辅助决策，为企业领导提供决策支持。数字化对降低产品成本和促进劳动生产率有较大贡献，对产品需求变化的快速响应能力有较大提高，对业务决策、开发周期、供货期等有较大影响，提高产品质量的贡献较大，数字化综合效益较高。

——数字化工厂建设高级水平：以优化价值链为核心，实现虚拟制造和异地协同，加强企业间的管理。

在设计制造中普遍使用数字化技术，解决了异地产品数据资料完整、安全传输与共享的难题，研发、设计和制造可以异地同时进行，原料、在制品以及成品都由信息技术和数字化设备实时控制，实现生产过程自动化和最优智能控制；SCM、CRM和管理方式趋于成熟。数字化对降低产品成本和促进劳动生产率、对产品需求变化的快速响应能力提高的贡献均很大，对业务决策、开发周期、供货期等的影响效果明显，对提高产品质量的贡献大，数字化综合效益好。

5.3 需求分析

5.3.1 企业的发展战略是需求分析的总输入

智能工厂的建设，是在一个"不确定性加剧"的前提下，企业必须去应对技术变化快带来的对原有科研生产"颠覆"性风险，"定制化"生产能力必须满足武器装备需求，生产运营能力必须满足整体竞争力和盈利能力需要，这样一个背景下发生的。因此，军工企业必须有着对产业环境与自身竞争环境的充分认识，制定有效的战略，并评估执行路径。

企业发展战略是对企业长远发展的全局性谋划。它是由企业的愿景、使命、政策环境、长期和短期目标及实现目标的策略等组成的总体概念。企业发展战略是企业一切工作的出发点和归宿。军工企业是武器装备建设的主要供给者，也是国民经济的重要参与者，其发展战略的定位由军工核心能力建设及企业经济效益诉求所决定，以智能工厂为载体的军工制造技术是推动军工企业转型升级的重要抓手。

在智能工厂建设的需求分析中，应对企业的中长期规划和短期目标有一个明确的判断，即企业制造有没有智能化发展的需求，相关业务产品是不是对智能工厂建设提出要求，智能工厂建设会对企业的军工核心能力和企业经济效益带来多大的影响等，这些都是智能工厂建设需求的输入条件。总之，智能工厂的规划设计，应从企业发展战略出发，并服务于企业的发展战略。

5.3.2 军工核心能力是需求分析的落脚点

（1）军工核心能力的内涵。

国外对军工核心能力的理解与认识。在吸收资源基础理论思想的基础之上，西方学者普拉哈拉德和哈默（Prahalad 和 Hamel，以下简称"普·哈"）于 1990 年提出了企业核心能力。普·哈认为，现代企业应当改变以往围绕终端产品展开竞争的观念和做法，着力发现、培育和保持核心能力以获取持久的竞争优势。核心能力源自企业内部的相互沟通、学习和协作，最终表现为在一些中间产品（被称为"核心产品"）或关键技术领域上的优势。美国洛·马、波音的军工企业则认为，军工核心能力是建立在企业核心资源基础上的企业拥有的技术、产品、条件、管理、人才和文化等综合优势在行业发展中的反映，是企业在经营过程中形成的独特能力。

普·哈认为，核心能力具有三大特征。第一，核心能力可以为开拓多种市场提供方便。例如，在显示技术上的优势有助于企业开拓和进入，诸如计算器、小型电视、笔记本电脑显示器和汽车仪表盘等领域。第二，核心能力应当能为满足客户的需求做出重要的贡献。例如，汽车工业中发动机、变速箱等核心产品的研发制造能力。第三，核心能力是竞争对手难以模仿的。它可能获得构成核心能力的某些技术，但是对这些技术的融合涉及技术基础、组织结构、管理模式、企业文化等诸多因素的影响，所以往往难以成功。

国内对军工核心能力的理解与认识。21 世纪以来，我国国防科技工业行业主管部门在不同的场合，多次提到军工核心能力。2002 年，原国防科工委在其批准的军品科研生产能力结构调整的有关文件中指出，军工核心能力是指军工单位从事军品开发、设计、集成、配套等具有龙头和关键作用的科研生产能力，即军品科研生产体系中的"小核心"部分。《国防科技工业"十一五"规划纲要》和《深化国防科技工业投资体制改革的若干意见》指出，军工核心能力是通过固定资产和科研投入形成的战略武器、关键主战装备的技术研究和总体设计能力，装备系统集成、测试和总装能力，关键分系统和重要零部件配套研制生产能力，以及基础研究和试验验证能力。2008 年，中央政府大部制改革中，原国防科工委将"军工核心能力"定义为"在武器装备研制中，对满足装备需求、推动技术发展具有重要作用的研发、制造、配套、试验测试等能力，包括重要设备设施、核心技术和人才等"。但从现阶段来看，基于国防科技工业行业主管部门"三定方案"，多数情况下认为军工核心能力是由固定资产投资形成的相关能力。

（2）军工核心能力的识别标准。

参考普·哈的核心竞争力（Core Competence）战略分析模型以及国外军工企业情况，提出军工核心能力的识别标准有以下4项。

①价值性。

这种能力首先能很好地实现武器装备研制生产所需的价值，能推动国防工业技术进步。比如，能显著地降低研制生产成本，提高装备产品质量，提高产品战技性能，提高维修保障效率，增加装备实战性，从而给企业在专业领域带来竞争优势。

②稀缺性。

这种能力必须是稀缺的，只有少数的军工企业拥有它。

③不可替代性。

同行业的竞争对手无法通过其他能力来替代它，它在满足武器装备发展和产品技术创新需求的过程中具有不可替代的作用。

④难以模仿性。

军工核心能力必须是军工企业所特有的，并且是其他行业难以模仿的，也就是说它不像材料、机器设备那样能在市场上购买到，而是难以转移或复制的。

在智能工厂建设需求分析中，需要对企业的军工核心能力进行判断，识别出企业的核心和非核心能力，同时将核心能力体现到智能工厂的建设方案中去，以支撑企业的发展战略。

5.4 实施方案

5.4.1 建设原则

以军工企业现行信息化条件为基础，以军工核心能力建设需求为导向，遵循"五统一"的基本原则，即"统一规划、统一组织、统一标准、统一平台、统一管理"，坚持"总体规划，分步实施，效益驱动，重点突破"的建设思路。同时，在具体智能工厂项目建设上，强调如下原则。

——智能工厂的规划设计是军工企业发展战略的重要组成部分，是实现企业战略目标的重要举措，是企业转型升级、提升军工核心能力的必然选择。

——智能工厂的建设涉及企业多个部门，要在企业负责人的领导下，根据企业发展目标，组织规划、研发、工艺、信息、管理、生产、财务等相关部门，进行顶层规划设计，再分子系统分别进行详细设计，并要加强沟通协调，做好集成接口的设计。

——以管理变革和创新的思维进行规划设计。在新一轮新军事革命对武器装备发展要求，信息技术与工业技术全面渗透融合，市场竞争环境多变的前提下，一切不适应打造军工核心能力的管理模式、组织、业务流程、技术都要进行变革。要用创新的思维创建企业独特的竞争优势。

——要纠正在智能工厂规划设计中，重视硬件环境的建设，轻管理模式、组织、流程、制度、数据的开发利用等软环境建设和工业软件的建设，即一讲装备制造，就把目光放在制造装备、物流的自动化、智能化方面，而忽视数据规范、标准支撑、制度约束等的做法。

5.4.2 建设目标

每个军工企业所处的竞争环境、内部资源条件、产品特征、生产工艺不同，智能工厂的设计目标、重点也不尽相同。因此，智能工厂的建设目标不可能适用于所有军工企业，但目标内容主要如下（不限于此）。

将现代管理理论精益生产、敏捷制造、网络化协同制造、智能制造理论与柔性自动化、物联网、信息物理系统、大数据、云计算等技术深度融合。通过一系列工业软件，构建由智能设计、智能产品、智能经营、智能生产、智能服务、智能决策组成的智能工厂。

在信息物理系统支持下，实现武器装备研制生产需求、产品设计、工艺设计、物料采购、生产制造、进出厂物流、生产物流、维修保障整个价值链上的横向集成，以及企业内部的基础设施层、智能装备层、智能产线层、智能车间层和工厂管控层的纵向集成。最大限度地缩短产品研发设计周期、采购和生产周期，构建柔性、高效、低成本、高质量的制造运营体系。

提高产品的设计创新能力、生产制造能力、供应链管控能力、维修保障能力等军工核心能力。

5.4.3 总体框架

（1）体系架构。

智能工厂由赛博空间中的虚拟数字工厂和物理系统中的实体工厂共同构成。其中，实体工厂部署有大量的车间、生产线、加工装备等，为制造过程提供硬件基础设施与制造资源，也是实际制造流程的最终载体；虚拟数字工厂则是在这些制造资源以及制造流程的数字化模型基础上，在实体工厂的生产之前，对整个制造流程进行全面的建模与验证。

为了实现实体工厂与虚拟数字工厂之间的通信与融合，实体工厂的各制造单元中还配备有大量的智能元器件，用于制造过程中的工况感知与制造数据采集。在虚拟制造过程中，智能决策与管理系统对制造过程进行不断的迭代优化，使制造流程达到最优；在实际制造中，智能决策与管理系统则对制造过程进行实时的监控与调整，进而使制造过程体现出自适应、自优化等智能化特征。

由上述可知，智能工厂的建设内容包括智能设计仿真平台、数字化车间、智能决策与管理系统等关键组成部分，如图 5.4-1 所示。

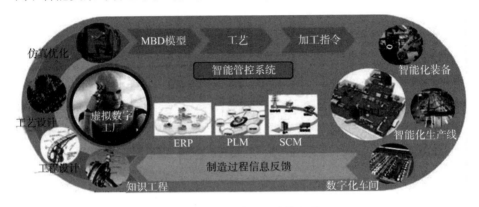

图 5.4-1　智能工厂功能组成

1) 智能设计仿真平台。

智能设计仿真平台需要解决的问题是如何在信息空间中对企业的经营决策、生产计划、制造过程等全部运行流程进行建模与仿真，并对企业的决策与制造活动的执行进行监控与优化。这其中的关键因素包括以下两点。

一是制造资源与流程的建模与仿真。在建模过程中，需要着重考虑智能制造资源的 3 个要素，即实体、属性和活动。实体可通俗地理解为智能工厂中的具体对象。属性是在仿真过程中实体所具备的各项有效特性。智能工厂中各实体之间相互作用而引起实体的属性发生变化，这种变化通常可用状态的概念来描述。智能制造资源通常会由于外界变化而受到影响。这种对系统的活动结果产生影响的外界因素可理解为制造资源所处的环境。在对智能制造资源进行建模与仿真时，需要考虑其所处的环境，并明确制造资源及其所处环境之间的边界。

二是建立智能设计仿真平台与制造资源之间的关联。通过对制造现场实时数据的采集与传输，制造现场可向虚拟平台实时反馈生产状况。其中主要包括生产线、设备的运行状态，在制品的生产状态，过程中的质量状态，物料的供应状态等。在智能制造模式下，数据形式、种类、维度、精细程度等将是多元化的，因此，数据的采集、存储与反馈也需要与之相适应。

在智能制造模式下，产品的设计、加工与装配等各环节与传统的制造模式均存在明显不同。因此，智能设计仿真平台必须适应这些变化，从而满足智能制造的应用需求。

在面向智能制造的产品设计方面，智能设计仿真平台应提供以下两方面的功能。首先，能够将用户对产品的需求以及研发人员对产品的构想建成虚拟的产品模型，完成产品的功能性能优化，通过仿真分析在产品正式生产之前保证产品的功能性能满足要求，减少研制后期的技术风险。其次，能够支持建立满足智能加工与装配标准规范的产品全三维数字化定义，使产品信息不仅能被制造工程师所理解，还能被各种智能化系统所接收，并被无任何歧义地理解，从而能够完成各类工艺、工装的智能设计和调整，并驱动智能制造生产系统精确、高效、高质量地完成产品的加工与装配。

在智能加工与装配方面，传统制造中人、设备、加工资源等之间的信息交换并没有统一的标准，而数据交换的种类与方式通常是针对特定情况而专门定制的，这导致了制造过程中将出现大量的耦合，系统的灵活性受到极大的影响。例如，在数控程序编制过程中，工艺人员通常将加工程序指定到特定的机床中，由于不同机床所使用的数控系统不同，数控程序无法直接移植到其他机床中使用；若当前机床上被指定的零件过多，则容易出现被加工零件需要等待，而其他机床处于空闲状态的情况。

随着制造系统智能化程度的不断提升，智能加工与装配中的数据将是基于统一的模型，不再针对特定系统或特定设备，这些数据可被制造系统中的所有主体所识别，并能够通过自身的数据处理能力从中解析出具体的制造信息。例如，智能数控加工设备可能不再接收数控程序代码，而是直接接收具有加工信息的三维模型，根据模型中定义的被加工需求，设备将自动生成最优化的加工程序。

这样的优势在于：一方面，工艺设计人员不再需要指定特定机床，因此加工工艺数据具有通用性；另一方面，在机床内部生成的加工程序是最适合当前设备的加工代码，进而可以实现真正的自适应加工。

2）数字化车间。

数字化车间及智能生产线是产品制造的物理空间，其中的智能制造单元及制造装备提供实际的加工能力。各智能制造单元间的协作与管控由智能管控及驱动系统实现。智能制造车间基本构成如图5.4-2所示。

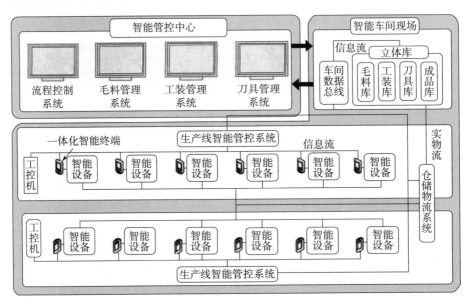

图 5.4-2　智能制造车间基本构成

其中，车间中央管控系统是智能加工与装配的核心环节，主要负责制造过程的智能调度、制造指令的智能生成与按需配送等任务。在制造过程的智能调度方面，需根据车间生产任务，综合分析车间内设备、工装、毛料等制造资源，按照工艺类型及生产计划等将生产任务实时分派到不同的生产线或制造单元，使制造过程中设备的利用率达到最高。在制造指令的智能生成与按需分配方面，面向车间内的生产线及生产设备，根据生产任务自动生成并优化相应的加工指令、检测指令、物料传送指令等，并根据具体需求将其推送至加工设备、检测装备、物流系统等。

3）智能生产线。

智能生产线可实时存储、提取、分析与处理工艺、工装等各类制造数据，以及设备运行参数、运行状态等过程数据，并能够通过对数据的分析实时调整设备运行参数、监测设备健康状态等，并据此进行故障诊断、维护报警等行为，对于生产线内难以自动处理的情况，还可将其向上传递至车间中央管控系统。此外，生产线内不同的制造单元具有协同关系，可根据不同的生产需求对工装、毛料、刀具、加工方案等进行实时优化与重组，优化配置生产线内各生产资源。

智能生产线的特点有以下几点。

——在生产和装配的过程中，能够通过传感器、数控系统或 RFID 自动进行生产、质量、能耗、设备绩效（OEE）等数据采集，并通过电子看板显示实时的生产状态，能够防呆防错。

——通过安灯系统实现工序之间的协作。

——生产线能够实现快速换模，实现柔性自动化；能够支持多种相似产品的混线生产和装配，灵活调整工艺，适应小批量、多品种的生产模式。

——具有一定冗余，如果出现设备故障，能够调整到其他设备生产。

——针对人工操作的工位，能够给予智能的提示，并充分利用人机协作。

4）智能制造装备。

从逻辑构成的角度，智能制造装备由智能决策单元、总线接口、制造执行单元、数据存储单元、数据接口、人机交互接口以及其他辅助单元构成。

——智能决策单元。是智能设备的核心，负责设备运行过程中的流程控制、运行参数计算以及设备检测维护等。

——总线接口。负责接收车间总线中传输来的作业指令与数据，同时负责设备运行数据向车间总线的传送。

——制造执行单元。由制造信息感知系统、制造指令执行系统以及制造质量测量系统等构成。

——数据存储单元。用于存储制造过程数据以及制造过程决策知识。

——数据接口。分布于智能设备的各个组成模块之间，用于封装、传送制造指令与数据。

——人机交互接口。负责提供人与智能设备之间传递、交换信息的媒介和对话接口。

——其他辅助单元。主要是指刀具库、一体化管控终端等。

5）仓储物流系统。

智能制造车间中的仓储物流系统主要涉及 AGV/RGV 系统、码垛机以及立体仓库等。

——AGV/RGV 系统主要包括地面控制系统及车载控制系统。其中，地面控制系统与车间中央管控系统实现集成，主要负责任务分配、车辆管理、交通管理及通信管理等，车载控制系统负责 AGV/RGV 单机的导航、导引、路径选择、车辆驱动及装卸操作等。

——码垛机的控制系统是码垛机研制中的关键。码垛机控制系统主要是通过模块化、层次化的控制软件来实现码垛机运动位置、姿态和轨迹、操作顺序及动作时间的控制，以及码垛机的故障诊断与安全维护等。

——立体化仓库由仓库建筑体、货架、托盘系统、码垛机、托盘输送机系统、仓储管理与调度系统等组成。其中，仓储管理与调度系统是立体仓库的关键，主要负责仓储优化调度、物料出入库、库存管理等。

6）智能决策与管理系统。

智能决策与管理系统是智能工厂的管控核心，负责需求分析、经营计划、物料采购、产品制造以及订单交付等各环节的管理与决策。通过该系统，企业决策者能够掌握企业自身的生产能力、生产资源以及所生产的产品，能够调整产品的生产流程与工艺方法，并能够根据市场、客户需求等动态信息做出快速、智能的经营决策，如图 5.4 – 3 所示。

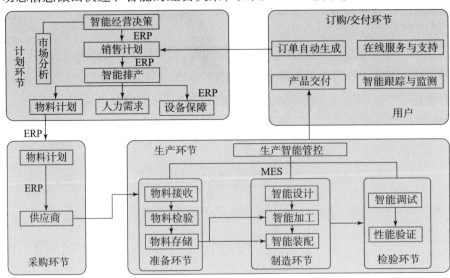

图 5.4 – 3　智能决策与管理系统

一般而言，智能决策与管理系统包含了企业资源计划（ERP）、产品全生命周期管理（PLM）、供应链管理（SCM）等一系列生产管理工具。在智能工厂中，这些系统工具的最突出特点在于：一方面能够向工厂管理者提供更加全面的生产数据以及更加有效的决策工具，相较于传统工厂，在解决企业产能、提升产品质量、降低生产成本等方面，能够发挥更加显著的作用；另一方面，这些系统工具自身已达到了不同程度的智能化水平，在辅助工厂管理者进行决策的过程中，能够切实提升企业生产的灵活性，进而满足不同用户的差异化需求。

（2）平台架构。

数字化工厂的平台架构一般有五层组成，这五层分别是：企业层（ERP、PLM）、管理层（MES）、操作层（SCADA 系统等）、控制层（工业控制等）和现场层（自动化设备等）。智能工厂平台架构实例如图 5.4-4 所示。其中，现场层、控制层、操作层对应物理车间的软硬件系统。

现场层由场内物流单元（包括立体仓库、物料传送带/AGV 小车）、机加车间和装配车间构成。现场层设备与传感器通过工业以太网及现场总线与控制层的控制系统连接，构成车间现场的物联网系统。

在操作层，设备监控与采集系统（SCADA/DCS）通过控制层的控制设备管理现场层的硬件设备。

在管理层，MES 完成生产运营管理和生产工艺管理，工厂规划系统通过仿真技术，对工厂布局、生产进行仿真与优化。仓库物流管理系统管理车间及外部物流。

在企业层，通过 PLM 系统，对产品从研发到售后的全生命周期进行管理，实现产品创新设计与客户个性化定制。ERP 系统实现企业的顶层管理。

（3）智能工厂的信息流。

随着信息集成程度的提高，层与层之间的间隔日益模糊，原有的多层结构会日益扁平化。随着 PLM、ERP 与 MES 系统的日益融合，企业层与管理层逐步合并，同时由于智能设备的增多，控制设备越来越多地以嵌入式系统的形式安装在生产设备上，使得控制层与现场层变得密不可分。智能工厂的信息流如图 5.4-5 所示。

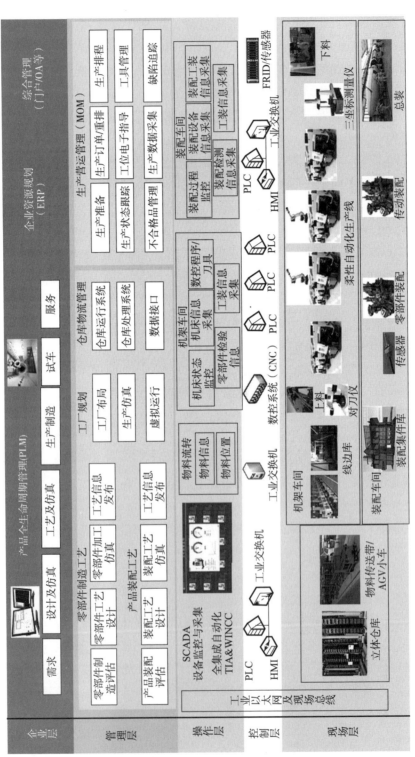

图5.4-4 智能工厂的平台架构

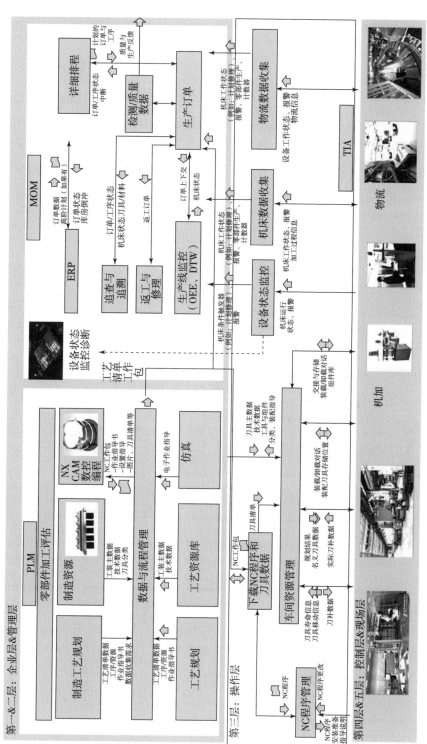

图 5.4-5 智能工厂的信息流

5.4.4 建设规划

（1）厂房布局规划。

智能工厂的厂房设计，需要引入 BIM（建筑信息模型），通过三维设计软件进行建筑设计，尤其是水、电、汽、网络、通信等管线的设计。同时，智能厂房要规划智能视频监控系统、智能采光与照明系统、通风与空调系统、智能安防报警系统、智能门禁一卡通系统、智能火灾报警系统等。采用智能视频监控系统，通过人脸识别技术以及其他图像处理技术，可以过滤掉视频画面中无用的或干扰信息、自动识别不同物体和人员，分析抽取视频源中关键有用信息，判断监控画面中的异常情况，并以最快和最佳的方式发出警报或触发其他动作。

整个厂房的工作分区（加工、装配、检验、进货、出货、仓储等）应根据工业工程的原理进行分析，可以使用数字化制造仿真软件对设备布局、产线布置、车间物流进行仿真。在厂房设计时，还应当思考如何降低噪声，如何能够便于设备灵活调整布局，多层厂房如何进行物流输送等问题。

建立新工厂非常强调少人化，因此要分析哪些工位应用自动化设备及机器人，哪些工位采用人工。对于重复性强、变化少的工位尽可能采用自动化设备，反之则采用人工工位。

（2）数字化车间建设。

①智能装备配置。

在规划智能工厂时，必须高度关注智能装备的最新发展。机床设备正在从数控化走向智能化，实现边测量、边加工，对热变形、刀具磨损产生的误差进行补偿，企业也开始应用车铣复合加工中心，很多企业在设备上下料时采用了工业机器人。

智能工厂中，金属增材制造设备将与切削加工（减材）、成型加工（等材）等设备组合起来，极大地提高材料利用率。除了六轴的工业机器人之外，还应该考虑 SCARA 机器人和并联机器人的应用，而协作机器人则将会出现在生产线上，配合工人提高作业效率。

②智能生产线建设。

智能生产线是智能工厂规划的核心环节，企业需要根据生产线要生产的产品族、产能和生产节拍，采用价值流图等方法来合理规划智能生产线。设计智能生产线需要考虑如何节约空间，如何减少人员的移动，如何进行自动检测,从而提高生产效率和生产质量。

③仓储物流设施。

推进智能工厂建设,生产现场的智能物流十分重要。智能工厂建设时,要尽量减少无效的物料搬运。比如,在装配车间建立集中拣货区(Kitting Area),根据每个订单集中配货,并通过 DPS(Digital Picking System)方式进行快速拣货,配送到装配线,消除线边仓(暂存库)。

另外,在两道机械工序之间,可以采用带有导轨的工业机器人、桁架式机械手等方式来传递物料,还可以采用 AGV、RGV(有轨穿梭车)或者悬挂式输送链等方式传递物料。在车间现场,需要根据前后道工序之间产能的差异,设立生产缓冲区。同时,还需要系统分析立体仓库和辊道系统的应用。

(3)设备联网与管理。

①设备联网。

实现智能工厂乃至工业 4.0,推进工业互联网建设,实现 MES 应用,最重要的基础就是要实现 M2M,也就是设备与设备之间的互联,建立工厂网络。那么,设备与设备之间如何互联?采用怎样的通信方式(有线、无线)、通信协议和接口方式?采集的数据如何处理?这些问题,应当在建立统一标准的基础上,实现对设备的远程监控,机床联网之后,可以实现 DNC(分布式数控)应用。

②设备管理。

设备是生产要素,发挥设备的效能(OEE—设备综合效率)是智能工厂生产管理的基本要求。OEE 的提升,标志着产能的提高和成本的降低。生产管理信息系统需设置设备管理模块,使设备释放出最高的产能,通过生产的合理安排,使设备尤其是关键、瓶颈设备减少等待时间;在设备管理模块中,要建立各类设备数据库,设置编码,及时对设备进行维修保养;通过实时采集设备状态数据,为生产排产提供设备的能力数据;应建立设备的健康管理档案,根据积累的设备运行数据建立故障预测模型,进行预测性维护,最大限度地减少设备的非计划性停机;要进行设备的备品备件管理。

(4)制造执行系统。

MES(制造执行系统)是智能工厂规划落地的着力点。MES 是面向车间执行层的生产信息化管理系统,上接 ERP 系统,下接现场的 PLC 程控器、数据采集器、条形码、检测仪器等设备。MES 旨在加强 MRP 计划的执行功能，贯彻落实生产策划，执行生产调度，实时反馈生产进展。

①面向生产一线工人。

指令做什么、怎么做、满足什么标准，什么时候开工，什么时候完工，使用什么工具，等等；记录"人、机、料、法、环、测"等生产数据，建立可用于产品追溯的数据链；反馈进展、反馈问题、申请支援、拉动配合等。

②面向班组。

发挥基层班组长的管理效能，班组任务管理和派工。

③面向一线生产保障人员。

确保生产现场的各项需求，如料、工装刀量具的配送，工件的周转，等等。

为提高产品准时交付率、提升设备效能、减少等待时间，MES 系统需导入生产作业排程功能，为生产计划安排和生产调度提供辅助工具，提升计划的准确性。在获取产品制造的实际工时、制造 BOM 信息的基础上，可以应用 APS（先进生产排程）软件进行排产，提高设备资源的利用率和生产排程的效率。

（5）数据采集及管理。

①数据来源。

数据是智能工厂建设的血液，在各应用系统之间流动。在智能工厂运转的过程中，会产生设计、工艺、制造、仓储、物流、质量、人员等业务数据，这些数据可能分别来自 ERP、MES、APS、WMS、QIS 等应用系统。

②数据采集。

生产过程中需要及时采集产量、质量、能耗、加工精度和设备状态等数据，并与订单、工序、人员进行关联，以实现生产过程的全程追溯，出现问题可以及时报警，并追溯到生产的批次、零部件和原材料的供应商；此外，还可以计算出产品生产过程产生的实际成本；有些行业还需要采集环境数据，如温度、湿度、空气洁净度等。军工企业需要根据采集的频率要求来确定采集方式，对于需要高频率采集的数据，应当从设备控制系统中自动采集。要预先考虑好数据采集的接口规范，以及 SCADA（监控和数据采集）系统的应用。

③数据管理。

因此，在智能工厂的建设过程中，需要一套统一的标准体系来规范数据管理的全过程，建立数据命名、数据编码和数据安全等一系列数据管理规范，保证数据的一致性和准确性。另外，还应当建立专门的数据管理部门，明确数据管理的原则和构建方法，确立数据管理流程与制度，协调执行中存在的问题，并定期检查、落实、优化数据管理的技术标准、流程和执行情况。企业需要规划边缘计算、雾计算、云计算的平台，确定哪些数据在设备端进行处理，哪些数据需要在工厂范围内处理，哪些数据要上传到企业的云平台进行处理。

（6）工艺分析与优化。

在新工厂建设时，首先需要根据企业在产业链的定位，拟生产的主要产品、生产类型（单件、小批量多品种、大批量少品种等）、生产模式（军工制造主要为离散）、核心工艺（如热加工、冷加工、热处理等），以及生产纲领，对加工、装配、包装、检测等工艺进行分析与优化。

军工企业需要充分考虑智能装备、智能产线、新材料和新工艺的应用对制造工艺带来的优化。同时，也应当基于绿色制造和循环经济的理念，通过工艺改进节能降耗、减少污染排放；还可以应用工艺仿真软件，来对制造工艺进行分析与优化。

另外，工艺优化还应做到生产无纸化。生产过程中工件配有图纸、工艺卡、生产过程记录卡、更改单等纸质文件作为生产依据。随着信息化技术的提高和智能终端成本的降低，在智能工厂规划可以普及信息化终端到每个工位，结合轻量化三维模型和 MES 系统，操作工人将可在终端接受工作指令，接受图纸、工艺、更改单等生产数据，可以灵活地适应生产计划变更、图纸变更和工艺变更。有很多厂商提供工业平板显示器，甚至可以利用智能手机作为终端，完成生产信息查询和报工等工作。

（7）人工智能与精益生产。

①人工智能。

人工智能技术正在不断地被应用到图像识别、语音识别、智能机器人、故障诊断与预测性维护、质量监控等各个领域，覆盖从研发创新、生产管理、质量控制、故障诊断等多个方面。在智能工厂建设过程中，应当充分应用人工智能技术。

例如，可以利用机器学习技术，挖掘产品缺陷与历史数据之间的关系，形成控制规则，并通过增强学习技术和实时反馈，控制生产过程减少产品缺陷；同时，集成专家经验，不断改进学习结果。利用机器视觉代替人眼，提高生产柔性和自动化程度，提升产品质检效率和可靠性。IBM 开展了通过人工智能算法来分析质量问题，并找出改进措施的实践，取得了实效。

②精益生产。

精益生产的核心思想是消除一切浪费，确保工人以最高效的方式进行协作。很多制造企业采取按订单生产或按订单设计，满足小批量、多品种的生产模式。智能工厂需要实现零部件和原材料的准时配送，成品和半成品按照订单的交货期进行及时生产，建立生产现场的电子看板，通过拉动方式组织生产，采用可视化与讯号系统（如安东系统）及时发现和解决生产过程中出现的异常问题；同时，推进目视化、快速换模。很多企业采用了 U 形的生产线和组装线，建立了智能制造单元。推进精益生产是一个持续改善的长期过程，要与信息化和自动化的推进紧密结合。

(8) 质量监控及能源管理。

①质量管理。

提高质量是工厂管理永恒的主题，生产质量管理是智能工厂的核心业务流程。质量保证体系和质量控制活动必须在生产管理信息系统建设时，统一规划、同步实施，要贯彻"质量是设计、生产出来，而非检验出来"的理念。

在信息系统中，质量控制需嵌入生产主流程，如在生产订单中，检验、试验作为工序或工步来处理；质量审理以检验表单为依据，启动流程开展活动；质量控制的流程、表单、数据，与生产订单相互关联、穿透；按结构化数据存储质量记录，为产品单机档案提供基本的质量数据，为质量追溯提供依据；构建质量管理的基本工作路线：质量控制设置—检测—记录—评判—分析—持续改进；质量控制点需根据生产工艺特点科学设置，质量控制点太多影响效率，太少使质量风险放大；检验作为质量控制的活动之一，可分为自检、互检、专检，也可分为过程检验和终检；质量管理还应关注质量损失，以便从成本的角度促进质量的持续改进。对于采集的质量数据，可以利用 SPC 系统进行分析。制造企业应当提升对 QIS（质量管理信息系统）的重视程度。

②生产监控与指挥系统。

流程行业企业的生产线配置了 DCS 系统或 PLC 控制系统，通过组态软件可以查看生产线上各个设备和仪表的状态，但只有少数的军工企业建立了比较完善的生产监控与指挥系统，在系统中呈现关键的设备状态、生产状态、质量数据以及各种实时的分析图表。

③能源管理。

为了降低智能工厂的综合能耗，提高劳动生产率，特别是对于高能耗的工厂，进行能源管理是非常有必要的。采集能耗监测点（变配电、照明、空调、电梯、给排水、热水机组和重点设备）的能耗和运行信息，形成能耗的分类、分项、分区域统计分析，可以对能源进行统一调度、优化能源介质平衡，达到优化使用能源的目的。

同时，通过采集重点设备的实时能耗，还可以准确知道设备的运行状态（关机、开机还是在加工），从而自动计算OEE。通过感知设备能耗的突发波动，还可以预测刀具和设备故障。此外，企业也可以考虑在工厂的屋顶部署光伏系统，提供部分能源。

（9）安全与劳动管理。

需要充分考虑各种安全隐患，包括机电设备的安全、员工的安全防护，设立安全报警装置等安防设施和消防设备。同时，针对智能工厂中的智能装备、控制系统以及设备联网，也必须将其安全作为一个专门的领域进行规划。

在智能工厂规划中，还应当重视整体人员绩效的提升。设备管理有OEE，人员管理同样有整体绩效——OLE（整体劳动效能）。通过对整体劳动效能指标的分析，可以清楚了解劳动力绩效，找出人员绩效改进的方向和办法，而分析劳动力绩效的基础是及时、完整、真实的数据。

通过考勤机、排班管理软件、MES系统等实时收集的考勤、工时和车间生产的基础数据，用数据分析的手段，可以衡量人工与资源（如库存或机器）在可用性、绩效和质量方面的相互关系。让决策层对工厂的劳动生产率和人工安排具备实时的可视性，通过及时准确地考勤数据分析评估出劳动力成本和服务水平，从而实现整个工厂真正的人力资本最优化和整体劳动效能的提高。

总体上，要从投资预算、技术先进性、投资回收期、系统复杂性、生产的柔性等多个方面进行智能工厂设计建设，综合权衡、统一规划，从一开始就避免产生新的信息孤岛和自动化孤岛，才能确保做出真正可落地、既具有前瞻性又具有实效性的智能工厂建设方案。

第 6 章　军工智能工厂的建设重点

根据其他行业智能工厂建设经验，结合军工行业特点，军工智能工厂建设重点分为硬性条件建设和软性条件改进两大部分，其中硬性条件建设主要包括 8 个方面，主要是智能设计仿真平台建设、智能装备/生产线建设、工厂物联网环境建设、智能生产管控平台建设、工业大数据应用平台建设、工厂网络数据安全平台建设、生产工艺流程及组织管理优化；软性条件改进主要包括工艺改进、组织优化和管理变革，如图 6.0 - 1 所示。

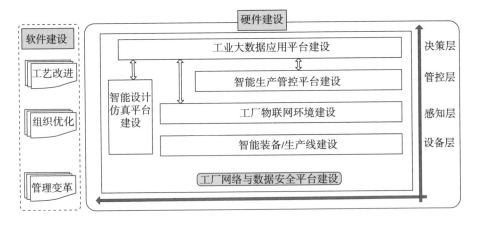

图 6.0 - 1　军工智能工厂建设重点

6.1　智能设计仿真平台建设

智能设计仿真平台是整个物理工厂（实体工厂和工业物联网以及信息化应用系统中所有物理设备的集合）的映射，主要为实体模型和仿真模型，能够迭代优化工艺方案并指导智能工厂的建设，最终形成企业的数字资产。

智能设计仿真平台与非智能设计仿真平台的主要区别是：是否基于模型的设计和设计知识库和专家系统的建设。

6.1.1 研发设计仿真的演进历程

研发设计仿真的演进如图 6.1-1 所示。

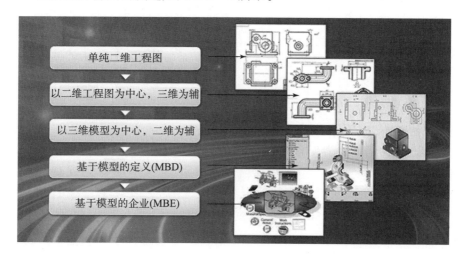

图 6.1-1 研发设计仿真的演进

① 单纯二维工程图。

设计师在设计新产品时，首先将脑海中的三维实体通过严格的标准和投影关系变为工程界所共识的标准工程图。然后制造工程师、工人在使用这种平面图纸时，又要通过想象恢复它的立体形状，以理解设计意图。对二维图样的绘制和理解需要严格的专门训练，要求工程人员有良好的空间想象能力。

② 以二维工程图为中心，三维为辅。

20 世纪 90 年代，为了开发、普及、推广计算机辅助设计技术 CAD，由原国家科委主导开展了"用图版工程"，在全国普及推广计算机二维工程绘图，提高了设计工作效率，甩掉了图版和丁字尺，描图员这个岗位从此消失。该模式下，工程师在设计过程中，采用二三维 CAD 混用的模式，使用三维 CAD 进行产品功能结构设计，工程图还是在原来的二维 CAD 中进行，存档文件也是采用二维图档，指导后续的加工生产。二维图纸依旧作为信息传输过程中的重要文件。

③ 以三维模型为中心，二维为辅。

随着计算机和 CAD 软件技术的发展，近 20 年来，一部分企业开展了三维实体模型的设计，这当中经历了三维实体模型、参数化建模和变量参数化建模的过程。由于三维实体造型技术能够精确表达零件的大部分属性，在理论上有助于统一 CAD、CAE、CAPP、CAM 的模型表达，给设计带来了方便性。但三维模型中却不包括尺寸和公差的标注、表面粗糙度、表面处理方法、热处理方法、材质、结合方式、间隙的设置、连接范围、润滑油涂刷范围、颜色、要求符合的规格与标准等信息，所以在车间里仍然使用二维工程图。三维模型主要用于 CAE 工程计算和计算机辅助数控编程 CAM。在该模式下，工程师采用三维软件开展产品设计和验证工作，指导生产加工的二维图纸通过 CAD 软件自动生成。

④基于模型的定义（MBD）。

该模式将三维制造信息 PMI 与三维设计信息共同定义到产品三维数字化模型中，使 CAD 和 CAM 等实现真正高度集成，使生产制造过程可不再使用二维图纸。波音公司要求波音 787 飞机全球合作伙伴采用 MBD 模型作为整个飞机产品制造过程中的唯一依据。该技术将三维产品制造信息（3D Product Manufacturing Information，3DPMI）与三维设计信息共同定义到产品的三维数字化模型中，使产品加工、装配、测量、检验等实现高度集成。MBD 技术减少了物理样机的制造，缩短了产品开发时间，提高了标准件库的利用率，减少了模型的不一致性，提高了设计的准确性，是数字化设计技术的一次飞跃。

⑤基于模型的企业（MBE）。

基于模型的企业（Model Based Enterprise，MBE）是美国军方在"下一代制造技术计划"中提出的。仅仅使用 MBD 还无法完全实现最初提出的提高大型复杂系统的设计质量，减少制造交货时间，以及减少工程变更，减少产品缺陷，提高首次质量等目标。设计过程中的数据具有独立、稳定、可管理、可重用等特点，模型中包含的数据信息能在工艺、制造环节有效传递，生产制造包括后续的过程都高度自动化，实现数字样机和物理样机中间各个环节的通路。MBE 是一种制造实体，它是用建模与仿真技术，对设计、制造、产品支持的全部技术和业务的流程进行彻底的改造、无缝集成以及战略管理。利用产品和过程模型来定义、执行、控制和管理企业的全过程，并采用科学的模拟与分析工具，在产品生命周期的每一步做出最佳的决策，从根本上减少产品创新、开发、制造和支持的时间成本。

MBD 与 MBE 的关系。基于模型的企业（MBE）是 MBD 数据源的应用环境，完整的 MBE 能力体系构建，就是以 MBD 模型为统一的"工程语言",按系统工程方法的指导,全面优化梳理企业内外、产品全生命周期业务流程、标准,采用先进的信息化技术,形成一套崭新的完整的产品研制能力体系。企业需要一套面向 MBE 的信息化环境,帮助企业实现 MBD 模型以及相关数据在企业内外能够顺畅流通、可直接利用。对于每一个制造企业,跨企业内外的产品全生命周期业务是非常复杂的,基于现有各自独立的信息化技术和工具,不可避免需要处理大量的系统集成和数据转换,才勉强能保障 MBD 模型以及相关数据的流通或可利用,这将是致力于成为 MBE 企业直接面临的最大的问题。

6.1.2 基于 MBD 的设计仿真平台

基于模型的定义(Model Based Definition,MBD)是将产品的所有相关设计定义、工艺描述、属性和管理等信息都附着在产品三维模型中的数字化定义方法。将设计信息和制造信息共同定义到产品的三维数字化模型中,以改变目前三维模型和二维工程图共存的局面,更好地保证产品定义数据的唯一性。

(1)总体框架。

基于 MBD 的智能设计仿真平台包括从用户需求、初步设计、详细设计、设计计算、模拟仿真、工艺设计、数控编程直至生产制造的全过程,由若干设计信息系统组成,总体框架如图 6.1-2 所示。

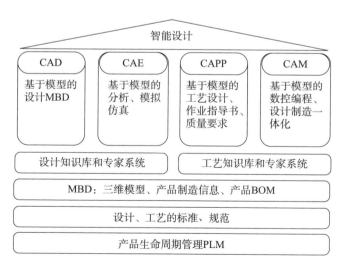

图 6.1-2 基于 MBD 的智能设计仿真平台总体框架

在产品生命周期管理 PLM 系统的统一管理下,在一系列设计、工艺技术标准的基础上，开展基于模型定义的设计，让 MBD 的几何模型、制造数据、物料清单贯穿于设计、工艺、制造、服务全过程。构建产品设计知识库和专家系统，构建工艺设计知识库和专家系统，提高知识的共享性、设计的科学性，提高设计的标准化、效率和质量。构建基于模型的分析、模拟仿真的 CAE 系统，基于模型的工艺设计、作业指导书、质量要求的 CAP 系统，基于模型的数控编程、设计制造一体化的 CAM 系统。实现设计信息系统内部的集成和与企业资源计划系统 ERP、制造执行系统 MES、售后服务等整个生命周期的全面集成。

基于模型定义的设计是当代 CAD 设计的主要方向，它用集成的三维模型完整地表达产品定义信息，将设计信息和制造信息共同定义到产品的三维数字化模型中，改变目前三维模型和二维工程图共存的局面，从而更好地保证产品定义数据的唯一性。

MBD 数据集提供完整的产品信息，集成了以前分散在三维模型与二维工程图中的所有设计与制造信息。零件的 MBD 数据集包括实体几何模型、零件坐标系统、尺寸、公差和标注、工程说明、材料需求及其他相关定义数据。装配件的数据集包括装配状态的实体几何模型、尺寸、公差和标注、工程说明、零件表或相关数据、关联的几何文件和材料要求。其中，工程说明由标准注释、零件注释、标注说明组成。

MBD 数据集的内容，包括零部件表、材料制造过程、注释、分析数据等，如图 6.1-3 所示。其中注释是不需要查询即可见的尺寸、公差、文本、符号等，而属性是为了完整地定义产品模型所需的尺寸、公差、文本等，这些内容在图上是看不见的，可以通过查询模型获取。

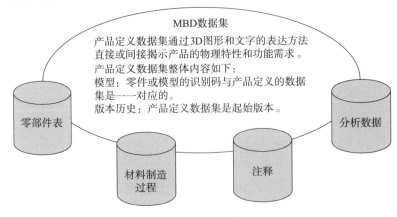

图 6.1-3 MBD 数据集的内容

MBD 技术的核心思想是：全三维基于特征的表述方法，基于三维主模型的过程驱动，融入知识工程和产品标准规范等。它用一个集成的三维实体模型来完整地表达产品定义信息，将制造信息和设计信息（三维尺寸标注、各种制造信息和产品结构信息）共同定义到产品的三维数字化模型中，从而取消二维工程图纸，保证设计和制造流程中数据的唯一性。

MBD 技术不是简单地在三维模型上进行三维标注，它不仅描述设计的几何信息而且定义了三维产品的制造信息和非几何的管理信息（产品结构、PMI、BOM 等）。它通过一系列规范的方法更好地表达设计思想，具有更强的表现力，同时打破了设计制造的壁垒，其设计、制造特征方便地被计算机和工程人员解读，而不像传统的定义方法那样只能被工程人员解读，这就有效地解决了设计/制造一体化的问题。

MBD 模型的建立，不仅仅是设计部门的任务，工艺、检验都要参与到设计的过程中，由此形成的 MBD 模型才能用于指导工艺制造与检验。MBD 技术中融入了知识工程、过程模拟和产品标准规范等，将抽象、分散的知识集中在易于管理的三维模型中，设计、制造过程能有效地进行知识积累和技术创新，从而成为企业知识固化和优化的最佳载体。

（2）MBD 标准体系。

传统的 3D 模型，包括有限元仿真、装配模拟、运动模拟，应用了 10 多年。但模型上因为缺少制造所必需的尺寸、公差等的精确表达，一直不能独立地作为产品信息的唯一数据源。模型和制造数据一体化，即让产品属性如尺寸、公差和其他技术要求"牢牢地嵌入（embedded in）"模型，让嵌入模型上的尺寸、公差和其他属性可以通过计算机直接访问、查询和重用，让产品生命周期的各个阶段和供应链的全程可以直接利用。这是工程和生产人员的渴望，也是信息化继续深化的必然趋势。

1997 年，美国机械工程师协会（ASME）组成专业委员会，由以波音为主的 16 个制造和软件系统企业参加，制订了 ASME Y14.41-2003 "数字化产品定义数据通则"，ISO 又根据 ASME Y14.41-2003 制定了 ISO 16792：2006 "数字产品定义数据实践"，标准规定了新的、统一的产品定义方法。所谓"新"，其一是用嵌入的、完全标注的 3D 模型定义产品；其二，也是更重要的，是用计算机可以识别的"产品定义数据集（Product Definition Data Set）"，目前多数文献也称其为"技术数据包（Technical Data Package，TDP）"，作为对 3D 模型的补充说明。

此外，ASME Y14.41 3D CAD 产品定义标准还为并行协同的研制提供了应用基础，让下游包括工艺过程设计、制造、维修等所有业务可以直接利用产品定义数据。实际上，MBD 开创了真正的产品数据唯一数据源和真正无缝集成。MBD 打开了束缚制造业信息化发展的瓶颈，开启了制造行业信息化发展的新纪元。

（3）MBD 的实施原则。

MBD 的实施原则可以概括为"十要十不要"，主要涉及人员、流程和产品三个方面，如图 6.1-4 所示。

图 6.1-4　MBD 的实施原则

（4）基于 MBD 的研发设计效益。

基于 MBD 的智能设计仿真平台对研发设计能力的提升主要体现在如下几个方面，如图 6.1-5 所示。

——减少 30%~40% 的模型不一致，30%~40% 的模型不一致是由 2D 图纸的不准确造成。

——大大简化检验过程，应用基于三维模型的检验软件，直接读取三维模型上的尺寸和公差数据。

——降低对专门技能的要求，工程师通过对模型进行平移、旋转和缩放就能够很容易地理解产品几何特征和相应的尺寸、公差。

——加快产品开发过程，无须检查 3D 模型和 2D 工程图样的协调关系。

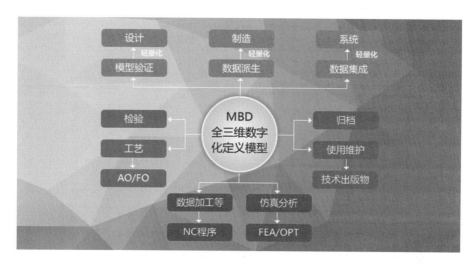

图 6.1-5　MBD 模型的应用

——减少与下游用户沟通所需的时间。

——减少为车间解读图纸所需的时间，大大降低了设计人员的工作量（最高可达 60%），显著减少工程更改（最高可达 50%）。

——自动实现数据共享，后续的制造和检验所要求的有关信息可以通过计算机对 TDP 直接访问检索、查询、传递。

6.1.3　基于 MBE 的设计仿真平台

基于模型的企业将其在产品全生命周期中所需要的数据、信息和知识进行整理，结合信息系统，建立便于系统集成和应用的产品模型和过程模型，通过模型进行多学科、跨部门、跨企业的产品协同设计、制造和管理，通过模型支持技术创新、大批量定制和绿色制造。

（1）总体架构。

基于 MBE 的智能设计仿真平台 MBE 的技术架构如图 6.1-6 所示。

（2）MBE 的技术组成。

MBE 主要由三大部分组成：基于模型的工程（Model Based Engineering，MBe）、基于模型的数字化制造（Model Based Manufacturing，MBM）、基于模型的维护（Model Based Sustainment，MBS）。其中基于模型的工程是整个 MBE 实施的基础，特别是其中大家比较熟悉的 MBD 也是基于模型工程中的重要组成。基于模型的企业 MBE 的组成如图 6.1-7 所示。

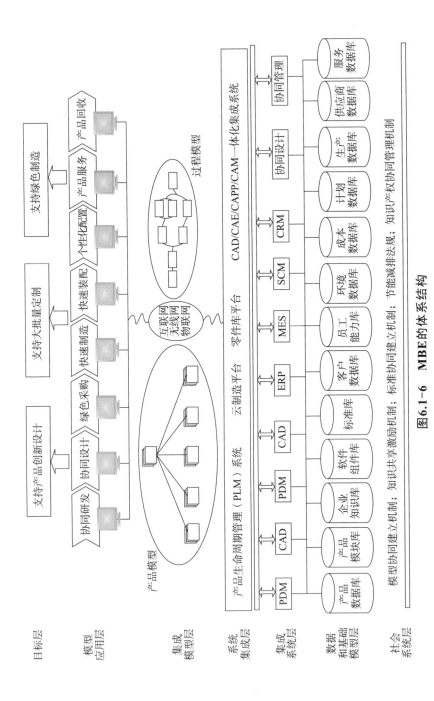

图6.1-6 MBE的体系结构

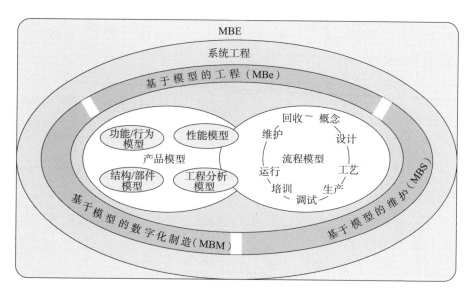

图 6.1-7　基于模型的企业 MBE

——MBe 将模型技术作为系统生命周期中需求、分析、设计、实施和验证的能力，突破 MBD 单一的应用领域和范围，并将 MBS 作为重要的完善和发展方向。

——MBM 从 CAD 向后推演，使用 MBD 模型用于虚拟制造环境中进行工艺规划、优化和管理，它更强调的是基于模型的工艺仿真、生产线的仿真、指令的仿真以及指令传递到物理设备之后的控制和数据采集。

——MBS 将产品和工艺开发中的模型和仿真应用到系统生命周期的维护阶段，持续关注系统的整个运行状态，把系统运行过程中的质量数据、维护/维修/故障数据采集回馈到模型，在模型中进行比较，评估产品实现和工艺方案，并反馈到产品设计的改进环节，通过 MBS 来提取设计优化信息。

（3）MBE 的主要特征。

MBE 的主要特征表现在以下 6 个方面。

——设计数据：主要指设计数据的表现形式、组成结构以及涵盖的信息，包括 3D 模型构建、3D 模型/图样的关联性、非几何信息表达、模型质量及设计物料清单。

——技术数据包：主要指技术数据包的生产和发放方式。

——技术状态/构型管理数据：主要指数据的发放和管理方式、授权

——内/外部制造数据交换：主要指产品制造信息（PMI）数据集/检验数据集的提供过程、工艺和代码数据生产、数据关联性及管理。

——质量控制：主要指检验方式、检验管理。

——企业协同及数据交互：主要指企业内/企业间数据的提供和使用方式。

（4）MBE 在企业发展中的定位。

在信息标准、基础设施和运维基础上，综合集成与数据交换测试等标准；以产品全生命周期管理为主线，在基于模型的可视化环境中，重点突破工程分析、数字化制造、长周期数据持有与共享及机电一体化等技术，完成产品模型构建与定义，建立设计、工艺、生产、质量、服务、采购、成本等过程模型和信息模型；通过网络中心实现数据的无缝传递与流转，保证各阶段的数据预览与重用。

MBE 是数字化企业实现的必经阶段，也是实现赛博物理系统（Cyber - Physical System）的核心，如图 6.1 - 8 所示，实现模型贯穿需求工程、设计工程、制造工程、试验工程、生产工程、产品验证与综合确认，最终完成产品生命周期和生产生命周期的融合。

（5）MBE 的分级评价

2009 年由美国国家标准研究院（NIST）组织，美国陆军 Man Tech 对全美近 500 家供应商进行了基于模型的企业（MBE）能力评估。结果表明，MBE 实施程度越深入，企业在降低成本、缩短研制周期的效果越显著，因此基于模型的企业能力评估得到了美国国防部大力推崇，且已在新的采办合同中正式接纳。如何判断一个企业处于 MBE 哪一阶段，可以从图 6.1 - 9 中的一些指标得到基本判断。

①Level 0。

企业这个阶段能力水平是其他各级建立的基础。它的特点是主要依靠传统的二维图纸，有很少的地方使用 3D 模型。另外的特点是事实上大多数（如果不是所有）下游数据使用者必须通过一种或多种方式来重新生成产品定义数据以有效利用上游数据。这一级别具有如下特点。

——二维工程图为主。

——没有或有少量三维模型。

——比较少的重用上游产品定义数据。

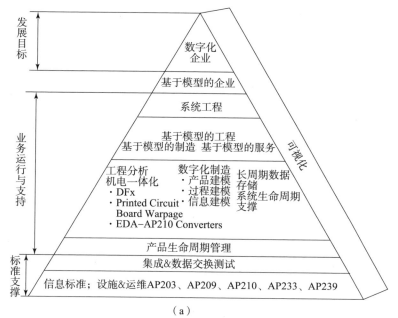

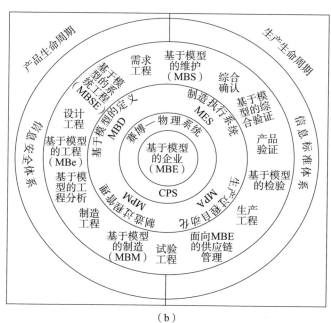

图 6.1-8　MBE 的构成与外延关联

(a) MBE 的组成与企业的发展关系；(b) MBE 与 CPS 的关系

图 6.1-9 MBE 能力评估

——手动创建技术数据包（Technical Data Package，TDP）。

——有很少或没有与扩展企业连接。

——很少使用产品生命周期管理工具。

②Level 1。

这个级别是开始有效使用三维模型的开始。虽然仍是二维工程图为主，但是已经与三维模型关联并在一起进行管理。这一级也是第一次开始重用三维 CAD 模型数据，尽管都是通过输出中间格式文件来实现的。这个级别也由于开始重用数据而开始能够减少错误率和缩减交付时间。这一级别具有如下特点。

——二维工程图为主。

——三维模型与二维工程图关联。

——初始三维模型数据重用，通过输出中性格式文件（如 STEP 和 IGES）。

——手动创建 TDP。

——有很少或没有与扩展企业连接。

——很少使用产品生命周期管理工具。

③Level 2。

除了使用的不再是中性文件，而是重用原始的 CAD 数据文件外，本级能力水平本质上与 Level 1 是一样的。在有特别请求的情况下，原始 CAD 数据也可以被下游单位或者企业获得。当企业内部或下游企业使用相同的产品套件并且能够不需要数据转换就能充分使用三维模型时，对这些模型的访问将变得尤为重要。这进一步降低了错误的机会和任务交付时间。这一级别具有如下特点。

——二维工程图为主。

——三维模型与二维工程图关联。

——初始三维模型数据重用，通过原始三维模型数据格式。

——手动创建的 TDP。

——有很少或没有与扩展企业连接。

④Level 3。

这个能力级别是第一次考虑 3D 模型与二维工程图的结合作为产品定义的主要来源，在这个级别模型是几何定义，二维工程图作为特例并且是来自于包含了相关的产品制造信息（Product Manufacturing Information，PMI）模型的输出。采用了产品生命周期管理工具和轻量化的三维可视化文件作为交付使用，这个可视化文件是一个 CAD 的中性文件，并可为整个企业提供完整的产品定义，他们可以取代图纸。这个级别由于减少了图纸上的依赖，从而大大减少了错误和交付时间。这一级别具有如下特点。

——3D 模型与受控的二维工程图为主。

——二维工程图仅仅特殊情况下创建。

——模型被用于整个生命周期。

——手动创建的 TDP。

——有很少或没有与扩展企业连接。

——内部使用产品生命周期管理工具。

⑤Level 4。

这个能力级别是建立在 Level 3 级能力基础上。在这个级别，模型是唯一的产品定义，它也开始进一步将制造工具套件融入整个环境中，不仅仅是模型的重用，还包括各类元数据信息的直接重用。这也是进一步使用产品生命周期管理工具的结果，质量方面也是如此，最终使得在整个扩展企业中产品定义的交付实现了自动化。这一级别具有如下特点。

——3D 模型为主。

——二维工程图创建属于例外。

——模型和元数据都集成并应用到了制造和质量领域。

——产品定义交付实现自动化。

——有很少或没有与扩展企业连接。

——内部使用产品生命周期管理工具。

⑥Level 5。

这个级别的能力是第一次成为一个真正的基于模型的企业，它同样建立在前面几个层级之上，但是增加了企业的连接。这样做可以使企业的所有人都可以访问到实时的、最新的产品定义，并可以全自动配置 TDP。这一级别具有如下特点。

——3D 模型为主。

——二维工程图创建属于例外。

——模型和元数据现在可以被整个扩展企业所访问、使用。

——自动化的 TDP 配置。

——在扩展企业之间有完全的连接。

——内部和外部使用产品生命周期管理工具。

⑦Level 6。

这是迄今为止 MBE 能力定义的最高水平。本级建立在 Level 5 级基础之上，但是增加了大量的自动化处理，使得自动化的 TDP 正式交付成为可能。它也消除了所有使用 2D 图纸的情况（也没有例外）。应当指出，Level 6 被认为是一个远期目标并且目前也不知道有哪些组织已经达到了这个水平，但并不是说技术上不可用来实现它。这一级别具有如下特点。

——3D 模型。

——不允许存在二维工程图。

——模型和元数据现在可以被整个扩展企业所访问、使用。

——完全自动化的 TDP。

——有完全连接的扩展企业。

——内部和外部使用产品生命周期管理工具。

（6）MBE 关键技术。

——MBe。在基于模型的工程的"V"模型上可清晰地看到两层关系。第一层更多地强调 MBS，强调逻辑设计、功能设计、架构设计。该层中，建模与仿真支持开始于概念设计阶段的系统需求、设计、分析、验证和确认，更强调逻辑功能、系统动态行为以及各组件应该承担的需求及其之间的关系。这就是现在在各单位开展的基于模型的系统工程、统一建模与联合仿真、架构设计等,目前有些单位已开展面向"系统之系统"的运行场景仿真。第二层更强调 MBD,该层在前端的需求工程、架构设计之后,更多关注的是在机械领域如何开展基于模型的工程,如何承接前端的需求开展流体、机械、电子、电磁、软件、控制、液压等子系统的设计,通过功能样机接口和功能样机单元的架构来传递前端的需求以及前端的设计架构,在三维数字模型中定义设计信息和制造信息,以保证产品定义数据的唯一性。基于模型的工程如图 6.1 – 10 所示。

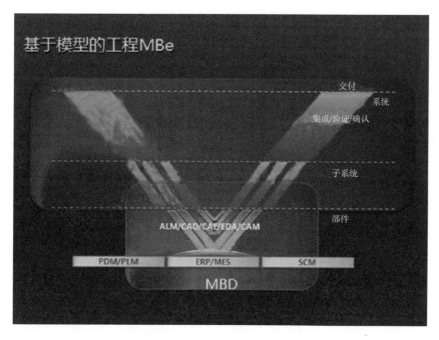

图 6.1 – 10　基于模型的工程

——MBD。MBD 最核心的是在三维模型中完整地表达设计、制造信息,确定产品定义信息的唯一性,为传递到下游生产所需的详细信息提供最恰当的信息载体。所有业务均使用 3D 信息传递,形成结构化的数据集。该数据集不仅包含几何特征、尺寸、公差等,也包括隐含的制造信息,如剖切或特定的测量,能够自动生成加工指令等;同时,增加检验和质量信息,使设计和制造形成反馈闭环,这就是 MBD 发挥的巨大作用。

——MBM。基于模型的制造(MBM)意味着要使用 MBD 模型在虚拟制造环境中进行工艺规划、优化和管理,并将指令提供到现场的实物生产。特别是在新设备出现的时候,如何形成工艺指令,过去更多地是依赖工艺员的经验,然后在 CAPP 中开展工艺设计,现在则可以通过数字化的工艺仿真技术验证,提供虚拟制造和装配过程仿真,真正实现面向制造/装配的设计(DFx),形成各种生产加工指令为各个环节的设备提供驱动,为工人提供作业指导书,同时还可对生产线/车间进行仿真(这是基于模型的制造非常重要的领域)。

——MBI。基于模型的作业指导书(MBI)是实现虚拟仿真与现场生产的核心纽带。数字空间和物理世界的迭代符合"数字孪生"的理念,数字空间的产品设计定义和物理世界的加工装配之间重要的联系就是 MBI。MBI 不仅有装配、加工的指令,还有包含检验的信息传递到制造现场,在制造现场开展数据的采集和人机交互,一方面获得各种指令,同时优化工艺过程,保证了数字和实物之间最重要的联系。

——基于模型的验证。通过建设统一建模与联合仿真、多专业工程仿真环境,开发相关的模型库和数据库,开展功能(性能)样机应用,可在设计环节超越各个专业,建立统一的仿真模型、考评系统或组件的动态行为,以及组件在不同阶段综合过程中,在已建立的虚拟集成仿真环境中,利用模型在环(MiL)、软件在环(SiL)、硬件在环(HiL)以及人在回路(PiL)来验证各级(子)系统开发能否满足功能、性能等要求,保证整体系统架构的合理性,并对系统关键性能进行评估,尽可能在系统的设计早期,验证需求的可实现性,避免设计反复。在推进基于模型的相关工作中会形成新的工作方式,如基于模型的仿真、试验、测试、验证与确认,并建立虚拟集成仿真环境(包含仿真生命周期管理),解决的是不同层面的模型交换和集成。

——MBS。基于模型的持续保障(MBS)将模型作为系统记录和构型管理的唯一基础,将产品和工艺开发中的模型和仿真应用到生命周期的维护阶段,使用维护/维修/故障数据来评估产品和工艺,并将其反馈到产品设计的改进环节。其中最重要的工作是记录交付用户的产品的过程规范、材料数据、产品支持信息以及测试分析信息等,形成跨越整个供应链的结构化、集成的工程技术数据包。

(7)基于 MBE 的研发设计效益。

MBE 已成为当代先进制造体系的具体体现,它的进展代表了数字化制造的未来。美国陆军研究院指出"如果恰当地构建企业 MBE 的能力体系,则能够减少50%～70%的非重复成本，缩短50%的上市时间"。基于此，美国国防部办公厅明确指出，将在其所有供应链内的各企业中推行MBE体系，开展MBE的能力等经认证。全世界众多装备制造企业也逐步加入MBE企业能力建设的大军中。

MBE的效益在MBD创建并在整个企业应用时就已经开始了，对于军工企业来说，在整个MBE企业的方案、设计、验证、制造、维护的各个环节都会带来实实在在的效益。

——缩短新订/经修订的产品的交付时间，并降低了工程设计的返工周期。

——整合并精简设计和制造流程，降低成本。

——生产规划时间减少，减少生产延误的风险。

——提高生产过程的设计质量，减少制造交货时间。

——减少工程变更，减少产品缺陷，提高首次质量。

——改善与利益相关者的合作、协同，缩减在产品的开发管理生命周期中的所有要素的周期和整体项目的成本。

——提高备件的采购效率。

——改进作业指导书和技术出版物的质量。

——在维修过程中提供互动的能力，以减少时间和维护产品。

（8）MBE面临的挑战。

MBE面临的挑战如图6.1-11所示。

图6.1-11 MBE面临的挑战

①模型格式的转换问题。

由CAD/CAM以及其他制造软件供应商造成的3D CAD文件格式差异，成为实现MBE数字线和企业真正的集成和协同的现实障碍。供应商有各自独特的3D模型和TDP文件格式。同一种软件还有不同版本的数据兼容问题。而对于一个企业或产品供应网络，会用到多个不同水平的 CAD 系统、不同厂商提供的 CAM/NC/CMM/MES 系统，将所有的应用软件都统一在同一种格式上几乎是不可能。因此 MBE 理想化的数字线上，实际还是存在着许多因为 CAD 软件系统造成的断点，3D 模型文件的格式转换是不可避免的，尽管所有设计数据的发布可以转换成为 STEP 和 IGIS 中性文件。目前，有些企业的做法是直接使用本地 3D CAD 模型，在需要衔接时，进行不同格式文件的直接转换。用本地文件而不是从中性文件输入 CAD 几何具有的好处是：消除中间格式的转换、翻译、认证的工作量和减少潜在的翻译错误。

在集成来自承包商、供应商和合作伙伴的多种格式的数据时，也不再需要将其转化为一个共同的格式。目前，CAD 系统的供应商和很多 3D 模型格式转换的服务商已经可以提供 3D 模型转换的软件工具，可以解决大部分格式转换的问题。

当然，中性的标准格式的价值并没有被削弱。航空产品的生命周期比 CAD 软件版本更新的周期要长许多。相对稳定的标准格式可以解决模型数据长期保存和因软件更新引起的读不出来的问题。

②企业信息化进程的多样性。

因为 MBE 的进展引发的问题还有大量老产品的处理。目前，从企业信息化进程的角度看，同一个企业有最新的 MBE 模式、更大量的是传统 2D 数据的信息化处理模式，也仍旧存在着纯手工的管理模式。在普遍的混流生产企业中或是车间里，存在最新和老旧信息化管理模式并存的状态，极大地增加了业务流程的复杂性，甚至会出现在同一台机床上加工的零件，有用纯纸质文档、"半数字化" MES、无纸化的 MBE 方式的。多种系统的维护和运行规则都会加重车间的负担，以致造成混乱。所以，在目前各个企业将注意力集中在数字化应用"快步跑"的时候，还必须对企业信息化的全局有一个均衡、统筹的规划；特别要关注老的、使用期长的机种，这些产品存在长期生产、维修的数据管理和信息化问题。就目前美国的重要军机，如 F35 的生产特别是装配，是单独建线的，即"一代飞机、一代管理"，有利于管理进步，也不会因为老机型而拖累新技术的快速发展。从这个角度出发，我们必须反思我国航空工业新机生产之前缺失"生产系统设计"的环节，将所有的产品堆积在一个几十年不变的生产线中的模式。

③统一的信息技术平台。

MBE 是以 3D 模型定义为基础，为整个企业所共享的、全面集成和协同制造的环境。在企业或供应链中，无论在何处的数据生产者和数据消费者，在制造过程的任何点上，都将连接到一个共同数字的数据源上，数据标准将从设计阶段开始，延伸到制造，继而到最后装配。这种统一平台就是 PLM 系统。MBE 的 PLM 是一个数字数据产生、传递和管理的统一平台，不被部门和层次化的局部和应用所割裂或中断。MBE 的重要标志之一是：制造、质量代码与设计模型在同一个 PLM 中管理。届时，完成设计和工艺的数据 as designed/as planned，包括作业指导书和 CNC/CMM 代码，制造完成和每次维护以后采集的数据 as built/as maintained/as sustained 都在同一数据平台中。在 MBE 中，当前的所谓设计和研发平台，工艺平台，制造平台、工具、工装等五花八门的区域性平台都将起到割裂连续数字线的作用。所以从现在起，我们就要将信息规划的着眼点转移到利用 PLM 建立唯一的统一数据平台上来。

④并行和协同的实施。

在 MBE 环境中，所有的工程活动是个同步或并行的过程。创建 3D 动态作业指导书、制造与质量代码 CNC/CMM 程序、离散事件模拟等活动都是与创建设计模型并行开展的，这些工作都能够在设计过程完成之前开始并完成到一定程度。尽管并行工程的概念和应用有几十年之久了，但是，只有在 MBE 环境中才能缩短并行工程的研制周期和充分发挥各种模拟仿真的效能。供应商也可以在它们的内部开发过程重用 OEM 的 TDP 中的信息。但是，实行并行工程和真正的协同至今仍旧受到现有厂所建制和企业内部机构设置、功能划分的限制，也深受设计和工艺人员分工、知识技能的制约。这些属于行业规则和企业文化的问题也需要及早找到妥善的解决方案。

6.1.4 产品全生命周期管理（PLM）系统建设

（1）PLM 的内涵和定义。

产品生命周期控制（Product Lifecycle Management，PLM）是为了满足制造企业对产品生命周期控制的需求而产生的一种新的管理模式，是信息时代提高企业核心竞争力的重要手段。

PLM 是指一类软件和服务，使用 Internet 技术，使每个相关人员在产品的生命周期内协同地对产品开发、制造、销售进行管理，而不管这些人员在产品开发和商务过程中担任什么角色、使用什么计算机工具、身处什么地理位置或在供应链的什么环节。因此，PLM 是企业信息化的重要组成部分，可以对企业有关产品信息和过程进行统一的管理和系统集成，其核心在于能够使所有与项目有关的人员在整个信息生命周期中共享与产品相关的异构数据，成为支持企业经营管理、产品开发、过程重组的企业级的集成支撑环境。

（2）建立 PLM 的意义。

信息化战争中，任何一件武器装备的研制生产可能会涉及数千甚至数万项决策。不论是重大决策还是细微决策，都会影响产品的战技性能和质量。研制生产中的任何一个人，在任何时候制定的决策都可能影响武器装备研制生产的成败。除此之外，武器装备复杂性所带来的影响也不容忽视。随着技术的复杂程度不断增加，电子和软件组件已与机械零部件发挥着同样重要的作用。然而，组件之间的接口却经常被忽略，直到开发环节的后期才引起关注，此时需要找出最佳实践和方法。信息化战争条件下，军工企业越来越意识到，一流武器装备不仅是战争成功的源泉，而且是企业持久发展的基础。因此，强调武器装备创新、加强开发的科学管理引起充分重视，也促进了产品生命周期管理思想在军工行业的推广应用。PLM 在军工智能设计仿真中的定位如图 6.1 – 12 所示。

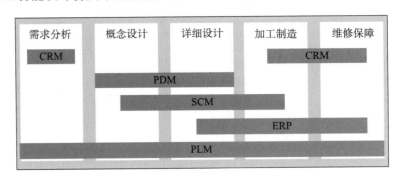

图 6.1 – 12　PLM 在军工智能设计仿真中的定位

总而言之，将 PLM 技术引入军工制造企业的产品研发和制造过程中，对于改进现有的管理和技术流程，促进军工制造智能化发展有着以下积极作用。

——改善管理手段。实施 PLM 可以将分布于各部门的纸质文档（图样和技术文件）转化为数字化信息。

——保证产品品质。提供了贯穿整个产品寿命周期的全部品质管理功能,以确保企业自始至终严把品质关。

——缩短研发周期,提高工作效率。以 PLM 为协同设计平台,能够促进工程、市场、财务等各方协作,增强项目团队成员之间的沟通,减少因沟通不畅所发生的错误和纠纷,帮助决策并极大地节省时间,缩短项目研制周期。

——提高图样和技术文件的流通速度。产品数据的网上接收和发放,可以省去大量取图、发图和登记造册的时间,还可大量减少纸张的使用。

——提高资料的查询效率。使用 PLM 系统后,减少了设计人员花在查找图样、技术文件等有关资料的时间,提高了工作效率。

——更好地优化资源。PLM 系统的协作工具,能够减少重复工作和审批中来来回回的时间,更好地节约时间、人力资源。

(3) PLM 的体系架构。

PLM 的典型体系结构如图 6.1 – 13 所示。其中,PLM 的基础是网络,通信层和对象层的作用是为 PLM 系统提供一个在网络环境下的计算基础环境。支撑层提供了对数据的基本操作功能,如查询、修改、分类等功能。基础层提供公共的基础服务,包括数据、模型、协同和生命周期等服务。核心层提供对数据和过程的基本操作功能,如存储、获取、分类和管理等基本功能接口。应用层主要针对产品生命周期管理的特定需要而开发的一组应用功能集合。用户层向用户提供了交互式的图形界面,包括图示化的浏览器、对话框、各种功能菜单等,用于支持用户操作系统和信息的输入、输出。

PLM 是一种应用于单一地点的企业内部、分散在多个地点的企业内部,以及在产品研发领域具有协作关系的企业之间的,支持产品全生命周期的信息创建、管理、分发和应用的一系列应用解决方案,它能够集成与产品相关的人力资源、流程、应用系统和信息。

PLM 的主要管理内容是产品信息,唯拥有具有竞争能力的产品,才能让企业获得更多的产品需求和更大的产品优势。所以,针对军工行业的信息化过程,应该以装备订货和技术推动的"产品"为中心,把重点放在为需求建立一个既能支持产品开发、生产和维护的全过程,同时又能持续不断地提升创新能力的产品信息管理平台上。

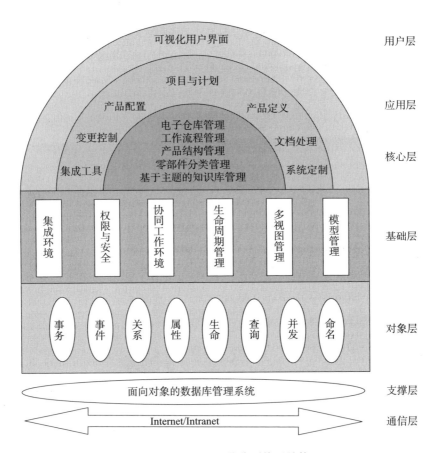

图 6.1-13　PLM 的典型体系结构

PLM 解决方案把产品放在一切活动的核心位置，PLM 可以从 ERP、CRM 以及 SCM 系统中提取相关的信息，从而允许产品需求方在企业的整个网络中共同进行概念设计、产品设计、产品生产以及产品维护。PLM 解决方案为产品全生命周期的每一个阶段都提供了数字化工具，同时还提供信息协同平台，将这些数字化工具集成使用。此外，还可以使这些数字化工具与企业的其他系统相配合，把 PDM 与其他系统集成和整合成一个大系统，以协调产品研发、制造、销售及售后服务的全过程，缩短产品的研发周期、促进产品的柔性制造、全面提升企业产品的竞争能力。PLM 系统完全支持在整个数字化产品价值链中构思、评估、开发、管理和支持产品，把企业中多个未连通的产品信息孤岛集成为一个数字记录系统。

PLM 构件可分为三个层次，对象构件、功能构件和应用构件。对象构件单元提供系统的基本服务，如事件管理、数据连接管理等，是与应用相分离的；功能构件则提供特定的 PLM 功能服务，如数据获取与编辑、数据管理与查询、数据目录管理、模型管理等，是 PLM 构件开发中的核心；应用构件为特定的应用服务，直接面向 PLM 用户，响应用户的操作请求，如产品配置、变更控制、文档处理等，是最上层的 PLM 构件。企业应根据 PLM 系统的实际需要，选择重用对象并对其进行概括提炼，明确它的算法和数据结构的软件构架，对重用对象匹配进行实例化，最后根据重用技术提供的框架，将已实例化的包含在可重用零部件库中的软件零部件合成一个完整的软件系统。

PLM 打破了限制产品设计者、产品制造者、销售者和使用者之间沟通的技术桎梏，通过互联网进行协作，PLM 可以让企业在产品的设计创新上突飞猛进，同时缩短开发周期、提高生产效率、降低产品成本。PLM 在市场竞争的带动下，越来越多地被企业所重视和广泛应用。这些企业认为，在现阶段各类软件技术逐渐成熟的情况下，利用软件重用技术开发与设计 PLM 软件系统不但可以提高软件的开发效率，提高软件品质，并且对软件的应用商大有益处，可从整体上提高企业的核心竞争力。

（4）PLM 的建设内容。

①产品图样和技术文件的管理。

军工制造企业产品生命周期中的产品图样和技术文件的管理，包括 3D 设计模型、仿真分析数据、2D 工程图档、扫描后的图纸档案和一般文档资料的管理，工艺技术文件的管理，企业或跨企业的零、部件库的管理。产品图样和技术文件的管理有以下要求。

——文件查询。产品设计过程中会产生大量的图样和技术文件。例如，设计一架波音 737 飞机有 46 万张图，设计一条万吨轮船大约有 150 万张图，文件量很大。另外，新产品设计需要经常查阅老产品的设计图纸。大量的设计信息以计算机文件形式存在，这些图样和技术文件的纸质文档有可能存放在企业各个部门相关人员的某一计算机目录下。因此，需要提供计算机查询的手段，能够根据项目、设计人、工作阶段、审批状态、日期、类型以及预先定义的各种参数，如材料、重量、加工方法等进行查询。

——版本管理。对各种图样和技术文件的文档资料的修改过程和版本状态的管理，保证图样和技术文件的一致性和有效性，最终保证企业的产品设计和生产制造活动能够使用正确版本的图样和技术文件。

——安全保密。制造企业将产品图样和技术文件存放到计算机网络环境下，这些图样和技术文件极易被非法调用、修改和泄密，所以需要解决图样和技术文件的安全保存和保密问题。这就要求根据各类人员的不同职责，分别赋予不同的权限，处理不同范围的资料。同样，对资料也设置不同的密级，以保证各类资料不被非法修改和盗用。

——图样和技术文件共享。产品图样和技术文件以电子文件形式通过计算机网络进行交换，保证图样和技术文件在权限控制范围内送到需要的人手中，实现各种异构数据在企业的不同部门甚至企业之间的交换和共享。

②产品生命周期的过程管理。

制造企业产品生命周期中的图样和技术文件包括所有与产品有关的图样和技术文件，以及来自设计、生产、支持等过程信息。产品开发过程管理的任务是对整个产品形成的过程进行控制，并使得该过程在任何时候都可以追溯。过程管理通过对设计开发过程进行定义和控制，使产品图样和技术文件与其相关的过程能够紧密地结合起来，实现对有关产品的开发活动与设计流程的协调和控制，使产品设计、开发制造、供销、售后服务等各个环节的信息能够得到有效管理。

——产品开发流程管理。制造企业通过产品生命周期中的过程管理框架，来定义和控制图样和技术文件操作的基本过程。过程管理不仅向有关人员发送信息和下达工作任务，还对各种业务作业，如图样和技术文件的生成、工程更改等活动进行控制。

——审批发放。对于企业中的各种产品图样和技术文件的电子文档，将现有的手工审批制度，转变为网络环境下的审批发放管理。

——据状态和流向控制管理。产品图样和技术文件在 PLM 环境中各个设计团队之间的流向，以及在一个项目的生命周期内跟踪所有事务和数据的活动，及时了解各项任务的具体状况，以及各项任务的完成情况。

——记录备案。各种审批记录、重要的操作、关键性的决策都需要长期保存，以备查询。

③产品结构与配置管理。

产品由成千上万个零件通过一定的装配关系组合而成，每个零件由一些相关图样和技术文件组成，相互之间具有一定的约束关系。每种数据的变化，都会波及或影响到其他相关产品的数据。同时，每一新产品的开发大约需要继承老产品约80%的技术资料。从企业的应用角度，要求这些不断变化的图样和技术文件在逻辑结构上保持一致，因而必须建立一个产品图样和技术文件构造的框架，把众多的产品图样和技术文件按一定的关系和规则组织起来，实现对产品图样和技术文件的结构化管理。

——产品图样和技术文件关联与层次关系的管理。产品由很多零件组成。如一架飞机由20万~100万个零件组成。面对数量如此之多的零件，企业各类人员要查询有关产品的资料，需花费大量的时间，因而需要对产品相关图样和技术文件进行结构化的描述和管理，使产品各零件、各部件之间的关系一目了然。

——统一的物料清单BOM管理。企业的零部件通常分为自制件、外协件、外购件及原材料等。不同部门有不同形式的BOM表，企业要花费大量时间和成本才能完成这些报表。

要保证BOM的一致性，就需要投入相当多的人力。如果设计和制造的物料清单不一致，就会造成返工和浪费。在计算机中要随时将最新的设计更改状态，自动生成各类物料清单。企业必须准确、及时地做好这些物料的计划、采购和管理，以便准确地将设计部门产生的数据和变更信息传送到生产制造和采购供应部门，实现整个企业全局图样和技术文件的统一管理和信息集成。因此，对生产过程不同阶段的各种不同类型BOM进行统一管理是非常必要的。

——系列产品的配置管理。承袭老产品，开发新产品，构造新的产品结构配置关系。另外，可以将同一个零件的不同版本图样和技术文件保存在计算机中，分别用于系列产品中的不同型号。

④工程更改管理。

在产品生命周期中，凡涉及各种图样和技术文件的工程更改有可能对产品开发团队、企业、合作伙伴、客户等产生影响。这种变更应当纳入有效的管理和约束之下。而对应于不同企业、不同业务对象、不同变更原因或不同的变更级别，涉及的人员范围不同，变更管理的约束机制也可能不尽相同。传统的工程更改完全依靠人工管理，难免发生各种各样的差错。计算机技术应在以下几方面改善更改管理的水平。

——更改流程。要求制定严格的更改流程管理程序。

——更改影响。要求自动搜索某项更改所涉及的范围，通过电子邮件及时通知有关人员，关注某项更改可能造成的影响。

——自动更改。一个更改申请得到批准，应确保数据库中数据改变之后，其相关引用系统的数据也能全部得到更改。

⑤产品开发项目管理。

企业根据对产品开发项目的分析，采用特定的方法制订出合理的产品开发项目计划，并通过确定项目组人员、分配任务和资源，以及在项目执行时对产品开发进度和中间环节进行检查等手段，保证产品开发项目按计划完成。主要包括：产品开发项目计划的制订与管理、资源计划、项目费用管理和项目变更控制。

⑥产品性能和质量信息管理。

对于军工制造企业而言，产品性能和质量是企业的技术水平、管理水平、人员素质、劳动效率等各方面的综合反映，已成为竞争的决定性因素之一。在现代经济技术环境下，性能和质量的概念不再局限于企业内部，而应该扩展到包括企业内部和外部环境。

因此，应该围绕产品生命周期，建立涵盖内部生产经营系统和外部环境的集成化品质信息管理系统，在网络数据的支持下实现从市场调研、产品设计、生产制造直到售后服务产品全生命周期中品质数据采集、处理与传递的自动化。

主要内容按照产品生命周期的不同阶段分为性能和质量计划，面向性能和质量的产品设计、制造和使用过程品质控制、管理3个部分。

6.1.5　知识库和专家系统的设计

智能工厂一个最主要特征是"机器管理机器"。它除了要求生产制造系统的柔性、经营管理的柔性以外，首先是生产过程的智能化设计。这必须在型号产品的研制生产环节注重知识库和专家经验积累，不断提高研制生产的效率、质量和设计水平，因此，建设设计知识库和专家系统势在必行。

（1）总体架构。

通用的专家系统是一类具有专门知识和经验的计算机智能程序系统，通过对人类专家的问题求解能力的建模，采用人工智能中知识工程师的知识表示和知识推理技术来解决通常由专家才能解决的复杂问题，达到具有与专家同等解决问题能力的水平。这种基于知识的系统设计方法是以知识库和推理机为中心而展开的，即专家系统＝知识库＋推理机。一个通用的专家系统结构如图6.1-14所示。

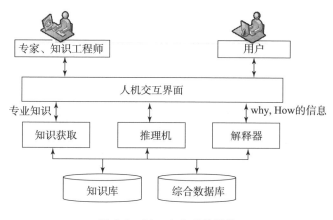

图 6.1-14 专家系统结构

①知识获取。

帮助企业获取、转化、构建、保存与产品设计有关的各种知识、标准、模型、经验等。它是把问题求解的各种专门知识从技术人员的头脑中或其他知识源那里，转换到知识库中的一个重要机构，是隐性知识显性化、个人知识企业化的重要步骤。

②知识库。

知识库是问题求解所需要的领域知识的集合。知识的表示形式，可以是多种多样的，包括模型、标准、框架、规则、语义网络等。知识库中的知识源于企业的各种标准，专家的知识、经验、规则，是决定专家系统能力的关键，即知识库中知识的质量和数量决定着专家系统的质量水平。知识库是专家系统的核心组成部分。

设计知识库包括标准与规范，即产品研发中需要遵循的约定和要求，如国家标准、行业标准、企业标准。基于模型定义的设计国家颁布了《数字化产品定义数据通则》（GB/T24734.(1-11)-2009），一共包括11个部分：术语和定义、数据集识别与控制、数据集要求、设计模型要求、产品定义数据通用要求、几何模型特征规范、注释要求、模型数值与尺寸要求、基准的应用、几何公差的应用和模型几何细节层次。

在企业产品系列化、模块化、标准化基础上，构建产品设计模板库、国家标准零部件库外购配套件库等可重用库，实现产品零部件的快速重用，以最少的零部件，满足众多客户个性化的需求。

设计计算知识库包括：典型的CAE分析流程、分析规范模块，多学科、多物理场的求解器，如结构分析、流体分析、温度场分析、震动分析等。

产品配置知识库包括：建立产品基准库、选用装置库、标准模块库、专用模块库与相似零部件库等。支持多种产品配置规则的定义，包括选装、互换、替换、组合、冲突等，能够自动检查规则的有效性、正确性。

工艺设计知识库：包括典型工艺流程库、工艺规则库、工艺内容知识库、工艺参数库、工艺装备知识库（包括加工装备、模具、夹具、刀具、量具等），用于各种工艺文件的生成。

③推理机。

推理机是实施问题求解的核心执行机构，它实际上是对知识进行解释的程序，根据知识的语义，对按一定策略找到的知识进行解释执行，并把结果记录到动态库的适当空间中。如产品研发设计中的过程向导的应用，总结企业产品开发的实际经验和流程，调用知识库中的知识，通过过程导向工具，一步一步引导产品研发人员快速完成设计。

推理机中的产品配置管理（Product Configuration Management）是在设计工作中最有效、常用的工具，是基于专家系统设计的重要组成部分。产品配置管理有几种名称：在军工领域叫产品技术状态管理或构型管理，在民品工业叫产品配置管理。

产品配置管理以物料清单为核心进行组织，把定义最终产品的所有工程数据包括几何模型信息、版本、分析结果、技术说明、工艺文件、合同订单与质量文件和文档联系起来，实现对产品数据的组织、控制和管理。

产品配置管理是一套支持多种产品配置规则的定义，包括选装、互换、替换、组合、冲突等，能够自动检查规则的有效性、正确性。

④综合数据库。

也称为动态库或工作存储器，是反映当前问题求解状态的集合，用于存放系统运行过程中所产生的所有信息，以及所需要的原始数据，包括用户输入的信息、推理的中间结果、推理过程的记录等。

⑤解释器。

用于对求解过程做出说明，并回答需求提问。两个最基本的问题是why 和 how。解释机制涉及程序的透明性，它让需求理解程序正在做什么和为什么这样做，向需求提供了关于系统的一个认识窗口。

（2）基于专家系统的新型号产品设计。

在前面章节，我们提到，为提高知识共享，在知识库中储存了大量的设计标准、规范，产品系列化、模块化，以及标准化的可重用零部件库、模板库、案例库、过程导向库等设计知识。设计人员要充分利用这些知识进行新产品的设计，最大限度地利用原有的知识，以最少的零部件、配套件、原材料满足新型号产品的要求，缩短产品开发时间，减少采购成本、生产成本和管理成本。如图 6.1-15 所示是基于专家系统的新产品设计流程。

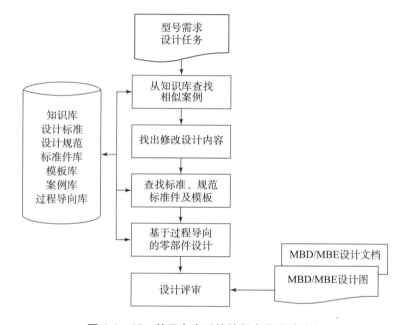

图 6.1-15　基于专家系统的新产品设计流程

当设计人员接到一个新产品设计任务时，首先就要从知识库中寻找与其最相似的案例。分析这个案例与客户需求不同的部分，找出需要修改设计的部件、零件、配套件、材料、技术条件等设计任务。在所选案例之外，从知识库中查找可用的标准、规范、标准件及模板，既可以直接选用，也可以在专业零件设计导向的引导下进行修改设计。经过设计评审，输出基于模型的设计图和设计文档。

当然这不是设计的结束，必要时还要进行设计的分析计算及模拟仿真，对设计进行验证。

（3）基于专家系统的构型（配置）设计。

对于产品系列化、模块化、标准化做得好的企业，我们可以采用构型管理的方法进行产品需求化的设计。

产品构型管理以产品结构管理（BOM）为核心，把定义最终产品的所有工程数据包括几何模型信息、版本、分析结果、技术说明、工艺文件、合同订单及质量文件和文档联系起来，实现对产品数据的组织、控制和管理，并在一定目标、参数、规则的约束下，满足需求化服务的要求。

构型管理由产品结构管理、构型项定义、构型有效性管理、构型基线管理、工程变更管理等组成。

①产品结构管理。

构型管理的核心是产品结构管理。在产品系列化、模块化的基础上，为了便于产品构型，首先需要建立通用产品结构 GPS（Generic Prod Structue），或称为平台结构，实际的物料清单分为若干层，但按照构型的属性我们一般将产品结构分为三层：顶层、构型层、底层，如图 6.1-16 所示。

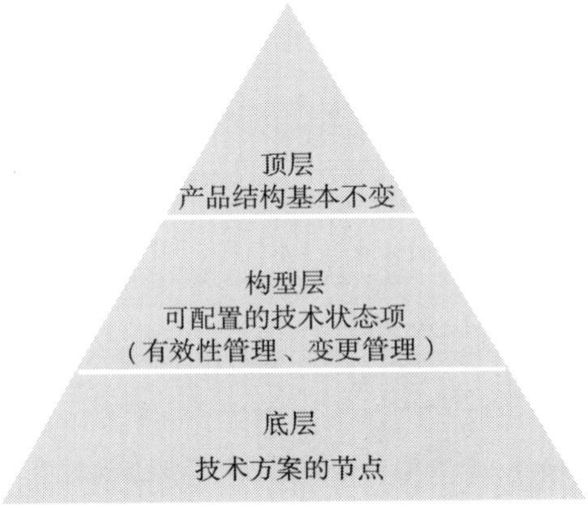

图 6.1-16　产品结构层次的划分

顶层用来组织、建立、管理复杂产品的结构，通过顶层结构的分类可以迅速导航、查找到底层的零部件。顶层结构基本不变。

构型层是构型管理的主要层级，通过可构型项的建立，实现产品的配置、有效性管理和变更控制。对于顶层来说，这一层级的可构型项构成了顶层产品结构的管理节点。对于底层而言，它向下挂接了技术方案，也就是产品的装配和零部件。

底层是构型项挂接的技术方案，主要由构成产品零部件的各种模型和图档组成。这一层为工程管理层。

产品结构的设计需遵照下列原则：变化最少，将可变部分和不变部分分开；在连接方式上，分为顶层、构型层和底层三层，每个层级分不同的子层级。

②构型项定义。

构型项（Configuration Item）的定义和管理是产品结构管理的核心。构型项是一个产品结构中的主要组件，为最终产品提供重要的功能。构型项的指定过程是把规范分解到项目，从而进行分别研制的一种实用方法。所指定的构型项可以标注其组件的变更有效性。构型项的确定主要在产品需求分析和分解中进行，以形成最初的产品结构。

构型项的指定与供应链中的位置有关，一般把供应商的最高层、最终产品作为构型项。构型项的数量多少与产品的复杂度有关，也与系统集成度有关。构型项不能选择太多，否则会使得构型非常复杂。构型项也不能太少，否则会减少向下层的有效分解。

③构型有效性管理。

构型管理过程中，产品零部件管理的有效性是通过两个层级来管理的：顶层产品结构通过对构型项的选配，用构型项来管理构型，构型层的设计方案用来管理有效性。产品构型用来在产品规划设计阶段定义产品顶层结构。对于不同的产品选配都有一个产品构型与之对应。任何一个产品的产品结构都有一个唯一的产品构型相对应，以保证构型的有效性，复杂产品的批次最终是通过对构型项的选配来完成的。

④构型基线管理。

在构型管理中，构型基线是在重大里程碑处或特定的时间点处，通过定义和记录批准的构型文件而建立的确定的参考构型。它是经确认的作为后续研制和生产活动基础的状态，通过正式批准发放和控制的技术文件、规范、图样或数据体现，是经过一系列的评审建立起来的。构型基线主要包括功能基线、分配基线、产品基线三条基线。这些基线建立后，基线文件也相应获得批准，因此，这些文件均需要开始就有严格控制和管理。不同的基线，其基线文件的构型控制流程、审批人员、级别、周期是不同的，需要根据基线文件的重要程度，更改影响范围进行有效管理。

⑤工程变更管理。

对于产品的变更要考虑产品的安全、性能、功能、可靠性、维护、重量、互换性、客户的技术要求、供应商等因素。在变更管理中,变更的原则是影响装配、外形和功能的零部件直接换号,否则零部件的编号不变直接提升版本号。

基于专家系统的构型设计流程如图6.1-17所示。根据客户需求和构型设计任务,在产品构型器的交换屏幕上输入产品型号、特征、参数、选配要求,系统找到通用产品结构(平台)。运行该产品的产品构型规则包括选装、互换、替换、组合、冲突等,经过逻辑运算"IF – AND – OR – NOT",生成客户化的物料清单。进行合规性和有效性的检查,输出精确的客户物料清单和有关的几何模型信息、版本、分析结果、技术说明、工艺文件等。

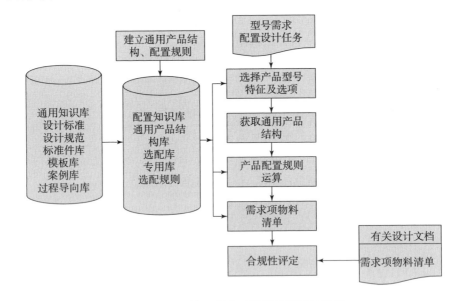

图6.1-17 基于专家系统的构型设计流程

产品构型管理极大地提高了大规模客户定制化的设计效率,提高零部件和物料的可重用性,降低了生产成本和管理成本。其技术难点一是通用产品结构建立的合理性和完整性,二是构型规则设计的正确性和严谨性。

(4) 基于专家系统的工艺设计。

工艺设计是链接产品设计与生产制造的桥梁。工艺文件设计质量的好坏直接影响产品的质量、加工的效率、安全、环保等。工艺设计分为4个层级,它们构成了工艺结构树,如图6.1-18所示。

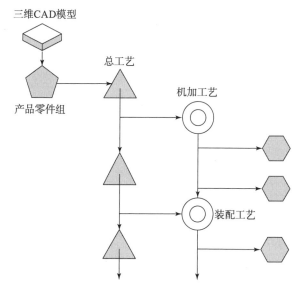

图 6.1-18 工艺结构树

图 6.1-18 中的总工艺，也称工艺分配表，将零件工艺分配到车间，例如备料—锻造—机加—热处理—装配等。工艺路线描述零件在某车间内部的加工工序，如车加工—铣加工—热处理—磨削。工序是在一个机床上完成的作业内容。工步是在一个工序中分的若干步骤。

计算机辅助工艺过程设计（Computer Aided Process Planning，CAPP）是指借助于计算机软硬件技术和工艺知识库、工艺设计专家系统，利用计算机进行数值计算、逻辑判断和推理等的功能来制定零件加工的总工艺过程、零件加工工艺路线和工艺卡的制作。借助于 CAPP 系统，可以解决手工工艺设计效率低、一致性差、质量不稳定、不易达到优化等问题，也是利用计算机技术辅助工艺师完成零件从毛坯到成品的工艺设计和制造过程。

计算机辅助工艺过程设计通常有以下 3 种方式。

——检索式工艺过程设计系统。这是针对标准工艺的，将设计好的零件标准工艺进行编号，存储在计算机中，当制定某零件的工艺过程时，可根据输入的零件信息进行搜索，查找合适的标准工艺。

——派生式工艺过程设计。就是利用零件的相似性原理，认为特征相似的零件具有相似的工艺过程。最典型的零件特征相似性表达是零件的成组工艺编码。通过检索相似典型零件的工艺过程，加以增删或编辑而派生一个新零件的工艺过程。

——基于专家系统的工艺设计。随着基于模型定义 MBD/MBE 技术的深入应用，对工艺设计产生重大影响，真正开启三维工艺设计的时代。MBD/MBE 技术将三维产品制造信息与三维设计信息共同定义到产品的三维数模中，舍弃二维图样，直接使用三维标注模型作为制造依据，使工程技术人员从二维设计中解放出来，实现了产品设计与工艺设计、工装设计、零件加工、部件装配、零部件检测检验的高度集成、协同和融合，加上工艺设计的知识库和专家系统，使工艺设计实现智能化。

传统二维工艺设计存在以下问题。

——二维工艺系统的工艺卡片主要以二维简图和描述信息表达为主，对于稍微复杂的工艺，这种表达方式很难进行清晰、直观、有效的表达，增大了生产制造环节出错的概率，影响产品的质量。

——对于特征标注较多的产品，二维图纸难以全面地表达设计信息，经常出现标注遗漏的情况，增加工艺规划的难度和出错概率，并缺少进行工艺验证的手段，经常在制造阶段才发现工艺设计存在缺陷，拖延了产品交付进度。

——二维图纸无法有效地利用现代的电子样机技术对产品进行虚拟仿真，更无法清晰流畅地进行各种性能分析，无法在工艺规划阶段消除问题，导致问题出现在后续的生产制造环节中，造成设计更改周期的增加和成本的提高。

三维工艺设计的优势如下。

——表达直观，消除了对工艺理解的二义性。有些空间的尺寸用二维图表述非常难以理解，用三维空间方式展示将会非常直观、形象。实现三维工艺指令向车间现场的数据发放，采用直观的三维工艺表达方式，增强了工艺信息的可读性，提高生产制造阶段的效率。

——能够最大限度地传递和继承设计的信息，有效减少工艺和设计理解上的偏差，降低出错概率。能将三维设计成果融入对应的工艺设计过程中，同一数据源可作为多种用途，为协同并行工作提供条件，提高各部门工作效率。

——工序模型之间可以保持关联，有效地保证数据的统一性和准确性。当设计模型发生更改时，各模型会自动更新，这种关联性是传统二维工艺所不具备的，这种关联性减少了工艺人员在工艺编制的过程中发生错误的概率。同时，工序模型参数化设计可实现快速更改。

——通过三维仿真验证手段，可以对产品装配、机加工过程进行全程仿真验证，最大限度地将问题暴露在设计工艺规划环节，降低后端更改的成本和时间。

目前存在的不足主要是基于模型的工艺设计相关标准尚处在研究阶段，通用的三维 CAPP 系统尚未成熟，因此必须构建基于专家系统的工艺设计系统。基于专家系统的工艺设计流程如图 6.1-19 所示。

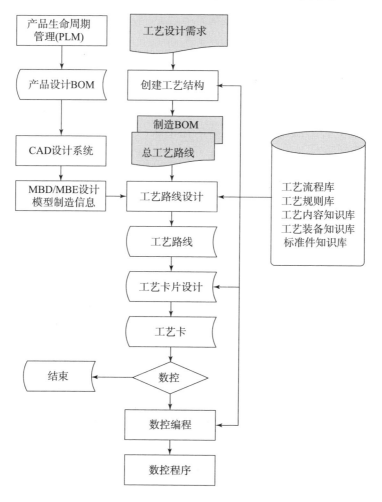

图 6.1-19　基于专家系统的工艺设计流程

基于专家系统的工艺设计系统很好地解决了设计模型和制造工艺信息的传递，但是，要真正实现智能化的工艺设计，必须有工艺知识库的支持。

——工艺流程库中存储产品加工工艺流程图上工艺节点（即工序）处理顺序的逻辑关系。

——工艺规则库中存储关于工艺处理的若干规则，例如工艺生成时提取信息的一系列规则和制造序号生成规则等。这些规则是在系统详细设计时经过分析和综合设计出的一套完善的规则，可以处理系统运行时可能出现的各种情况。规则库的功能是汇总工艺设计规则，包括典型几何要素的加工方法、机床选择规则、尺寸精度选择规则、工艺排序逻辑判断原则以及相关的加工类型。

——工艺内容知识库中存储工艺节点对象的属性知识，这些知识包括工艺节点的类型、输入项和专家提示信息，以及等同工艺节点、上级工艺节点、工艺的具体内容（即工步内容）等。

——工艺装备知识库与加工设备知识库分别存储加工工艺中所用到的工艺装备与加工设备的相关知识和信息。热处理知识库存储加工工艺热处理相关知识。

——标准件知识库等其他知识库分别存储相关知识。这些知识是工艺专家的经验总结，在系统设计时提供修改接口，可方便地加入专家的新知识、新规则，以及更新或删除陈旧过时的数据等。

——数据库用于存放加工数据，包括加工余量、刀（模）具参数、切削用量参数、辅具代码、量具代码、机床参数和台数、工装代码、工时数等。这些数据的来源可由用户根据本企业的产品特征和制造资源的环境新建，也可建立在已有数据库的基础上。

由于工艺过程设计本身是一个多参数、多约束、依赖于经验的、复杂的思维创作过程，其知识结构十分复杂。所以，这里提出用多层次、多种表达模式的、有机集合的知识表达方法，即把上述工艺规则和加工数据知识收集起来，采用分层方式排列。第1层是零件族特征获取，第2层是加工方法、工艺选择等工艺知识库，第3层是机床选择、加工类型、工装夹具的选择等制造资源库，第4层是加工数据、加工工时等工艺数据库。对低层知识用数据库表达方法；对高层知识如加工顺序、工装设备、切削用量、工序设计等，用框架式、产生式、逻辑式、过程式集成表达模式。

工艺推理采用数据驱动模式（正向推理策略）即从零件的毛坯开始，

引入启发性知识进行多层次搜索分级推理。这样形成的知识库不仅具有逻辑原则，而且具有人工智能的能力。

6.2 智能装备/生产线建设

6.2.1 智能装备的建设内容

（1）智能装备的基本内涵。

智能装备是智能工厂实施和运行的保障。智能装备是在现有数控装备所具备的数字控制能力基础上，增强感知决策功能，提升制造装备的智能处理能力。智能装备是控制执行层完成产品加工的基本场所，保障生产数据或指令的执行和实施，完成产品的加工。

智能装备的整机结构、功能部件、控制原理等都与工艺方法有关，涉及的关键技术主要有：工况的动态感知与信息采集、位置或状态判定及误差分析、基于工艺知识的决策处理技术等。不同工艺方法有其特有的工艺参数——加工目标关系曲线和制造知识，这些工艺曲线和制造知识嵌入智能装备的控制系统中，支持基于工况的实时分析和决策处理。工程实现中要注意以下几点：

——通过集成位置、力、热、振动、视觉识别等传感元件实现工件位置、几何形状、加工工况的实时采集。

——通过信号分析处理、位置误差分析、运动状态分析等确定工况状态、工作曲线等。

——在现有控制装置上通过嵌入工艺参数——加工目标关系决策规则、基于工艺知识的决策处理实现基于加工工况的处理，控制系统按决策结果给出的工艺参数、针对工况的处理措施等驱动执行机构运行。

——针对制造工艺特点，引入一批数字化、自动化、柔性化装备，提升效率、柔性和质量一致性。例如，加工工艺引入智能数控加工和中心、FMS等；装配工艺引入自动拧紧等；检测环节引入坐标机、激光跟踪仪、视觉/超声等在线检测装置等；物流环节引入 AGV/RGV、智能叉车、立体物料和刀具仓库等；同时，采用机器人/机械手，从事上下料、翻转、搬运、焊接、检测等，针对零件高效、高精加工要求，通过加装传感器实现设备在线监测和零件在线检测，进而通过自适应控制实现智能加工。

（2）智能装备的基础。

①控制器（Controller）。

智能工厂的大脑，是指按照预定顺序改变主电路或控制电路的接线和改变电路中电阻值来控制电动机的启动、调速、制动和反向的主令装置。由程序计数器、指令寄存器、指令译码器、时序产生器和操作控制器组成，它是发布命令的"决策机构"，即完成协调和指挥整个计算机系统的操作。智能工厂中常用的控制器有PLC、工控机等。

可编程逻辑控制器（Programmable Logic Controller，PLC），它采用一类可编程的存储器，用于其内部存储程序，执行逻辑运算、顺序控制、定时、计数与算术操作等面向用户的指令，并通过数字或模拟式输入/输出控制各种类型的机械或生产过程。

②机器人（Robot）。

机器人是智能工厂的执行者，是自动执行工作的机器装置。它既可以接受人类指挥，又可以运行预先编排的程序，也可以根据以人工智能技术制定的原则纲领行动。它的任务是协助或取代人类的工作，例如生产业、建筑业或是危险的工作。机器人一般由执行机构、驱动装置、检测装置、控制系统和复杂机械等组成。

③伺服电机（Servo Motor）。

伺服电机是为智能工厂提供动力的肌肉，是指在伺服系统中控制机械元件运转的发动机，是一种补助马达间接变速装置。伺服电机可使控制速度、位置精度非常准确，可以将电压信号转化为转矩和转速以驱动控制对象。

伺服电机转子转速受输入信号控制，并能快速反应，在自动控制系统中，用作执行元件，且具有机电时间常数小、线性度高、始动电压低等特性，可把所收到的电信号转换成电动机轴上的角位移或角速度输出。分为直流和交流伺服电动机两大类，其主要特点是，当信号电压为零时无自转现象，转速随着转矩的增加而匀速下降。

④传感器（Transducer/Sensor）。

传感器是智能工厂的触觉。传感器是一种检测装置，能感受到被测量的信息，并能将感受到的信息，按一定规律变换成为电信号或其他所需形式的信息输出，以满足信息的传输、处理、存储、显示、记录和控制等要求。它是实现自动检测和自动控制的首要环节。

在智能生产过程中，要用各种传感器来监视和控制生产过程中的各个参数，使设备工作在正常状态或最佳状态，并使产品达到最好的质量。因此可以说,没有众多优良的传感器,智能生产也就失去了基础。

⑤变频器(Variable-Frequency Drive,VFD)。

变频器是智能工厂的交换器。变频器是应用变频技术与微电子技术,通过改变电机工作电源频率的方式来控制交流电动机的电力控制设备。变频器主要由整流(交流变直流)、滤波、逆变(直流变交流)、制动单元、驱动单元、检测单元、微处理单元等组成。

变频器靠内部 IGBT 的开断来调整输出电源的电压和频率,可根据电机的实际需要来提供其所需要的电源电压,进而达到节能、调速的目的;另外,变频器还有很多的保护功能,如过流、过压、过载保护,等等。

⑥电磁阀(Electromagnetic Valve)。

电磁阀是智能工厂的开关。电磁阀是用电磁控制的工业设备,是用来控制流体的自动化基础元件,属于执行器,并不限于液压、气动。用在工业控制系统中调整介质的方向、流量、速度和其他的参数。电磁阀可以配合不同的电路来实现预期的控制,而控制的精度和灵活性都能够保证。

电磁阀有很多种,不同的电磁阀在控制系统的不同位置发挥作用,最常用的是单向阀、安全阀、方向控制阀、速度调节阀等。

⑦工业相机。

工业相机是智能工厂的眼镜。工业相机是机器视觉系统中的一个关键组件,其最本质的功能就是将光信号转变成 AFT-808 小型高清工业相机有序的电信号。工业相机一般安装在机器流水线上代替人眼来做测量和判断,通过数字图像摄取目标转换成图像信号,传送给专用的图像处理系统。图像处理系统对这些信号进行各种运算来抽取目标的特征,进而根据判别的结果来控制现场的设备动作。

⑧仪器仪表(Instrumentation)。

仪器仪表是智能工厂的调节系统。仪器仪表是用以检出、测量、观察、计算各种物理量、物质成分、物性参数等的器具或设备。真空检漏仪、压力表、测长仪、显微镜、乘法器等均属于仪器。

智能工厂中需要应用各种仪器仪表,比如测量压力、液位、流量、温度等一些控制过程所需要的参数值,就需要相关的仪器仪表。

⑨自动化软件(Automation Software)。

自动化软件是智能工厂的心脏。由于工业控制系统的管控一体化趋势控制工程网版权所有,使得工业控制系统与传统 IT 管理系统以及互联网相连通，内部也越来越多地采用了通用软件、通用硬件和通用协议。

比较常见的是 SCADA 自动化系统（Supervisory Control and Data Acquisition）。SCADA 自动化系统就是我们所说的数据采集与监控系统。它主要是受计算机技术的支撑，对各种生产过程进行调度自动化控制的系统。SCADA 自动化系统，可以在无人看管的情况下，自动化对生产进行长时间的精准监控，并且从中获取有效的信息数据，为监管的管理者提供有力的评价参考。

⑩控制柜（Control Panel）。

控制柜是智能工厂的中枢系统。控制柜又包括许多种，有电气控制柜、变频控制柜、低压控制柜、高压控制柜、水泵控制柜、电源控制柜、防爆控制柜、电梯控制柜、PLC 控制柜、消防控制柜、砖机控制柜，等等。智能工厂中涉及电气、变频、电源、水泵等控制柜，根据不同的需求选择不同的控制柜，实现不同的控制功能。

6.2.2 智能生产线的建设规划

生产线的分类，按范围大小，分为产品生产线和零部件生产线；按节奏快慢，分为流水生产线和非流水生产线；按自动化程度，分为自动化生产线和非自动化生产线。

智能生产线规划是智能工厂规划的核心环节。生产线规划就是指将原材料（如毛坯、半成品等）、生产设备、物流设备、附属设施和各种作业（如仓储、搬运等）依照工厂生产流程做适当的安排与布置，以达到工艺流程排布合理、生产物料运输合理，从而使工厂的生产活动顺利有序地进行。

(1) 智能生产线的规划原则。

①整体原则。

统一把制造相关要素"人""机""物""法""环""测""信息"有机统一起来，妥善分配资源，充分保持平衡。

②工艺原则。

生产线布置应符合生产工艺要求的原则。

③顺畅原则。

布局时应使产品在生产过程中流动顺畅，消除无谓停滞，生产流程连续化，无迂回或倒退。

④搬运原则。

尽量将生产中物料的搬运移动减至最低限度，缩短搬运时间，增强生产效率，降低成本。

⑤空间原则。

各种设备以及生产单元间保留适当的空间，以利于操作人员的活动与物料的必要搬运；充分利用立体空间。

⑥通用原则。

要考虑相同设备或相似设备互相使用的可能性和方便性。

⑦安装原则。

根据设备大小及结构，考虑设备安装、检修及拆卸所需要的空间和面积以及顺利进出车间的要求和相应的起重吊装设备。

⑧柔性原则。

面对工序变化、增加等能随机应变、充满柔性，以便于以后的扩展和调整。

⑨管理原则。

规划适当的附属设施及信息化区域，便于生产线的总体管理（例如仓库管理、物流管理、计划管理、刀具管理、MES 机分布、看板）。

⑩安全原则。

布置得使工人既能安全又能轻松作业，要考虑工人疏散和防火灭火措施等。

（2）智能生产线的规划思路。

①整体工艺布局思路。

车间规划要有利于进行专业化、流程化管理，为信息化奠定基础；整体布局符合一个分流原则、辅助功能板块就近原则、物流进出口独立原则、人车料分流原则，实现工艺流、物流、产品流、信息流的有效融合；车间布局尽量采用工装、机加、涂装一体化及装配试验一体化原则；装配生产线重点提升装配过程中的物料、质量流程管理和质量追溯，强化试验数字化管理；机加单元及柔性线功能区清晰，物流简洁，严控线边物料及物流次数，减少工序转运，工序间转运充分考虑智能化；装配生产线及分线部分物料采用拉式配送制，装配生产线设计实现专业化、流水化设计，物流尽量柔性自动化，分装总装进行合理分流；为大幅提升装配生产效率，物流采用桁架、辊道、穿梭车、KBK、积放链等复合物流，尽量支持自动化及半自动化柔性生产；通过虚拟数字技术远程编程，与设备数据互联，短时间内完成换型；打磨、焊接、涂胶、去毛刺等劳动密集型工序，对环境影响比较大，采用在线内应用机器人配吸尘装置完成；各车间根据对生产资源的需求，设置工装、模具、刀具库，采用高位立体库和高位回转库，可以快速根据订单和工艺进行自动配料；仓库设置有打读码装置、扫码枪、管理软件，可以对出入库设备进行有效的数据管理；物料由订单驱动，RGV 或 AGV 小车按照订单通过 MES 系统的优化路径将物料从仓库配送到指定地点，工具和工装配送按照订单配送到指定地点。

②物流布局思路。

在充分研究产品与工艺的基础上，最大程度规划与设计出"一个流"模式的精益生产方式（同步），外部零件入口，成品出口，降低外部车辆对车间的影响；车间物流弱化对天车、叉车等车间唯一及非环保类物流资源的依赖；装配线物流根据零件不同，多姿态零件以 AGV 为主，少姿态零件以辊道、链板、滑橇输送线为主。

③能源规划思路。

通过智能制造大幅度提高设备的有效利用率；充分满足工艺要求的前提下，合理设计厂房结构，最大程度减少能源浪费；利用节能技术和节能装备与设施；充分利用储能技术，利用峰谷平电价降低成本；实施能源的智能管理；科学规划设计建筑空间布局与隔热防热措施与技术；照明、通风，大幅降低建筑能耗。

（3）智能生产线的规划准备。

智能生产线规划设计的前期工作，主要包括以下 4 个方面的内容。

①明确产品需求。

通过初步沟通，了解产品真正的需求和痛点；了解产品需求及行业现有设备及工艺和管理模式；提出针对性的智能化自动加工工艺再造技术方案，并和产品需求方就其可行性进行仔细探讨；产品需求方详细交流，达成比较明确的需求文件。

②确定各种限制性条件。

生产线工作环境条件包括温度、湿度、振动、粉尘、噪声、电磁、化学气体等；场地和空间（设备进出及安装）条件、设备布局规划、前期自动仓库和无人小车运行线路、安全通道限制；水、电（容量、电压波动、接地）、气［压力（负压）、流量］、除尘设施条件；车间生产组织和管理形式、安全管理强制要求的限制；生产线操作和维护维修人员能力水平的限制等。

③生产线的初步方案设计。

仔细研究被加工零件的材料和结构特点、成型过程、加工精度、使用要求等,确定适合智能化自动加工的工艺流程,确定工件输入和输出的状态和方式,选定主要加工工序的加工方法及设备(含工件定位及装夹方法);初步确定工件检测方法及仪器设备,确定工件传送的方式及其装置或设备;初步估算主要工序的加工或检测时间节拍,分解主要工位的动作,确定不可分解的最长工位的节拍时间;根据用户需求和节拍平衡原则,分别确定各主要的加工工位数量;初步规划生产线的布局方案,根据初步方案设计,选定控制系统和确定控制方案;确定伺服电机系列;完成生产线时序图的初步设计;根据时序图给定的各动作节拍以及估算的负载,初步计算各驱动电机的转速、转矩、功率和惯量;初步选定伺服电机。

④有关工艺设备和技术的实验验证。

加工设备和工艺,特别是新工艺的验证能否满足精度和效率的要求;检测设备,特别是激光检测和视觉检测能否满足精度、效率及环境适应性的要求;传感器的准确性(重复精度)和响应特性;控制系统的抗干扰能力。

(4)智能生产线的规划方案。

智能生产线的规划,需要根据生产线要生产的产品族、产能和生产节拍,采用价值流图(VSM)等方法来合理规划。智能生产线的总体规划如图6.2-1所示。

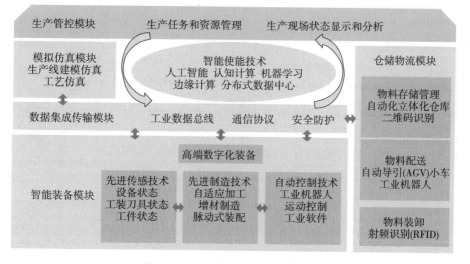

图6.2-1 智能生产线的总体规划

在智能生产线的总体规划中，智能装备和仓储物流构成智能生产线的自动化、数字化硬件基础。智能装备和仓储物流配备有传感器、二维码和射频识别装置，传感器和识别装置所采集的设备监控、制造检测和物料信息数据，按照一定的安全通信协议收集起来，与虚拟仿真数据一起，经工业数据总线交由生产管控模块进行分析处理，显示实时生产状态并生成决策，并由工业数据总线传输到各个执行端迭代循环。生产线网络是双向数据集成传输模块的支撑，分为总控系统网络和执行系统子网络，分别对接生产管控模块和各功能硬件子模块。

智能生产线的智能性主要取决于上述软硬件模块，但真正的智能特征体现在系列智能使能技术对人员分析和决策过程的支撑。智能使能技术将人从繁重的数据分析计算工作中解放出来，以超高效率和准确性为人类决策提供依据（甚至直接决策），将从数据中提炼形成的经验知识应用到生产线中，重新收集分析数据并不断获取新的知识。

智能生产线更详细的设计，主要包括以下几个方面。

——机台布局设计。机台布局的详细设计包括生产线主机、外观、操作站（控制面板）、外电柜及电缆（桥架）、冷却机组及管道、压缩空气系统、真空泵及管道、除尘设备及管道等，需要满足工件加工检测工艺流程的要求，满足工件传送要求，满足精加工和检测对环境（振动、粉尘、电磁干扰等）的要求，同时方便人工巡检观察，满足生产线上下料及安装调试、设备维护维修空间的要求。

——机械结构设计。包括3D模型及工程图绘制；功能部件比如电主轴、滚珠丝杠、直线导轨、减速机、气缸及气液增压缸等的计算选型，传感器比如光栅尺、对刀仪、位置/压力/温度传感器等的选型；同时，需要校核伺服电机选型，重要结构和部件的强度、刚度以及动态特性校核等。

——检测方案及算法程序设计。电子塞规、对刀仪等接触式检测；各型号光电传感器的光电感应检测；气缸活塞位置传感器等磁感应检测；点光源、线光源距传感器的激光检测；相机、光源配置的机器视觉检测；另外，还包括各种图像识别和数据处理算法及其程序设计。

——控制方案及软硬件设计。包括选定控制系统，控制信息传送方式及控制系统硬件结构设计，控制系统功能模块和界面设计，以PLC程序设计。

——外观设计。外观的功能方面，包括操作面板、线/管等安装的基础，设备和人员的安全防护，环境保护和装饰美化设备等。外观设计的要求方面，要满足功能需求，适合车间总体环境要求（造型、颜色等风格协调），方便设备维护维修，以及尽量减少占地面积。

——仿真验证。包括模型结构验证、运动的正确性验证、检验设计虚拟模型的干涉、辅助PLC控制程序设计等。

（5）智能生产线的关键技术。

智能生产线建设与运行中涉及的关键技术主要有：生产布局建模仿真与优化、生产资源规划与动态调度、对多源信息的全面和实时采集、多源信息在生产系统各要素间的动态通信、基于实时生产状态的数据资源聚合和分析决策、数字量驱动的车间/生产线精准运行等关键技术。这些关键技术是赛博物理生产系统技术的重要组成部分，是建立自组织、自学习、自适应和自优化的生产系统的核心技术。

（6）智能生产线的建设要点。

①生产线工艺布局。

军工产品批量较小且种类多样，单个零件加工工序数量和种类都较多，且存在多型号混线生产情况，实际生产过程中会出现很多问题且较难解决。通过虚拟仿真技术建立大量设备模型，可以快速实现智能生产线布局设计，在虚拟环境快速模拟生产线布局及生产线上的工艺流程、制造过程、物流过程、人因工程，达到生产线综合性能最优化。在虚拟空间实现各生产要素的集成和优化，将生产过程中的冲突与失误暴露在仿真验证阶段，最大程度解决生产线工艺布局不合理带来的物流浪费、任务负荷不合理等问题。

生产线的流畅运行，必须建立在每个生产节点正常工作的基础上。智能生产线获取零件数字化模型后，应用数字化三维工艺设计与仿真技术完成现有资源状态下的工艺规划、工艺设计和工装设计，预先分析、评估产品制造过程的工艺性，降低物理验证成本。

②生产线智能化集成。

集成代表制造企业核心能力的先进制造工艺技术和管理流程，配以信息化和智能化技术集成来实现核心工艺过程的自动化、数字化和智能化是智能升级的必修课。另外，数字化编程技术是实现先进工艺技术和发挥高端数字装备潜力的重要辅助技术。开展关键零部件基于模型特征的自动识别和自动化编程技术，实现工艺参数自动加载和刀具的自动选取调用，是实现生产线智能化集成的重要技术环节。

另外，依赖先进传感技术，实现智能生产线对数据的实时获取，最终实现从定性定量相结合的检测到全定量检测、从模拟检测到数字化检测的转换。首先，零件形貌尺寸的检测在传统制造过程中就是关键的检验工序，用以表征复杂零件的加工能否满足设计图样要求。传统生产线允许不同工序间的装夹以保证核心参数的必要检测，但是在智能生产线中，对流程的自动化要求迫使必要的检验环节在线实时化。其次，贯穿设计、工艺、制造、检测的唯一零件数据源要求在加工过程中的全尺寸符合性，集成在智能装备上的在线传感装置获取的零件状态与三维数据源的反复比对反馈是智能生产线自决策和自执行的依据。基于以上情况分析，针对相应典型零件开发适用的先进传感技术是智能生产线集成的必需技术之一。

③生产线实时监控。

自动化是智能化的基础，所以要达成传统装备向智能装备的升级，通过自动化控制技术完成软硬件的集成运行是必不可少的。实现自动化的基础包括自动化设备、工业机器人、工业芯片等设备器件，还有与硬件配套的运动控制逻辑、可编程逻辑控制器程序以及外化的嵌入式软件或工业软件。各种工业软件被植入生产设备的嵌入式系统中，按照预先设定的逻辑算法控制相关硬件完成受控动作，通过电子看板显示生产线实时的生产状态，达到自动化控制、监测、管理各种设备和系统运行的目的。

④生产线的自动识别。

物物互通以及人物互通是智能制造的基本特征，也是完成智能生产线集成的重要方面。军工智能生产线的建设包括各种设备、工装、物料、产品甚至人员的集成，其中工装、物料、产品和人员的频繁流动，要求智能生产线具备精确识别各种生产资料的能力，这既是达到数字化生产的要求，也是航空发动机行业保密和安全生产的要求。对工装物料等生产资料的自动识别技术一般包括射频识别和二维码识别技术，还包括在检测过程中使用的机器视觉等技术；对人员的自动识别技术一般包括虹膜、指纹、声音和面部识别等生物识别技术。

⑤生产线的仓储物流。

在生产线层级范围内，仓储物流涉及物料存储及管理、物料传送和物料装卸等方面的技术，执行系统在自动识别技术的辅助下完成相应的物料运送任务。物料存储设备一般为自动化立体仓库，配有二维码打标识别技术，能根据生产线要求管理并准确提供所需物料；物料传送通常采用工业机器人及其控制系统来执行，配合自动导引（AGV）小车及传送带等自动化设备完成零件物料的搬运和装卸，实现物料在智能生产线的有序流动；装卸单元需要具备物料信息读取和传输功能，一般采用射频识别（RFID）技术识别刀具及工装夹具信息。

⑥生产线的数据传输。

数据集成传输技术是实现设备及系统互联互通，支撑装备、软件、测量仪器等各种指令及数据传递的通道，是集成各要素形成有机整体的纽带，涉及接口层、互联层和传输层相关技术。面对庞大的数据量和数据类型，单一要求数据集成传输网络的兼容性是远远不够的，如何梳理和表达不同来源的数据类型，考虑在不丢失数据价值的前提下完成数据的集成与传输才是建设企业网络的最终目的。数据集成与传输网络要解决企业内信息集成中实现异构数据整合与实时分析的问题，需要涉及工业数据总线和通信协议等技术。

（7）智能生产线的装配、调试及优化。

①生产线的装配。

认真制订装配工艺及其检验标准，严格按照工艺规定的方法和标准执行，同时注意细节，比如螺钉防松、电线及气管的排布等。

②生产线的调试。

划分调试阶段，明确各阶段的调试内容，制订调试方案，注意调试顺序及有关细节，比如确认极限开关及有关传感器的有效性，确认有关逻辑关系的正确性等。

③生产线的优化。

主要是生产线机械结构的优化，传感器及功能部件的选型优化，动作顺序及逻辑关系的优化，生产线时序图的优化，检测方案硬件及算法优化，控制系统软件优化等。

6.3 智能工厂物联网环境建设

6.3.1 工业物联网在智能工厂中的定位

在智能工厂内部，工业物联网和工业互联网是两大通信设施，如图 6.3-1 所示。

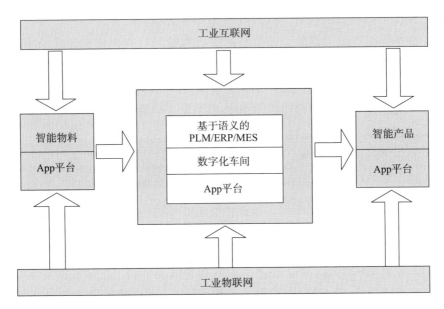

图 6.3-1 工业物联网在智能工厂的定位

工业互联网连接供应商，并支持生产计划、物流、能源和经营管理相关的 ERP、PLM 等系统的信息通信集成。

工业物联网支持制造过程的设备、操作者与产品的互联，实现 MES、数控机床、机器人等物理单元的信息通信，还通过 CPS 手段实现与信息空间的集成。

工业物联网环境下的智能工厂，至少可以实现以下五个功能，即电子工单、生产过程透明化、生产过程可控化、产能精确统计、车间电子看板。通过这五大功能，不但可实现制造过程信息的视觉化，对于生产管理和决策也会产生许多作用。

处于体系结构顶端的各种应用是工业互联网的价值所在，通过对生产流程的监控和生产设备运行状况的跟踪，利用 ERP、MES 实现资源的最佳配置和生产流程的优化，以此降低能源消耗、提高生产效率。比如，计划与工厂现场信息共享，可以用更科学的方式排定生产流程；促进生产现场与支持协调同步，减少停机损失；及时发现设备人员等异常，快速做出回应；提高人均效率，减少人工使用；自动采集加工绩效，创造公平的劳动环境；资料采撷和利用，支持企业管理层面的科学决策。

工业物联网环境下的智能工厂，可以将企业信息化的效能，延伸到生产工厂，直达最底层的生产设备，并通过实时监控和预报警机制，弥补企业管理资源的不足。而详尽的原始资料,可让企业了解如何快速、大幅度地降低生产成本,持续地提供管理水平、经营绩效和综合竞争力,推进传统制造业转型升级。

6.3.2 智能工厂对物联网环境的要求

(1) 自组织网络。

在智能工厂中,大量终端例如移动机器人、手持 PDA 等设备都是随机移动的,即使是固定设备也会在一个时段内表现不同的加工状态(如电机的旋转或者停止),这些联网设备的网络的拓扑、信道的环境、业务模式都是随着这些节点状态动态改变的。因此,面向复杂制造环境建立一个节点能够动态地、随意地、频繁地进入和离开网络的多跳自组织网络十分必要。

(2) 工业物联网的实时性。

智能工厂中部署的大量传感器节点可搜集不同的参数,这些信息根据重要性,被划分不同的传输优先级。工业过程数据传输的时效一般在 0.001~0.5s,需要很高的实时性和可靠性,但是现场设备检测数据时效性则长达 1s 以上。因此,工业过程数据传输比设备环境检测数据具有更高的优先级,如何满足智能工厂多优先级异构数据收集和传输对工业物联网实时性提出了更高的挑战。

(3) 工业物联网智能信息处理。

智能工厂感知层中成千上万的传感器时刻产生海量的数据,而物联网智能信息处理的目标就是把这些信息收集起来,通过数据挖掘等技术从原始数据中提取有用信息,为 MES 层提供数据支持。信息处理的流程一般分为信息获取、表达、量化、提取和推理阶段,每个阶段数据处理的好坏都关系着物联网技术能否得到大规模的应用。

(4) 与设备智能互联。

智能工厂中的设备来自不同厂家,出于利益原因他们会采用不同标准和协议,这种不统一阻碍了物联网的发展。鉴于目前业内多总线体系已经形成,更换设备至统一标准不现实。因此,找到一个多协议、多接口的中间平台对不同通信协议数据进行标准化处理从而实现不同设备之间互联互通才是关键。

6.3.3 物联网环境建设的核心问题

(1) 全互联制造网络。

工业物联网的最终目标是实现"广泛互联互通、透彻信息融合、综合智慧服务"。因此，智能工厂中的网络必须要实现不同设备之间互联和异构传输网络之间的互通。但是，目前由于缺乏标准化的可互操作的信息交换协议，物联网中采集的信息往往是封闭的、孤立的，这严重阻碍物联网的大规模应用。因此，需要研究出一套能够解决多源异构信息的融合方法。

（2）物联网中的数据采集。

工业物联网领域的传感器不但要追求低成本，更要具备较高性能。智能数据采集是工业物联网在智能工厂中应用的一个重要内容，但应用成本较高、系统可靠性较差等问题有待解决。

（3）物联网中的数据处理。

智能工厂中底端设备层是数据的来源，时刻产生 GB 甚至 TB 级的海量感知数据。这些数据除了海量性以外，还表现为来自不同设备产生的数据异构性、网络传输和控制的实时性以及现实环境下受工艺、硬件资源限制导致的数据不确定性。因此，对不同特征的数据进行高效处理、分析，提炼对工业生产有指导性的信息，是工业物联网信息处理的核心所在。

（4）工业网络安全性。

物联网的信息安全涉及感知层、传输层和应用层。感知层是数据的来源，其安全性也是围绕如何保证数据收集完整性和机密性展开的。传输层中海量的信息面临网络拥塞、异构网络跨网认证、DoS 攻击、异步攻击等诸多问题。应用层收集和分析大量隐私数据，在处理和应用过程中都需要对其进行安全保护。

6.3.4 工业物联网的体系结构

工业物联网是整个智能工厂的控制层，用于完成数据的传输、集成等任务。它主要包括数据采集与监控系统、安灯管理系统、设备设施能源监测系统、机器视觉识别系统、在线质量检测系统、车间环境监控系统、设备联网系统及人机交互系统等。工业物联网的结构框架如图 6.3-2 所示。

如图 6.3-2 所示，处于智能工厂底端的现场设备（各种传感器、机床、AGV）和控制设备（PLC 控制器等），通过现场总线控制网络（CAN 总线、Profibus 等）实现工业环境的数据感知和控制命令的下发；同时，工业无线传感器网络（WSN）以其灵活组网、可靠通信的优势与现有总线

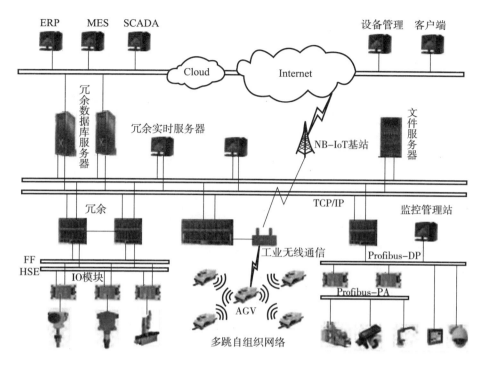

图 6.3-2 工业物联网的结构框架

网络并存,在工业控制领域发挥巨大作用。

与传统物联网框架不同的是,该框架加入了由工业数据服务器、文件服务器、实时服务器构成的 SCADA 系统。一方面对一些实时性较高的控制命令,能够快速响应及时做出决策。另一方面通过数据库服务器把来自工厂底端的数据发布到顶端应用层,实现对数据的进一步分析和处理;数据分析和处理的结果通过以太网或 Internet 网络随时随地进行传送。

6.3.5 智能工厂的物联网平台搭建

在智能工厂中,工业物联网是涵盖了从生产到服务、从设备层到网络层、从制造资源到信息融合的宽域、多级、深度的融合体。在智能工厂中,通过物联网平台,充分应用云计算、大数据、数字虚拟等新一代信息技术创新成果,可以达到提高生产力和工作效率、降低成本、减少资源使用的目标。

物联网网络内相关数据的流动方向及数据处理方式可以将智能工厂的物联网平台分为传感网络层、传输网络层和应用网络层三个层次,如图 6.3-3 所示。

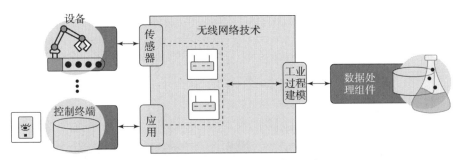

图 6.3-3　智能工厂的物联网平台

①传感网络层。

以二维码、RFID、传感器为主,主要对制造业的加工设备、流水线等工业设备进行识别,并将感知信号进行数据采集。作为一种检测装置的工业传感器,它能够测量或感知制造业设备或产品的位置状态、温度变化、浓度大小、流量趋势等,将离散制造或流程制造中相应的物理量转化为能信号传输、能数据处理、可数字存储的电量信号、通信代码或其他形式信息。它是实现制造业智能检测和智能控制的前提,通过各个有效参数信号的读取操作,来监控生产过程。

②传输网络层。

通过 ZigBee、Wi-Fi、Lora、广电网、移动通信网等无线网络技术,实现数据的传输和计算。在智能工厂中,无线网络是一种由大量随机分布的网状网络,连接相关各个传感器节点,其网络构成具有自组织能力,同时以泛在协同、异构互连的特点来进行信号传输。

③应用网络层。

各种输入和输出的控制终端,包括电脑、触摸屏、PAD、手机等智能终端。在智能终端上显示的各类应用,都是经过了数据处理组建后的工业过程建模,并以一定的可具象方式进行表达。

在智能工厂的物联网平台中,还需要解决以下两个标准化问题。

①硬件接口标准化。保持一致规则的硬件接口,确保不同的物联网传感设备厂商,在接入无线网络中保证数据传输的有效性。

②数据协议标准化。数据协议指物联网平台的三个层横向与纵向的数据流交换协议,该数据流可以分为控制数据流和管理数据流。

6.4　智能生产管控平台建设

智能生产管控平台建设,应按照工艺设计要求,实现整个生产制造过程的智能化生产、有限能力排产、物料自动配送、状态跟踪、优化控制、智能调度、设备运行状态监控、质量追溯和管理、车间绩效等；对生产、设备、质量的异常做出正确的判断和处置；实现制造执行与运营管理、研发设计、智能装备的集成；实现设计制造一体化，管控一体化。

智能生产管控平台建设要达到的目标是，通过对智能装备、智能物流、智能管理的集成，排除影响生产的一切不利因素，优化车间资源利用，提高设备利用率，降低车间物料在制数，提高产品质量，提高准时交货率，提高车间的生产制造能力和综合管理水平，提高企业快速响应客户需求的能力和竞争能力。

6.4.1 总体框架

智能生产管控平台的总体框架如图6.4-1所示。智能生产管控平台在信息物理融合系统和标准规范的支持下，主要由智能装备与控制系统、智能仓储和物流系统、智能制造执行系统3部分组成。

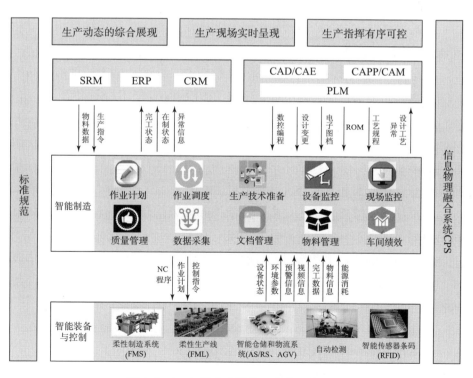

图6.4-1 智能生产管控平台的总体框架

6.4.2 智能装备与控制系统

智能装备与控制系统是智能生产系统的基础装备，它由若干柔性制造系统 FMS 组成。按照国家军用标准定义："柔性制造系统是由数控加工设备、物料运储装置和计算机控制系统组成的自动化制造系统。它包括多个柔性制造单元，能根据制造任务或生产环境的变化迅速进行调整，适用于多品种、中小批量生产。"柔性制造系统有以下特征。

①机器柔性：系统的机器设备具有随产品的变化而加工不同零件的能力。

②工艺柔性：系统能够根据加工对象的变化或原材料的变化而确定相应的工艺流程。

③生产能力柔性：当生产量改变时，系统能及时做出反应而经济地运行。

④维护柔性：系统能采用在线监控方式、故障诊断技术，保障设备正常进行。

⑤扩展柔性：当生产需要的时候，可以很容易地扩展系统结构，增加模块，构成一个更大的制造系统。

⑥运行柔性：利用不同的机器、材料、工艺流程来生产一系列产品的能力，以及同样的产品改用不同工序加工的能力。

（1）柔性制造系统的主要功能。

①能自动管理零件的生产过程，自感知加工状态，自适应控制、自动控制制造质量，自动进行故障诊断及处理，自动进行信息收集及传输。要做到这些，知识库和专家系统是必不可少的。

②简单地改变加工工艺过程，加载不同的数控程序，改变加工参数就能制造出某一零件族的多种零件。

③在柔性制造系统的线边，设有物料储存和运输系统，对零件的毛坯随行夹具、刀具、零件进行存储，并按照系统指令将这些物流自动化传送。

④能解决多机床条件下零件的混流加工问题，且无须额外增加费用。

⑤具有优化调度管理功能，能实现无人化或少人化加工。

（2）柔性制造系统的分类。

柔性制造系统分为柔性制造系统（FMS）、柔性制造单元（FMC）、柔性生产线（FML）三类。

①柔性制造系统。

由3~5台数控设备、物料运贮装置和计算机控制系统组成。它能比较完整地完成一组零部件的加工任务。

②柔性制造单元。

可视为一个规模最小的FMS，它是由1~2台加工中心、工业机器人、数控机床及物料运送存储设备构成。其特点是实现单机柔性化及自动化，具有适应多品种加工甚至单件生产的灵活性。目前已进入普及应用阶段。

③柔性生产线。

由数控机床、工业机器人、专用设备、检测设备组成的自动化生产线，用于少品种、中大批量生产，是相对专用的FMS。其特点是实现生产线柔性化及自动化，如焊接自动线、装配自动线。

（3）柔性制造系统的构成。

典型的柔性制造系统由5个部分组成：智能加工系统、线边仓储和物流系统、智能控制系统、智能调度系统和辅助系统。

①智能加工系统。

智能加工系统随制造工艺的不同而不同，金属切削加工、钣金加工主要使用数控机床、数控加工中心、专用数控机床；焊接、装配主要使用工业机器人、检测设备。

设备的配置按照成组工艺的原理，将形状相似、尺寸相近、加工工艺相似的零件按加工要求配置成一组设备，让这组零件基本上在一条FMS上完成。这样一个企业会建设若干条FMS，例如回转体加工线、箱体加工线、非回转体加工线、钣金加工线、焊接加工线、装配线等。这些线或制造单元，通过信息物理融合系统CPS实现物与物、物与控制系统、研发设计系统、经营管理系统、制造执行系统的集成，实现智能制造。

②线边仓储和物流系统。

为了让柔性制造系统在无人或少人的环境下工作，一般在FMS线边设小型自动化立体仓库，储存毛坯、零件、随行夹具、刀具等物料；物料配送装置由工件装卸站、托盘缓冲站、工件中间存储站、物料运送装置如传送带、自动运输小车、搬运机器人组成。

物料和位置识别系统可实现物料自动储存和自动配送作业；仓储和物流系统的控制器，接受FMS单元控制器的生产指令，完成移动托盘、装夹毛坯、送机床加工、移动到下道工序、卸载零件、托盘返回等操作，如此循环。

③智能控制系统。

智能控制系统由五级递阶控制系统组成。从上往下依次是工厂层、车间层、单元层、工作站层和设备层，如图6.4-2所示。

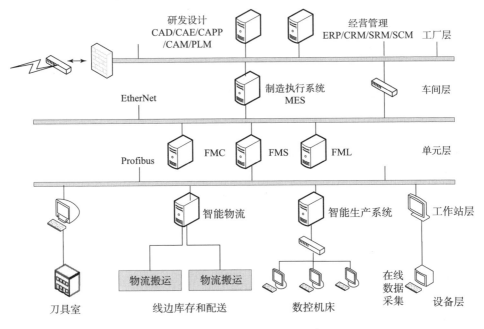

图6.4-2 车间递阶控制系统

——工厂层。工厂层由研发设计系统 CAD/CAE/CAPP/CAM/PLM 及经营管理系统 ERP/CRM/SRM/SCM 组成。研发设计系统向智能生产系统传递物料主数据、产品设计图档、加工工艺路线、数控程序、生产准备需求、设计变更信息等。经营管理系统向智能生产系统传递生产指令（物料需要计划经确认的生产订单）、采购供应信息、库存信息、计划变更信息。

——车间层。设置制造执行系统 MES，对车间的多条柔性制造系统进行管理和控制，对整个车间的人机料法环进行管理。根据车间作业计划的安排，向柔性制造单元下达生产指令。按生产指令的要求，进行生产技术准备，并向工厂的物流系统下达物料配送要求，将物料送达线边库；将设计图档、工艺文件、数控程序下达单元控制器。经数据采集系统采集实际执行情况，做出智能调度指令。

——单元层。单元控制器负责柔性线内部的管理和控制，按照 MES 下达的生产指令，获取工艺路径规划、NC 程序，进行刀具准备、工装与工件毛坯准备、系统配置与数据核对。执行加工过程的控制：工件装夹，送工件至指定机床，下载数控程序，加工，送工件至下道工序，直至加工完成，卸下工件，托盘返回装夹站。单元控制器在系统加工过程中，依据系统当前的实时状态，对生产活动进行动态优化控制。

——工作站层。制造工作站对机床运行进行控制，物流工作站对线边库存和物流传送进行控制，刀具工作站对刀具刃磨及对刀进行管理和控制。有的系统不设工作站层，将其功能分配到单元层。

——设备层。设备控制器通常由设备制造商提供，运行在设备控制系统上，如数控系统 NC、计算机数控系统 CNC 等。设备控制器的主要功能是对设备进行控制和管理，实现相应的功能。对于集成到 FMS 中的设备还必须实现与 FMS 接口功能。

④智能调度系统。

车间智能调度系统分为两级，一级是制造执行系统（MES）。它接受物料需求计划的生产指令，按照车间的生产布局（机群式生产、流水生产）将生产任务分配到机群、FMS、流水生产线。另一级是智能装备与控制层，它的智能调度体现为在一条柔性制造系统（FMS）内部或一条流水生产线内部，将生产任务分配给每台机床，并根据生产任务调度并控制零件的装卡、运输、装载、加工、检验全流程。

⑤辅助系统。

除上面讲的柔性生产系统、线边仓储和物流系统外，为了保障系统的运行，根据加工对象的不同，还需要配备一些辅助系统，如刀具储运、刃磨和对刀系统，夹具、量具储运系统，切屑清理和处理系统等。

6.4.3 智能仓储和物流系统

在智能装备与控制系统中我们简单讲述了柔性制造系统线边的仓库和线内的物流传送系统。这里我们讲的是企业进出厂的仓储物流系统。

从精益生产的角度，我们希望库存越少越好，但是受到供货批量、供货半径、运输成本等因素的影响，有时库存又是必需的。建设智能仓储和配送系统是实现智能生产的重要组成部分。

智能仓储和物流系统的建设首先要根据企业存放物料的要求，进行全厂的物流规划，包括仓库的选址、仓库的形式、作业方式、货位单元的形式及规格、库存的容量、货位运输配送的方式等。这里我们仅就系统的基本构成和应该具备的功能进行描述。

智能仓储和物流系统由仓储物流信息管理系统、仓储物流自动控制系统、仓储物流设施设备系统组成，如图6.4-3所示。

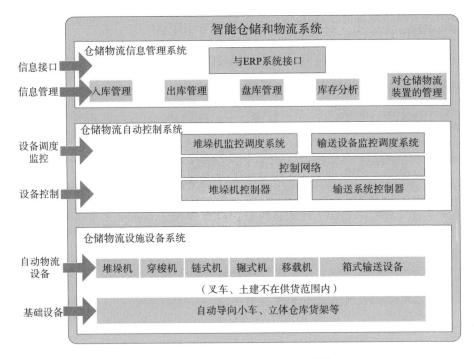

图6.4-3　智能仓储和物流系统总体框架

（1）仓储物流信息管理系统。

仓储物流信息管理系统对整个进出厂物流、生产过程物流进行管理。

①入库管理。

从 ERP 系统读取采购订单、供应商到货单，开具质检单，进行质量检测，合格后分配货区货位，配盘，上架，完成入库记录的维护。一般用条形码或 RFID 进行物流的跟踪。

②出库管理。

出库包括销售出库和生产领用出库。机械制造业最复杂的出库是生产出库。生产出库是生产计划部门根据生产计划（可以是批量的，也可以是准时制 JT）、物料清单 BOM，开具领（送）料单，库房读取出库单，指挥堆垛机械进行出库作业。堆垛机械可以按照准时化生产的要求进行多品种物料自动下架处理，经过运输机构送至分拣台。分拣工按照车间和生产线的不同进行物料的分拣、配盘，通过传送带、VGA 等运输工具将物流送至缓冲区或者工位，车间签收完成出库。

销售出库是销售部门开具销售出库单，装载机出货，按照客户订单装箱、装车。

①盘库管理。根据周期盘点、分区盘点、动态盘点等不同的盘点策略，在堆垛机和条码的配合下，进行实物盘点作业，生成盘亏盘盈表，经过流程审批，更正库存数据。

②库存分析。进行库存资金占用分析、呆滞物料分析、盘亏盘盈分析库存周转天数分析等。

③对仓储物流装置的管理。向仓储物流装置的装载机、运输机、自动引导小车下达作业指令。

（2）仓储物流自动控制系统。

仓储物流自动控制系统由堆垛机控制器、输送机控制器（包括AGV车载控制器）、堆垛机监控调度系统、输送设备监控调度系统、控制网络等构成。它们按照管理系统下达的生产指令以及设备运行逻辑程序进行堆垛机、输送机、AGV小车的运行。其中有一些优化算法，如装载机、AGV的最短路计算，装载机的自动回位，AGV的自动充电策略等。每个控制系统都会接收传感器、监测设备的信息，实现对运行设备的监控。

（3）仓储物流设施设备系统。

仓储物流设施设备系统由自动物流设备和基础设备组成。自动物流设备包括堆垛机、入出库输送机（例如穿梭机、链式机、辊式机、移载机等）、自动导向小车、立体仓库货架、钢架等。

①堆垛机。

有轨巷道堆垛起重机是高层货架内存取货物的主要起重运输设备。

②入出库输送机。

入出库输送机是将入库托盘货物输送至有轨巷道堆垛机作业原始位置，或将出库托盘货物输运至出库端口的水平输送设备。

③自动导向小车。

自动导向小车无轨道，可以由外部控制的自由运行的电动小车，以蓄电池作为电源，用某种制导方法（电磁制导及光学制导）控制其运行路线，不需设置导轨，有最好的柔性，通过编程可以向任意位置配送物料，适应生产布局的变化。在柔性制造系统中被广泛使用。

④立体仓库货架。

立体仓库货架是高层货架存储区中存放托盘货物的主要设备，要求有足够的强度和刚度及整体稳定性（抗震等级按 8 级考虑），而且尺寸要求精度高，形式采用组合装配横梁式。货架主要由货架片、立柱、横梁、纵梁、斜拉筋等组成。

6.4.4 智能制造执行系统

制造执行系统（Manufacturing Execution System，MES）作为智能工厂的枢纽，已经成为军工企业应打造的核心应用。

（1）MES 的内涵。

MES 作为生产形态变革的产物，其起源为工厂的内部需求。20 世纪 80 年代后期，美国在总结 MRP Ⅱ 实施成功率较低的教训，并吸收日本准时制生产系统（T）经验的基础上，提出既重视计划又重视执行的管理新思想，提出制造执行系统的概念。

美国制造执行系统协会（Manufacturing Execution System Association，MESA）对 MES 所下的定义是："MES 能通过信息传递对从订单下达到产品完成的整个生产过程进行优化管理。当工厂发生实时事件时，MES 能对此及时做出反应、报告，并用当前的准确数据对它们进行指导和处理。这种对状态变化的迅速响应使 MES 能够减少企业内部没有附加值的活动，有效地指导工厂的生产运作过程，从而既能提高工厂的及时交货能力、改善物料的流通性能，又能提高生产回报率。MES 还通过双向的直接通信在企业内部和整个产品供应链中提供有关产品行为的关键任务信息。"

MESA 在 MES 定义中强调了以下 3 点。

①MES 是对整个车间制造过程的优化，而不是单一地解决某个生产瓶颈。

②MES 必须提供实时收集生产过程中数据的功能，并做出相应的分析和处理。

③MES 需要与计划层和控制层进行信息交互，通过企业的连续信息流来实现企业信息全集成。

（2）MES 的发展。

MES 的发展经历了以下三个阶段。

①单点 MES（Point MES）。

针对某个单一的生产问题如制造周期长、在制品库存过大、产品质量得不到保证、设备利用率低、缺乏过程控制等，提供的相应软件如作业计划与控制、物料管理、质量管理、设备维护和过程管理等。

②项目型 MES。

实现了与计划层和控制层的集成，具有丰富的功能、统一的数据库。依赖特定客户环境，柔性差，缺少通用性、灵活性和扩展性。

③产品型 MES。

参数化、平台化的 MES 软件产品，通用，可客户化，易扩展。

(3) MES 的特点。

MES 具有如下一些功能特点。

①实时指挥。

基于生产要完成的目标和生产现场的实际情况，全面指挥人、机、物，包括对机加、装配、测试、质检、物流、现场工艺和设备维护人员的指挥，以便大家协同高效地工作。

②精益生产。

精益生产是 MES 的指导思想，MES 围绕精益生产展开，解决生产什么（计划、调度）、如何生产（工艺、现场指示、设备控制）、用什么生产（人工管理、物料调达和设备维护）、质量控制和完成情况的实时获取（同步采集），其核心目标是"保质保量低成本"地完成生产目标。

③即时协调。

俗话说"计划赶不上变化"，实际生产难免发生异常，如物料调达异常、零件质量异常、设备异常等。当这些异常发生时，MES 通过调度和同步两个层次，完成详细进度计划的更新，使进度计划重新回到"协调"状态。

④智能化。

MES 对自控设备进行集中控制和采集，实现生产线的智能化。MES 实现的智能化，在单个设备智能化或单个自控系统智能化之上，是设备联网以及设备与生产计划/进度的协同，是管控一体化。

⑤同步（期）物流。

物流管控是精益生产的重要内容，MES 的物流体系，不但包括各种物料上线调达方式、在线库管理，而且支持从拉料指示、外购库/自制件库管理，直至成品库和成品物流的全方位物流管理，并与生产实绩关联实现同步（期）物流。

(4) MES 的作用。

MES 系统可为工厂带来的好处如下。

①优化企业生产制造管理模式，强化过程管理和控制，达到精细化管理目的。

②加强各生产部门的协同办公能力，提高工作效率、降低生产成本。

③提高生产数据统计分析的及时性、准确性，避免人为干扰，促使企业管理标准化。

④为企业的产品、中间产品、原材料等质量检验提供有效、规范的管理支持。

⑤实时掌控计划、调度、质量、工艺、装置运行等信息情况，使各相关部门及时发现问题和解决问题。

⑥最终可利用 MES 建立起规范的生产管理信息平台，使企业内部的现场控制层与管理层之间的信息互联互通，以此提高企业的核心竞争力。

(5) MES 与其他信息系统之间的关系。

美国先进制造研究机构（AMR）通过对大量企业的调查，发现现有的企业管理系统普通由以 ERP 为代表的企业管理软件，以 SCADA、HMI（Human Machine Interface）为代表的生产过程监控软件和以实现操作过程自动化，支持企业全面集成模型、一个制造企业的制造车间是物流与信息流的交汇点，企业的经济效益最终将在这里被物化出来。附着市场经济的完善，车间在制造企业中逐步向分厂制造过渡，导致其角色也由传统的企业成本中心向利润中心转化，强化了车间的作用。因此，在车间内承担执行功能的 MES 具有十分重要的作用，从这个模型可以看出，MES 在计划管理层与底层控制之间架起了一座桥梁，填补了两者之间的空隙。

一方面，MES 可以对来自 ERP 软件的生产管理信息细化、分解，将操作指令传递给底层控制；另一方面，MES 可以实时监控底层设备的运行状态，采集设备、仪表的状态数据，经过分析、计算与处理，触发新的事件，从而方便、可靠地将控制系统与信息系统联系在一起，并将生产状况及时反馈给计划层。

对车间的实时信息的掌握与反馈是 MES 正常运行上层计划系统的保证，车间的生产管理是 MES 的根本任务，而对底层控制的支持则是 MES 的特色。

MES 作为面向制造的系统必然要与企业的其他生产管理系统有密切关

系。MES 在其中起到了信息集线器（Information Hub）的作用，它相当于一个通信工具，为其他应用系统提供生产现场的实时数据。

一方面，ERP 系统需要 MES 提供的成本、制造周期和预计产出时间等实时的生产数据；供应链管理系统从 MES 中获取当前的订单状态、当前的生产能力以及企业中生产换班的相互约束关系；客户关系管理的成功报价与准时交货取决于 MES 所提供的有关的生产实时数据；产品数据管理中的产品设计信息是基于 MES 的产品产出和生产质量数据进行优化的；控制模块则需要时刻从 MES 中读取生产工艺和操作技术资料来指导人员与设备进行正确的生产。

另一方面，MES 还要从其他系统中获取相关的数据，以保证 MES 在工厂中的正常运行。例如，MES 进行生产调度时数据来自 ERP 的计划数据；供应链的主计划和调度控制着 MES 中生产活动的时间安排；PDM 为 MES 提供实际生产的工艺文件和各种操作参数；由控制模块反馈的实时生产状态数据被 MES 用于进行实际生产性能评估和操作条件的判断。

MES 与其他分系统之间有功能重叠的关系，例如 MES、CRM、ERP 中都有人力资源管理，MES 和 PDM 两者都具有文档控制功能，MES 和 SCM 中也同样有调度管理等，但各自的侧重点是不同的。各系统重叠范围的大小与工厂的实际执行情况有关，而且每个系统的价值又是唯一的。人力资源管理，MES 和 PDM 两者都具有文档控制功能，MES 和 SCM 中也同样有调度管理等，但各自的侧重点是不同的。各系统重叠范围的大小与工厂的实际执行情况有关，而且每个系统的价值又是唯一的。

（6）MES 成为智能工厂的核心。

2000 年，针对生产制造模式新的发展，国际著名的咨询机构 ARC 详细地分析了自动化、制造业以及信息化技术的发展现状，针对科学技术的发展趋势对生产制造可能产生的影响进行了全面的调查，提出了多个导向性的生产自动化管理模式，指导企业制订相应的解决方案，为用户创造更高价值。其中，从生产流程管理、企业业务管理一直到研究开发产品生命周期的管理而形成"协同制造模式"（Collaborative Manufacturing Model，CMM）。按照这一模式，智能工厂可以从生产制造、供应链、工程技术三个维度来进行描述，如图 6.4-4 所示。

①生产制造。

从 ERP 的产品计划出发，通过计划 MRP 展开上游生产环节的生产计

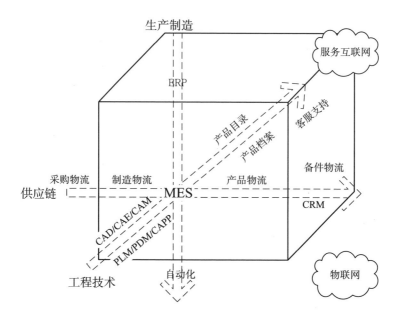

图 6.4-4 MES 是智能工厂的核心

划,把生产计划细化并派分到设备/人工,详细排程,并根据生产进展和异常进行动态排程、分批次管控或单台管控、设备联网采集和控制、采集实绩并报工。

②供应链。

通过 SRM、采购物流和制造物流,令外购、自制和外协物料准时调达生产现场,批量或单件管控,支持智能料架、AGV 和集配等,并对在线库扣料、在制品和成品进行管控,支持生产判断和缺料预警。

③工程技术。

MES 管理 MBOM、辅助工艺或现场工艺,支持差异件指示、装配指示、现场看图和装配仿真等,并根据关重件、物流追溯和 MBOM 等形成产品档案。在"个性化生产"时代,产品档案是客服支持(CSS)的主要数据源。

生产是工厂所有活动的核心,MES 是智能工厂三个维度的交叉点和关键点,是智能工厂的"大脑"。在智能制造时代,MES 不再是只连接 ERP 与车间现场设备的中间层级,而是智能工厂所有活动的交汇点,是现实工厂智能生产的核心环节。

(7) MES 系统的构建与应用。

结合军工企业当前产品的研制现状,梳理产品生产的主要过程,并与 MES 的功能进行对应,如图 6.4-5 所示。

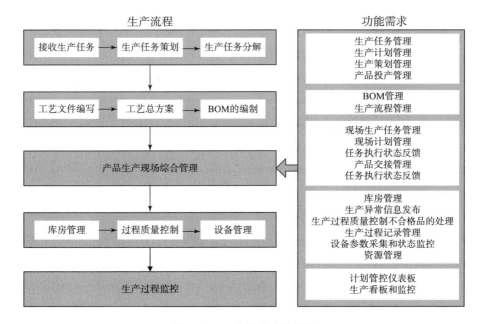

图 6.4－5 产品生产流程图

基于产品生产过程，形成了 MES 系统的功能框架体系，如图 6.4－6 所示。MES 系统的功能框架分为资源层、服务处、功能层和展示层。其中：

——资源层主要为支撑系统运行的底层软硬件设施，如服务器、数据库等。

——服务层主要包括操作系统层面及软件底层提供的系统全局功能，如用户访问日志、权限管理、角色管理等。

——功能层是 MES 系统的核心，包括了以 BOM 管理、生产计划管理、开工报工管理等为代表的十多项主要功能。

——展示层主要为领导、管理人员及操作工人提供查看、操作系统的界面。

以 MES 系统功能框架为基础，研究所启动了软件系统的构建工作，主要过程包括需求分析与方案设计、二次开发与功能测试、综合联调与用户测试及应用完善与总结验收四个阶段的工作，具体如下。

①需求分析与方案设计。

对研究所生产车间的工艺、生产、物料、检验等业务进行业务调研，并结合业务调研工作开展需求分析，经过内外部专家评审，形成调研与需

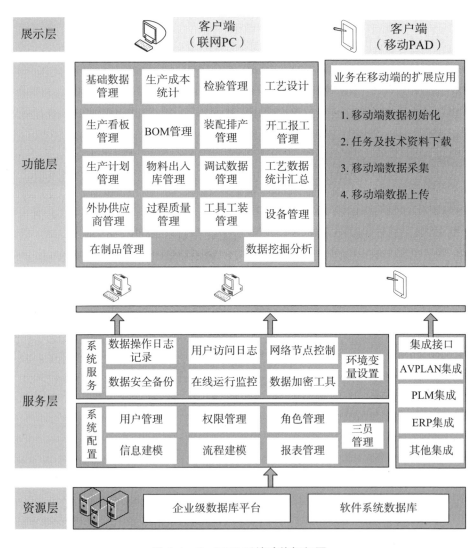

图 6.4-6 MES 系统功能框架图

求分析报告。在调研与分析报告的基础上，开展系统构建的方案设计工作，并同时搭建原型系统对部分功能进行预配置，验证其设计方案与实际需求场景的匹配程度。经过方案细化、原型实现、功能确认等多次迭代，最终完成设计方案报告，经过内外部专家的综合评审，形成指导系统建设的建设方案。

②二次开发与功能测试。

基于设计方案开展部分功能的二次开发工作，主要包括数据和流程的动态建模、用户使用界面的个性化配置及底层相关功能逻辑的开发实现等。在二次开发的过程中，同步编写测试大纲，准备相关的基础测试数据，实现开发、测试、调优以及完善的流水线迭代作业，提高功能开发的效率。功能开发与测试完备后，开展系统级全局功能的综合功能测试，解决功能交互时出现的问题，并形成二次开发与测试报告，作为后续工作的参考。

③综合联调与用户测试。

基于功能测试满足要求的结果，开展系统的软硬件协同联调及终端控制设备的综合调试工作，确保时序工步、通信接口与控制精度等达到使用要求，对服务端的响应性和客户端的操作性进行综合测试，确保系统满足并发访问压力、数据传输时延、前后台同异步处理一致性等方面满足使用要求。完成综合调试工作后，开展系统使用培训，并在培训的过程中结合系统的模拟使用工作，经一至三个月的模拟试运行，检查功能、性能的指标符合度，在完善测试中出现问题的同时，形成综合测试报告。

④应用完善与总结验收。

基于试运行正常且主要问题得到有效解决的结果，开展正式系统的部署、系统配置信息的迁移及正式数据上线运行等工作。正式运行中实际遇到的情况会比测试运行复杂，需对正式运行中出现的问题进行记录、处理与完善。对于研究所来说，在系统正式运行一个月后，认定系统满足使用要求，达到了建设的目标，进行了总结验收。

6.5 工业大数据应用平台建设

《工业大数据白皮书（2017）》将工业大数据定义为，在工业领域中，围绕典型智能制造模式，从需求到订单、计划、研发、设计、工艺、制造、采购、供应、库存、发货和交付、售后服务、运维、报废或回收再制造等整个产品全生命周期各个环节所产生的各类数据及相关技术和应用的总称。智能工厂作为智能制造的重要实践模式，核心在于工业大数据的智能化应用。军工科研生产产生的大数据处理技术将成为提升军工企业核心竞争力的关键。

6.5.1 大数据催生军工科研生产大变革

经过70年的跨越式发展，军工行业在武器装备科研生产领域的数据呈爆炸式增长态势。为了更好地管理并利用好这些数据，军工单位也在利用现代化信息手段，挖掘数据的内在价值。不少信息化专家认为，大数据的应用，将带来武器装备科研生产模式和管理模式的大变革。

（1）"大数据+科研生产"成为可能。

大数据技术的不断突破，使"大数据+科研生产"成为可能，这种组合势必带来军工行业对数据意识的提升、科研生产全业务的"上线"、数据应用思路的变化和科研生产模式的变革。

武器装备科研生产及其管理是军工行业最核心的业务内容。任何一个时期，武器装备科研生产的各项活动都与数据的创造、传输和使用直接相关。而大数据技术的不断突破，使"大数据+科研生产"成为可能，这种组合势必带来新变化。

一是数据意识的提升。大数据给武器装备科研生产带来的最直接改变是，科研生产人员数据意识的提升，即形成"数据即是资产"的意识。将从单纯保存数据，转变为科学合理地持有并利用数据，从仅关注于结构化数据、结果数据、重要数据，转变为积累多类型数据、全过程数据、全要素数据，对数据的应用理念将从"把数据带进业务"转变为"在数据中挖掘处理业务"。

二是科研生产全业务的"上线"。大数据给武器装备科研生产带来的最明显改变，是促进全业务的"上线"。大数据本质是传统产业的在线化，就如同网络零售、跨境电商等一样，大数据也必然推动武器装备科研生产领域各类业务的在线化。在线数据流动性强，不会封闭在某个部门、某个环节，它随时在科研生产的上下游、协作单位之间，以最低成本流动和交换，最大限度地发挥价值。

三是数据应用思路的变化。大数据给武器装备科研生产带来的内在改变，是数据应用思路的改变。面对大数据，武器装备科研生产及其管理将不再满足于为解决某个问题、回答某个指标，而去有目的地组织数据和生成报表，更重要的是不断在大数据之中去探寻还有什么问题能够被解答、什么规律能够被发现、什么经验能够被复用。

数据不再有重要与不重要、有用与无用之分，员工将通过对武器装备科研生产中海量数据的积累和交换、分析与运用，不断尝试挖掘数据背后的知识，形成前所未有的洞见，获取新的核心竞争力。以此去获得蕴含于数据要素中最有价值的"超常力量"，从而促进科研生产能力和效率的跨越式提升。

四是科研生产模式的变革。大数据给科研生产带来的核心改变，是科研生产模式的变革。大数据理念及相关技术应用的逐步深入，势必对科研生产的业务、流程、技术甚至组织机构带来重大影响，进而促进业务模式变革。这种变革会带动产品数据、运营数据、价值链数据和外部环境数据的不断完善，带来军工单位内部结构的优化调整，为军工单位的运营管理提供更多依据；这种变革能支撑武器装备科研生产、经营管理及新兴产业协调发展的需求，也有利于形成可复制、可推广的智能工厂数据产品与服务，支撑军工单位的持续创新发展。

（2）由"数字军工"向"智能军工"迈进。

随着大数据技术在科研、生产、管理和决策中的广泛应用，由"数字军工"向"智能军工"迈进将成为国防科技工业发展的重要里程碑。

军工行业关系多方主体，覆盖军工科研、生产、维保、流通、贸易、管理等多个环节，需要管理的数据种类繁多，涉及大量产品数据、运营数据、价值链数据、外部数据等。

信息物理系统（CPS）的推广、智能装备和终端的普及、各种各样传感器的使用，将会带来无所不在的感知和连接。所有的生产装备、感知设备、联网终端，包括生产者本身都在源源不断地产生数据。军工企业的数据呈爆炸式增长态势。大数据将会渗透到军工企业运营全流程、全价值链乃至产品的整个生命周期，成为智能军工模式的基石。

——在需求调研阶段，利用大数据技术进行趋势跟踪与需求分析。军工单位依托急速膨胀的科技信息数据，可以梳理产品发展趋势，精准分析各类用户的个性化、多样化需求，指导产品研制方向，提高对技术发展趋势的前瞻性和对客户需求的敏感性。

——在型号产品研制中，利用大数据技术优化产品设计与验证。军工单位对海量数据进行收集、存储、融合、分析和处理，可以帮助型号队伍在设计各环节获取有价值的产品信息，并参与设计过程智能化集成，加强产品功能、性能、可制造性、可保障性等数字化验证，优化产品设计，并对需求快速反应。

——在型号产品生产阶段，综合应用大数据、物联网、智能控制等新兴技术，实现智能制造。军工单位通过构建智能工厂，逐步实现设备级、车间级、工厂级的数字化、网络化、智能化，持续改进生产工艺、生产计划、生产过程、供应链、生产质量等，最终建成具有自适应、自组织能力的智能生产网络，实现工业控制和生产管理最优化。

——型号产品投入使用后，采用大数据技术进行故障诊断与预测。通过收集产品的运行状态、使用效果和故障性能信息，支撑产品故障的远程诊断和动态预测、预警，实现实时精准的综合保障，提高产品的可靠性，延长服务寿命；深入挖掘保障大数据，改进保障性协同设计与评估，实现设计保障一体化，持续优化产品和服务质量。

——在型号产品科研生产全过程，应用大数据技术，实现前瞻的战略管理和精准的业务决策。通过对军工单位内外部信息全面、透彻、精准的感知，智能识别客户、供应商，以及企业组织/人、管理、技术和信息流、物流、资金流、知识流、服务流等信息的全方位变化，对未来产品发展趋势做出预测，主动优化战略目标、产业布局和投资组合，提前进行风险识别，确保实际业绩与战略目标相匹配。

大数据是智能工厂的核心，智能工厂建设应构建完整、高效、安全的大数据应用服务体系，推动大数据在产品全生命周期、全业务流程、全价值链的集成应用，支撑我国国防科技工业转型升级、创新发展。

（3）革新现有的科研生产思维方式和科研模式。

大数据的出现，抛弃了对因果关系的追求，而是把重心放到了寻找相关关系上。在未来大数据时代，军工科研人员或将逐步放弃还原论的分解建模研究，代之以整体数据分析，将承认对复杂事物无法建模，直接从现实中去寻找问题的答案。

大数据带来了全新的思维方式，为整体分析提供了条件，同时也带来了一些新思考。比如：它提供了一个解释不明现象的新颖视角，为复杂系统建模仿真提供了一种绕开理论直接走向应用的新途径。

传统的建模仿真技术建立在相似性原理上，还原研究对象的特征以研究其存在形式和工作机理。建模与仿真在本质上是建立在精确化和定量化基础上的科研方法。

但是，大数据时代的新科学研究方式一定是非精确化方式。其带给建模与仿真技术的特点为：在目的明确的情况下，提出假设并验证的方式被颠覆，无假设的科学发现不断出现；以往没有被参考的科学现象和因果关系，可以通过查找匹配方式为科学研究提供可能；对研究对象模糊化和非精确化的处理方式，为科研的方法创新提供有力依据；被大量数据佐证或经过多次试验验证的现象，虽然未被理论推导和因果关系验证，但根据概率论原理依然可作为科学结论来使用。

大数据对于"仿真科学"来说，不仅仅是挑战，同样也是机遇。

首先，大数据为仿真结果分析提供了更好手段。传统的仿真结果分析大都比较简单，大数据可以提供更深入的分析和预先处理手段。

其次，大数据为复杂系统建模仿真提供了新出路。放弃还原论的分解建模研究，代之以对"整体数据"的分析。承认对复杂事物无法建模，直接从"现实"中寻找答案。

再次，大数据有助于实现智能仿真。因为大量数据使找到知识关联更为可行，而不需要建立起某种固定的因果关系模型。这虽然不像数学那么精密，但利用相关性就可以解决那些似是而非、多重隐含的问题，从中找到正确答案。中国工程院李伯虎院士指出："将大数据方法与仿真建模方法融合，将为仿真技术及其应用发展带来新机遇。"大数据的出现提供了更为高效的研究模式和手段，将革新现有仿真的思维方式和科研模式。

（4）迅速直观地应对复杂系统和问题。

通过大数据框架和建模研究，可以突破数据存储、建模、计算分析等关键技术，迅速、直观、理性地对复杂系统或问题进行分析、预测、评估、决策和实施管理。

首先，可通过数据谱系管理数据之间的相互依赖关系，将来自于系统级的产品需求和性能规范传递到子系统级别上，对设计方案演变历程进行管理，形成历史数据的对比分析。

其次，通过大数据挖掘技术促进多学科设计优化。在复杂系统设计过程中，利用分布式计算机网络技术来集成各个学科（子系统）的知识，应用有效的设计优化策略，组织和管理设计过程。其目的是利用各个学科（子系统）之间的相互作用所产生的协同效应，获取系统的整体最优解，缩短设计周期，从而使研制生产出的产品更具有竞争力。

再次，武器装备的研制生产属于体量大、周期长的大工程，运用大数据技术，有助于实现更加高质高效的管理。以产品可靠性工作为例，现有的成功经验只能靠巨细的质量复查，通过"可靠性数据包"这类预防性手段试图提前暴露问题。运用大数据技术，可以把这种"正向质量确认"进一步推向极致。

最后，通过对产品进行监测，综合保障部门能够主动为客户提供预防性维护建议，以便提供更好的服务。制造商可在复杂产品中配备传感器，这些传感器能够收集产品运行数据，并发出预防性维护通知。通过分析大数据，这些维护建议能够在第一时间发出，客户也就能够从中获得更多的价值。

6.5.2 军工大数据特征

军工企业在研制生产过程中，产生的大数据具有如下特征。

①非结构化数据比例大。

武器装备研制生产中的数据来源广泛且分散。有来源于产品生产现场、工业控制网络的监控数据，有来源于企业现有的信息化系统的数据，也有来源于供应商、产品需求方的数据。

②数据相关性强。

武器装备研制生产中的数据既存在关联关系，也存在因果关系。这些数据的产生和应用，都围绕产品全生命周期、优化生产线、改善供应链等，数据之间存在很强的关联性，并且分析准确性要求高。

③时空序列特性。

武器装备研制生产来源于工业控制网络和各种传感设备，具有产生频率快、严重依赖采集时间、测点多、信息量大和稳定性要求高等特点，需要采用可靠的数据采集、高效的数据存储、快速的海量数据处理工具进行管理。

④专业性强。

武器装备研制生产大数据需要解决面向军工特性的智能设备和智能产品的全生命周期、故障检测、健康预测等深层次分析和应用的问题。

6.5.3 军工大数据管理和应用面临问题

（1）大数据管理面临的问题。

目前武器装备科研生产活动，一方面面临着满足型号任务研制生产需求的挑战，另一方面面临着企业化运营的压力。这意味着军工单位需要花更少的时间、更少的资源去完成更多武器装备产品的研制生产任务，为了达到这个目标，军工单位面临着管理精细化及生产现代化的变革。同样，军工设备设施管理由原有的军事专用试验性质向军民两用转变，其应用范围也越来越多，功能越来越强，这些都意味着海量的数据将在军工单位日常生产与运营过程中产生和应用，这些使军工单位对海量数据管理提出了需求。

①海量数据集中存取。

随着军工单位的管理越来越精细，对质量控制越来越严格，对外协作越来越密切，使得军工单位内部系统自身产生的信息，如文档、报表、图像、测试数据、试验数据等增长越来越快。据统计，一个单机产品结束时，往往能产生上 GB 的文档及上 TB 的测试数据，这些数据日常就分散在各个研发人员和技术负责人电脑的硬盘里。一方面，平时查找非常不方便，科研生产人员将大量的时间浪费在资料收集上；另一方面，一旦相关人员出现变动或设备出现故障，这些数据就会丢失，给科研生产带来损失。因此，如何能把这些数据集中存储、统一管理起来，一直是军工单位数据管理迫切需要解决的问题。

②高性能并行计算。

一些军工单位曾有过建设仿真、比对分析、故障诊断及专家系统的想法，也尝试过、建设过一些类似的系统，但这些信息系统的应用，一直没有大规模推广，且应用并不是很理想。从技术上讲，大部分瓶颈在于这些系统没有足够的计算能力，处理海量数据困难。因此，要把这些庞大的工程数据利用起来，为分析仿真系统提供高性能并行计算是必要的基础能力。

③便捷历史数据追溯查询。

在武器装备科研生产过程中，产生的工程数据具有数据量大、数据类型复杂多样及关联性强的特点。如何在这些数据之间建立连接，为用户提供一个便捷的数据浏览界面是军工数据管理成败的关键。利用对全部历史数据的自由追溯查询能力，质量过程控制的力度可大幅度提升，同型号自初样起各单件数据、不同型号不同阶段间所有数据内容均可横纵比对，成为追溯数据以提升型号质量的利器。

④高效统一的数据分析。

在当前情况下，一方面，由于计算能力不足，很难对大数据量及复杂的算法进行处理分析；另一方面，科研生产人员的每一次分析过程，都是一次思考的过程，而这个思考过程没有任何记录，一旦下一名科研生产人员遇到同样的问题，还需要从头进行尝试，这极大地浪费了科研生产人员的精力。因此，迫切需要建设一个高效统一的数据分析平台，以提升科研生产的知识积累，加速科研生产活动的知识传播。

⑤安全的数据架构。

武器装备科研生产过程中产生的数据非常重要，如何保证这些数据安全，也是军工数据管理的一个难题。一方面，大量数据如何安全存储，如何实现远程的备份与容灾，以保证其物理安全；另一方面，如何控制数据的密级，防止数据泄密，以保证数据传播安全，是工程数据管理的难题之一。

（2）大数据应用面临的问题。

在开展军工大数据应用过程中，由于不具备行业标准制定主导权、关键技术掌握程度不足、核心器件设计制造依赖进口、主流操作系统与数据库及相关工具软件被国外垄断等多方面的因素，大数据技术在我国武器装备研制生产应用中面临了一些问题。

——军工大数据技术研究与应用起步稍晚，缺乏严格统一的技术规范标准，因此，现有的各军工单位的信息系统在技术体制上存在一定的数据对接和兼容问题，给创建统一的军工大数据技术开发平台带来了难度。

——军工信息化的建设发展过程中，通用化的数据共享平台有待加强，不同军工单位信息数据平台的系统架构、管理机制、存储模式、交互接口存在差异，一定程度上影响了军工大数据共享与处理的高效性与便捷性。

——武器装备科研生产的信息来源的种类、数量众多，其信息化程度越来越高，已经具备了丰富的军工大数据资源，但是，相应技术设施的建设规模、开发深度还需要提升，存在军工信息体系的数据积累、存储、应用程度跟不上数据资源衍生的速度。

——武器装备科研生产对于大数据存储、整合、挖掘、应用等核心技术的研究与应用，在时间上投入尚浅，积累不足，仅就研发平台而言，在大数据的软硬件核心技术和基础产品方面支撑不足，科研生产过程中数据应用深度和智能决策水平都有待提升，这就意味着武器装备科研生产从底层未能向军工核心能力提供充分的数据服务支持。

——将大数据思维应用在科研生产管理需要加强网络建设，提供有力的基础设施支撑。科研生产系统产生的数据往往广泛散布于不同的数据管理系统中，传统的网络架构已经不能满足海量数据传输与应用的需求，为了便于进行数据的收集与分析，需要加强基础网络建设，提高系统的数据集成性。

——要发挥大数据思维在科研生产管理中的价值，需要加强对数据分析人员的培养，提高其对数据的敏感性。大数据分析人员必须深入了解企业业务与组织，具有统计应用知识，同时又熟悉大数据分析工具的运用。另外，由于长期以来，很多工作并没有充分依赖数据进行判断决策，对数据价值的理解还比较片面，因此还要提高数据分析人员的数据敏感性，积极挖掘大数据的价值，开拓新的问题解决思路。

——将大数据思维应用于科研生产管理的同时，也要格外注意其将带来的潜在风险。针对美国等西方国家窃密技术的不断升级，军工单位在应用大数据、云计算、物联网等新技术的同时，要更加重视自身的信息安全问题。一方面，要尽量提高国产化信息安全硬件设备和软件系统的使用率；另一方面，要进行自身信息安全保障体系的规划和建设。

6.5.4 军工大数据应用平台建设

（1）总体架构。

从技术架构上来看，军工大数据应用平台由三大部分组成，即一个综合，两个基础。两个基础是数据存储中心和并行计算平台，一个综合是工程数据管理平台，如图 6.5-1 所示。

图 6.5-1 大数据平台架构图

数据存储中心主要解决海量数据的存储问题；并行计算平台主要解决大数据量的复杂计算问题；工程数据管理平台主要解决数据的转移、浏览、查询、分析等数据管理及可视化的问题。数据存储中心与并行计算平台是工程数据管理平台的基础，只有具备这两个基础能力，工程数据管理平台才能为客户提供多样的数据管理方式，提供高性能的分析手段。大数据平台功能设备如图 6.5-2 所示。

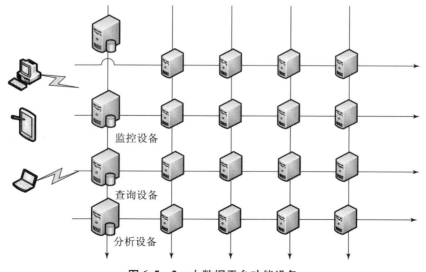

图 6.5-2 大数据平台功能设备

(2) 军工大数据的管理。

①基础能力。

对于传统的存储技术，SAN（SAN 网络存储是一种高速网络或子网络，SAN 存储系统提供在计算机与存储系统之间的数据传输）架构因扩展性有限、跨平台数据共享困难、管理复杂等问题，不能很好地满足非结构化数据的存储需求。传统 NAS（NAS 是一种采用直接与网络介质相连的特殊设备实现数据存储的机制）架构和设备由于协议开销大、带宽小、延迟高、可扩展性差等原因，不利于海量数据的并发访问。因此，大数据平台采用并行数据存储系统，这些并行存储系统具有高性能、高扩展性、高可用性等特点，使得建立一个集中统一存储的数据中心具备可能。

②实时数据查询、分析、诊断。

对于传统的科研生产试验，一般情况下，每一个测试终端均是一台单独的计算机，对实时数据进行显示与分析，这样，由于内存及 CPU 的限制，能处理的数据量相当有限，远远不能满足设计人员的需要；而且实时数据查询也会被限制在一个很短的时间范围内，要做大数据量的查询、分析诊断的话，终端机器与服务器的资源会明显不足。大数据平台提供并行计算平台，能高效地对大数据量的试验数据进行处理。同时，每一次的分析过程也可以统一存储在数据平台中。

③历史数据的追溯。

大数据平台是一个统一的数据中心，通过型号、设备、任务等将研制过程当中的工程数据组织到了一起。用户可以对历史任务的工程数据进行查询浏览回放，甚至，对于历史的分析过程都可以进行回放，以避免不同设计人员针对相同问题进行重复分析，节约系统资源与设计人员的精力。

④故障诊断、系统仿真与健康预测。

航天器的故障诊断、系统仿真与健康预测是一个复杂的过程，牵涉大量的试验数据、在轨数据与复杂的计算模型，通过大数据平台，为实现这些工作提供了基础能力。

(3) 军工大数据的应用。

①创新研发设计模式。

一是利用大数据进行虚拟仿真。传统生产企业在测试、验证环节需要生产出实物来评测其性能等指标，成本随测试次数增加而不断提升。利用虚拟仿真技术，可以实现对原有研发设计环节过程的模拟、分析、评估、验证和优化，从而减少工程更改量，优化生产工艺，降低成本和能耗。二是促进研发资源集成共享和创新协同。军工单位通过建设和完善研发设计知识库，促进数字化图纸、标准零部件库等设计数据在企业内部以及供应链上下游间的资源共享和创新协同，提升跨区域研发资源统筹管理和产业链协同设计能力。提升企业管理利用全球研发资源能力，优化重组研发流程，提高研发效率。三是培育研发新模式。基于设计资源的共享和参与，军工单位能够立足自身研发需求，开展行业间的众创、众包等研发新模式，提升军工单位利用外部创新和资金资源能力。

②实现智能化生产。

一是提升车间管理水平。现代化工业制造生产线安装有数以千计的小型传感器，来探测温度、压力、热能、振动和噪声等，利用这些数据可以实现很多形式的分析，包括设备诊断、用电量分析、能耗分析、质量事故分析（包括违反生产规定、零部件故障）等。在生产过程中使用这些大数据，就能分析整个生产流程，一旦某个流程偏离了标准工艺，就会发出报警信号，快速地发现错误或者瓶颈所在，从而实现问题的快速发现和定位。二是优化生产流程。将生产制造各个环节的数据整合集聚，并对工业产品的生产过程建立虚拟模型，仿真并优化生产流程。当所有流程和绩效数据都能在系统中重建时，对各环节制造数据的集成分析有助于军工单位改进其生产流程。三是推动现代化生产体系的建立。通过对武器装备科研生产全过程的自动化控制和智能化控制，促进信息共享、系统整合和业务协同，实现制造过程的科学决策，最大程度实现生产流程的自动化、个性化、柔性化和自我优化，实现提高精准制造、高端制造、敏捷制造的能力，实现智能生产。

③实现精益化管理。

一是优化工业供应链。RFID等电子标识技术、物联网技术以及移动互联网技术能帮助军工单位获得完整的产品供应链的大数据，利用这些数据进行分析，将带来仓储、配送、销售效率的大幅提升和成本的大幅下降。二是推动经营管理全流程的衔接和优化。整合军工单位生产数据、财务数据、管理数据、采购数据、销售数据和消费者行为数据等资源，通过数据挖掘分析，能够帮助军工单位找到生产要素的最佳投入比例，实现研产供销、经营管理、生产控制、业务与财务全流程的无缝衔接和业务协同，促进业务流程、决策流程、运营流程的整合、重组和优化，推动军工单位管理从金字塔静态管理组织向扁平化动态管理组织转变。

6.6 工厂网络与数据安全平台建设

6.6.1 智能工厂网络与数据安全防护需求

(1) 数据跨域实时传输的安全防护需求。

军工行业在实施智能工厂建设中,需要实现各类信息系统的互联互通,尤其是重要信息系统办公网络、生产制造网络、测试试验网络、生产辅助网络跨安全域的实时、安全与可靠的传输,这不仅需要保证数据的实时性安全传递,同时要保障涉及国家秘密核心数据的安全;且武器装备科研生产过程中逐渐累积形成的海量数据,在汇集、存储和应用过程中,都需要得到有效的安全防护和访问控制。

(2) 协同设计与制造的安全防护需求。

武器装备科研生产全生命周期包含设计、仿真、制造、试验等多个环节,涉及军队用户、军工集团、地方企业等不同性质的单位实体,配套企业数量大、分布范围广,协同制造特色鲜明,需求迫切。面向单个系统、单个企业独立考虑安全防护措施,已经无法满足当前武器装备科研生产的整体安全需求,急需体系化防护方法,保证基于云平台的武器装备协同设计与制造的网络安全。

(3) 新兴技术应用的安全防护需求。

武器装备科研生产过程会大量应用云计算、大数据、虚拟化等新兴技术以及工业机器人、传感器、加工中心等软硬件设备,带来了更多的入侵方式和攻击路径;智能工厂的业务流程柔性组合,设计、生产、物流、销售、服务,甚至制造平台的一体化运转,导致网络信息边界进一步向外扩展,对智能工厂的虚拟化安全、数据安全、应用安全、管理安全以及物联网信息采集安全、信息传输安全、信息处理安全等提出了新的要求。

6.6.2 智能工厂网络与数据安全体系架构

在智能工厂自动化与信息化高度融合的情况下,原有的安全保障措施已经远远不能满足智能工厂对网络安全的需求,必须从智能工厂的网络安全体系架构入手,构建智能工厂的安全防御体系。智能工厂安全体系架构如图6.6-1所示。

构建智能工厂安全体系,可从智能工厂整体安全、内部安全和接口安全三方面进行考虑。一是建立智能工厂整体安全体系,二是构建智能工厂

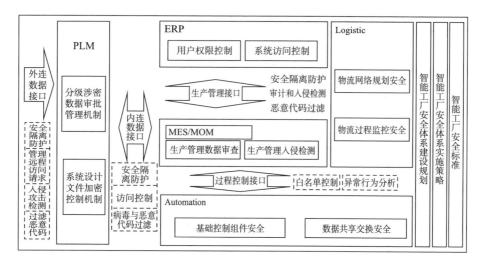

图 6.6-1 智能工厂安全体系架构

内部安全体系,三是搭建智能工厂接口安全体系。

6.6.3 智能工厂的整体安全

在顶层设计方面加强智能工厂安全总体规划。在开展智能工厂安全顶层设计时,第一,应从智能工厂全局的角度出发量身制定安全规划蓝图;第二,与企业生产紧密结合,提出适用性强的智能工厂建设模型;第三,加强示范推进的设计,选取有条件的车间或配套生产企业,制订试点计划;第四,在有条件的企业,设置专门的智能工厂安全规划师,全程跟踪安全规划的制订、运维和实施。

在智能工厂安全策略方面,技术策略与建设管理策略需两手抓。一方面,在技术策略上,需要在物理安全、运行安全、数据安全、内容安全、信息对抗5个层面上采取自主可控的技术产品。另一方面,在建设管理策略上,一般需要有系统化策略、全面保护策略等,而在智能工厂安全的建设管理中,尤其要关注3个策略:规避风险策略、保护投资策略和分步实施策略。

(1)安全体系建设规划。

①工厂安全。

工厂安全是指防止未经授权人员通过各种手段获取访问关键信息组件的权限,通过隔离未经授权的人员访问和破坏,防止智能工厂中可能存在的恶意入侵和其他工业间谍活动。

②网络安全。

网络安全是指通过安全单元防护及网络边界划分等技术，保护智能工厂各系统内部和系统之间的通信安全。对于规避智能工厂生产管理中不可预测的风险来说，网络安全的作用至关重要。

③系统完整性。

系统完整性是指智能工厂网络安全系统在面对干扰和破坏时，能够有效地抵御内部和外部攻击，在保护自动化系统和控制系统安全的同时，保持自身防御功能完整而不被破坏的能力。

（2）安全体系实施策略。

①物理安全策略。

为不可移动的网络安全设备加装物理保护，保证可移动的网络安全设备的物理安全受控，对网络安全设备环境进行监控。

②运行管理策略。

识别网络安全系统内部每项工作的网络安全职责；网络安全设备及存储介质应当具有身份标识。

③病毒防护策略。

控制病毒入侵途径，安装可靠的防病毒软件，对系统进行实时检测和过滤，定期杀毒并及时更新病毒库。

④安全审计策略。

网络安全审计应当至少每三个月进行一次，并形成文档化的网络安全审计报告。在系统建设前或系统进行重大变更之前，必须进行风险评估工作。

（3）智能工厂的安全标准。

①国家安全政策。

国家安全政策包括国务院《关于大力推进信息化发展和切实保障网络安全的若干意见》等。国家发展和改革委员会等部门也开始从政策和科研层面上积极部署智能工厂网络安全系统的安全保障工作，研究和制定相关规范及要求。

②产业安全标准。

国内信息系统安全标准在建设推进过程中，先后引进了国际上著名的 ISO/IEC27001：2005《网络安全管理体系要求》等网络安全管理标准，同时配合网络安全等级保护的实施和推进，制定发布了 GB17859－1999《计算机信息系统安全保护等级划分准则》等。

6.6.4 智能工厂的内部安全

在内部安全方面，构成智能工厂的重点技术和产品装备都应实现自主可控。重点技术包括：工业传感器核心技术、人工智能技术、增强现实技术。重点产品和装备包括：智能制造基础通信设备、智能制造控制系统、新型工业传感器、制造物联设备、仪器仪表和检测设备。

在内部安全防护方面，加强对智能工厂系统和网络的综合防护，同时加强对咨询服务的可控管理。一方面，强化体系化防护，着力发展工业控制系统防火墙/网闸、容灾备份系统、入侵检测设备等，提高智能工厂系统和网络安全的防护能力。另一方面，强化对服务的安全可控管理，对于智能工厂咨询、智能工厂测评、智能工厂培训等在内的一系列服务保障，实行严格的管理和审查。

（1）自动化系统（Automation）。

①基础控制组件安全。

在自动化系统实施的全过程中，必须全面考虑系统网络安全的要求，优先选择集成有安全控制功能的控制设备和控制系统。

②数据共享交换安全。

建立生产系统的整体业务模型和信息服务总线，利用统一、安全、可信的数据交换机制，在不同的工序和车间共享基础生产数据，为上层应用的数据集成和流程整合提供安全基础。

（2）制造运营管理系统（MES/MOM）。

①生产管理数据审查。

实时监控、核验数据库操作并向网络安全系统提供审计跟踪。审计跟踪在监控到生产管理数据变动不合适或者存在未授权变动的情况下，需要向网络安全系统发出警告并阻止敏感数据泄露。

②生产管理入侵检测。

部署入侵检测系统以控制病毒流转和网络异常通信，便于网络安全系统管理人员及时发现安全问题并采取相应措施。

（3）企业资源计划（ERP）。

①用户权限控制。

对企业资源计划系统各个模块中的数据信息和操作功能进行分级授权管理，确保不同等级用户只能访问自己所属等级的信息和功能。同时，还需要对系统中涉及等级安全的行为进行监控和分析，实现数据风险威胁的预判和拦截。

②系统访问控制。

利用动态建模技术确认用户访问数据的正常模式，建立所有用户活动的基线，检测异常模式下用户提出的访问请求，查找用户工作模式和预定访问规则的冲突情况，组织自动化的访问审核流程，当用户违背访问政策时，警告或拦截用户。

（4）物流系统（Logistic）。

①物流网络规划安全。

物流系统在网络规划上必须按照物流系统实际业务需要，明确网络的设计需求，利用网络分段隔离技术，将物流系统和工厂内部网络分割开来。

②物流过程监控安全。

运用通信技术、传感技术、自动控制技术等先进技术手段，对物流过程中的重要环节和场所进行监视控制。

（5）产品生命周期管理（PLM）。

①建立分级涉密数据审批管理机制。

在产品生命周期管理系统内建立对涉密数据访问的分级动态审批机制，在产品设计的流程节点中动态赋予参与者权限，流程参与者根据所参与活动类型的不同具有相对应的流程对象操作权限。

②建立系统设计文件加密控制机制。

为了防止非法访问，系统文件读写控制权交由超级管理用户控制，普通权限用户无法找到所需的文件。产品生命周期管理系统在收到设计文件后，会生成产品生命周期管理系统自身才可以解释的文件对应关系并负责其读写控制。

6.6.5　智能工厂的接口安全

（1）智能工厂数据接口划分。

按照智能工厂的数据传输逻辑，在生产管理系统5个层级中产生了4种不同类型的数据接口，分别是控制层的过程控制网络与操作层的生产操作网络之间的过程控制接口，操作层的生产操作网络与管理层的计划管理网络之间的生产管理接口，管理层的计划管理网络与企业层的企业局域网之间的内联数据接口，以及企业层的企业局域网与外部访问请求对应的互联网之间的外联数据接口。

（2）数据接口安全控制要素。

各个接口的安全控制要素存在差异：过程控制接口需要实现工业协议与工控指令的白名单控制；生产管理接口需要实现生产网络与应用网络之间的安全隔离防护；内联数据接口需要实现工厂不同业务系统之间的安全隔离防护、阻止不同业务人员的跨系统安全操作；外联数据接口需要实现工厂内部系统与互联网的安全隔离防护。

（3）强化智能工厂标准化建设。

从实际需求来看，智能工厂安全的核心标准体系建设主要应包括以下标准、规范和协议：制造信息互联互通的技术标准、智能装备技术标准、数字化车间/工厂技术标准和规范等，以及制造信息互联互通的接口技术规范，设备与设备之间、设备与系统之间协议互操作整体框架、协议互操作服务接口定义；异构协议设备的互联互通与协同框架等。

6.7 生产工艺流程及组织管理优化

从当前其他行业在开展智能工厂建设过程中遇到的障碍来看，许多并非是技术问题能解决的。智能工厂建设，表面上是聚焦在各种技术上，但如果没有企业工艺、组织及管理变革的推动，技术将无法真正发挥它的价值。技术在于创造价值，而管理在于发挥价值，没有管理，技术创造的过程和结果都无法良好控制。当企业通过智能工厂技术发生"革命性的变化"的时候，企业管理模式也必然会遇到相应的挑战。当企业的管理落后于技术发展时，企业的运营成本提升，效率降低。因此，在开展智能工厂建设的同时，必须对现有的军工科研生产体系、工艺流程、组织管理进行优化和改进。

6.7.1 智能工厂背景下的工艺改进

在智能工厂的生产全流程相关业务中，生产工艺处于基础与先导地位。如果说，设备是工厂的肌肉，传感器和网络是工厂的神经，那么，工艺则是智能工厂的灵魂。因此，智能工厂硬件条件建设的同时，生产工艺改进工作必须同步进行。

军工企业现有工艺路线是基于现有的设备，工序十分分散，还有大量的手工工序，严重依赖工艺人员的技能。这种工序过于复杂的现象，不适用于自动化生产线的加工。智能工厂的加工工艺必须重新编制，对现有工序进行大幅整合，充分利用智能制造线的自动化设备优势，采取工序集中原则，大幅减少工序，减少装夹次数；利用设备的功能优势保证加工的一致性及加工质量，减少对操作技能的依赖，实现零件在线内的高效加工与流转。

（1）改进思路。

第一，智能工厂中生产线的设计基础是进线零件的加工工艺设计，工艺设计应先行开展，并要经过充分讨论。在这里，工艺将起到如下作用。

——设计了零件的加工工艺流程，零件在线内各设备之间的流转顺序。

——工序种类直接影响生产线的设备种类，设备是最大的投资。

——设计了各工序的加工内容，工序的加工时间决定了设备的需求数量。

——切削参数决定了加工的质量及节拍、刀库容量、托盘缓冲站数量。

例如，某液压关键件结构复杂、加工精度要求高，现工艺路线工序十分复杂，有大量的非数控加工及非机加手工工序穿插其中。这种复杂工序的传统工艺显然不适合智能制造，必须使制造工艺模式有大的变革，需要大幅工艺优化甚至推倒重来，向具有"基于CPS系统支持、智能生产调度、大量采用自动化智能设备、大量采用高精度快换工装、自动装夹、自动物流配送、工序集中的智能加工"方式转换。智能制造工艺与传统工艺的差别在于极大减少对人工技能的依赖，发挥高档设备优势。经过重新设计的智能制造工艺，将原来40多道工序压缩为10道，把毛坯粗加工、热表处理及特种检验都放在线外，这样就较适合智能制造的工艺了。

第二，智能制造工艺必须考虑自动化运行所带来的新问题及特殊性，主要是对加工过程中的异常情况能够及时判断并处理。例如，刀具的寿命管理，因为无人加工，所以刀具必须在崩刃或断裂前进行自动更换，或者在加工过程中监测到刀具异常后立即处理。这在工艺规程中主要是严格控制切削参数，控制数控程序的加工时间，规定刀具的使用寿命并进行管理，对所涉及的数控程序名称、刀具类型、刀具规格、切削参数、加工时间、设备选择、装夹方案等都务必详细准确。

第三，智能制造生产线的投资巨大，需要考虑投资回报率。例如，某些零件的某些工序加工量很小，造成某些设备利用率很低，工艺设计需要平衡。再如，发动机机匣加工线，绝大部分是铣工序，车削的工作量很小，因此选择铣车复合加工中心，以铣为主，兼顾车削；若选择数控立车，此设备利用率将很低。智能工厂的终极目标是要实现"批量定制"的武器装备需求，因此，智能工厂的生产工艺设计，也要考虑到批量定制的加工需求，还要考虑到产品的系列化及兼容问题。

（2）改进内容。

第一，智能工厂的生产工艺改进，要从精益优化现有工艺开始，实行工艺标准化，推广工艺精益化，研究工艺稳健化。智能制造环境下的智能工厂，需要有精益稳定的制造工艺，这也是解决目前效率和质量问题的根本途径。所谓智能工厂的"智能"，是工艺人员将一系列的判断因素、思考逻辑，根据具体业务流程进行提炼而形成的，与人类的智能不可相提并论。因此，其对制造工艺的要求比传统的生产方式要高很多，不完善的工艺在目前的状况下只会导致生产效率低下、产品质量不稳定，但在智能制造环境下，不稳定的工艺规程则会出现预测外错误，使智能工厂终止运行，造成重大损失。

第二，为使工艺精益稳健，不能再使用依靠实际生产进行验证的方式，而要引入"数字双胞胎"。即将现实中的环境与状态，在虚拟的数字空间中模拟出来，创造一个与真实工厂一模一样的虚拟数字工厂，虚拟现实环境，对工艺、流程、规划等进行验证、反馈和完善。无论是加工过程中的细节，还是宏观工艺布局规划的运行情况，都可以在虚拟的数字工厂中进行验证测试，这将极大地提高工作的成熟度，节省大量的时间与资源。在工艺中，如铸造、焊接、钣金、加工等专业，已经开始采用模拟仿真，但目前使用范围较小，规范性也不够，应制订详细计划，建立好模拟仿真环境，拓展模拟仿真领域，使模拟仿真真正起到作用，逐步实现全环境的实时模拟。

第三，转变工艺思想。一切变革最开始都是源于思想的转变，传统工艺人员的主要工作，是编制单一流程的工艺规程。在智能工厂里，工艺技术人员的主要工作将是提炼工艺思考逻辑，不断地补充、完善、优化庞大的工艺数据库，维护工艺知识数据，而实际的工艺设计工作将可能由计算机来完成。工艺规程也将不再是单一流程的形式，而是多流程离散型的工艺流程——在保证产品质量的情况下，使工艺路线尽可能地灵活，以便为智能工厂的决策系统提供尽可能多的选择，通过统筹分析各影响因素，安排最优的路线。不合时宜的传统工艺思想也要摒除，最典型的是装夹找正和人体公差的标注习惯。在目前的生产过程中，机床上的装夹找正浪费了大量的机床工作时间，严重影响了生产效率。由于机械加工精度的不断提高和机床功能的增多，装夹找正问题已经可以通过精密定位夹具和机床的自找正功能实现。人体公差的标注习惯则是因为过去以普通机床加工为主，为了降低人为加工超差概率，提高产品合格率而采取的手段，这使得产品的实际加工尺寸偏离了正态分布，不利于保证批量产品的质量稳定性。目前数控加工设备已大范围应用，加工精度较以前也大为提高，不必再要求工艺尺寸采用人体公差标注。

第四，研究机器人和快换夹具的应用。智能制造要实现的智能化并不是要取代人，智能工厂并不是无人工厂，而是为了使人和机器更好地配合，实现更高的劳动生产率。为此，在智能工厂中，要努力消除人的不稳定因素。根据制造业目前的状况，想要实现高度的无人自动化生产，既不现实，也不经济，在适合的环节引入机器人，是提高稳定性和效率最好的选择。机器人与快换夹具的配合使用，可以适应多品种、少批量的生产，在保证柔性的情况下提高生产效率与稳定性。

第五，对现有的各工艺信息系统进行集成，实现单一数据源，保证互联互通。实现所有业务在统一平台下的运作是智能制造的重要目标之一。此前，在信息化建设方面投入了很多资源，尤其是工艺信息化，在各项业务中，工艺信息化的水平是比较高的，但现有的信息化建设缺乏整体的统筹策划，各信息系统相对独立，没有共享信息资源，形成了一个个信息孤岛，对于提升整体业务效率造成了很大障碍。因此，现在需要站在军工企业整体的层面，对工艺信息系统进行统一平台的集成工作，将信息化系统的作用真正发挥出来。

6.7.2 智能工厂背景下的组织优化

各军工行业之间多为直线职能制组织模式，各职能、各专业从上到下均有自己的管理线条，像"烟囱"一样，独立发挥作用。这种模式对新兴技术业务、跨专业技术业务，较难深入应用并产生效果。同时，传统军工企业采用单一的直线制、职能制或事业部制等刚性组织结构，与智能工厂的分布式、自组织的柔性组织结构不相适应，难以满足未来快速、灵敏、高度适应性的武器装备科研生产活动需求。因此，在智能工厂建设中，必须推进各军工行业、专业的"矩阵"及柔性协同的组织结构，提升管理绩效。

(1)"矩阵式"组织结构。

矩阵组织结构是为了某一工作目标,把同一领域内具备相当水平的创新元素组成一个纵横交错的矩阵。根据军工行业发展特点,可考虑在生产运维和智能化转型升级方面实施必要的组织矩阵管理。

①创建横向办公组织。

集中生产经营、设备运维、安全保密、IT支持等专业支持人员,实行联合办公,形成装置日常生产运维团队,及时解决日常生产运行保障中遇到的各种问题。组合生产经营管理、计量和基层工艺与核算等岗位,形成生产管理系统运维组织,强化生产管理系统数据日常运维,有效支撑智能工厂"神经中枢"的运行管理。

②创建横向专业组织。

深度开展全流程优化和单装置生产优化工作,以设备管理和基层设备岗位为核心,组建三维数字化装置建模团队,实施正逆向建模,集成全部生产装置及辅助系统,打造与"实体空间"高度一致的全三维数字化工厂,实现企业级超大场景全覆盖、海量数据实时动态交互、全业务深化应用单一入口操作,推进工艺管理、设备管理、质量管理、HSE管理、操作管理、视频监控基于流程工业CPS的深化应用。

(2)"柔性协同"组织结构。

智能工厂的运营,要求组织内部、组织之间的协同关系更紧密、响应速度更快,为适应这种要求,军工企业需要突破传统思维方式,从线性的刚性组织结构向非线性的柔性组织结构调整。

一是扁平化,由集权向分权过渡。

二是组织单元由分工为依据转变为以特定任务为导向,以适应异质性特点。这样各组织单元既能保证相对的独立性,又能完成协同组合或对接。

三是淡化组织横向与纵向边界,保持开放,以强调速度、整合与创新。建立由"烟囱"到"矩阵"刚柔并济的组织结构,在军工企业管理中打破部门和级别的界限,实施无边界管理,将静态管理变为动态管理,增强管理协同能力,为推动军工智能制造奠定管理基础。

6.7.3 智能工厂背景下的管理变革

(1)管理变革的理论依据。

智能工厂的建设,促进了企业中组织和人连接关系的重构,为管理模式创新提供了技术基础平台，使得组织管理中不同层次的人有机会接触到跨越时间和空间的信息，组织不再需要多层管理遵循等级上下传递信息。智能工厂背景下，企业的人力资源结构将呈现两极分化的特点，从而促进企业向扁平化的组织架构以及高度灵活性的组织模式发展。

第一，知识型员工真正成为企业价值创造的主体，企业人力资源结构呈现两极分化。智能工厂中，以工业大数据为支撑的智能设备、智能感知、智能决策系统等先进技术，将取代大部分的基层管理工作及操作作业，代替人工做出基础性标准化的操控指令，以及为上层决策者提供更准确全面的决策依据。从决策层面来说，业务活动决策集中化程度更高，决策者面临的问题范围进一步扩大，且类型多元、深度加大，管理者将向具备综合性、应急性决策的综合性人才发展。从执行层面来看，一线的常规作业逐渐无人化，取而代之的是设备或计算机故障情况下的应急操作和维修；要求执行层级的员工具备快速处理复杂问题的能力，一线员工向技术型专家方向过渡。

第二，以智能化技术为支撑平台，以纵向层级缩减及横向界面融合为核心的扁平化组织架构是组织变革的趋势。传统企业管理中，由于信息的获取、分析及挖掘基本以人为主，管理者面对纷繁复杂的信息，智力、精力和时间有限，其有效管理幅度相对较小。因此，企业通过设置不同管理层次，来分析和过滤生产管理过程信息，以确保管理者的管理幅度处于有效范围内。随着企业规模的扩大，管理层次的增加，导致管理成本不断上升，上下层沟通难度和复杂性增加，企业管理效率不断下降。智能工厂中，组织业务将从"以人为主"到"以系统为主"的模式。通过智能支持系统的应用，取代人工完成数据采集存储挖掘、基础行政管理、基础技术管理、基础生产决策等基础性管理工作。通过对企业生产、管理过程数据的深度挖掘，实现企业所有高价值信息向高层决策者、供货商、经销商与合作伙伴等的定向推送，为高层管理者提供快速、准确、全面的决策支持。

（2）传统管理面临的挑战。

第一是对技术创新的挑战。军工企业的传统创新是被动型创新，而智能工厂建设背景下，对军工企业创新提出了更高的要求，主动型创新成为趋势。主动型创新可以使军工企业根据技术发展和武器装备发展需求进行创新，具有更强的灵活性，可以为军工企业实现先发优势。目前，如何实现主动型创新是智能工厂建设中亟待探索的问题。

第二是对运营效率的挑战。当今时代的竞争也是效率的竞争，企业运营效率低下，会使企业付出巨大成本，包括时间成本、人力成本、库存成本等，导致企业失去竞争甚至生存优势。因此，军工企业要通过管理变革提升运营效率。

第三是对企业文化的挑战。传统军工企业组织管理已经逐渐形成了非常固化的结构和"专业"的流程，包括完整的考核、行为规范等形成人们"习惯"的范式，而在智能工厂环境中，很多"四平八稳"的方式需要改变，强调等级、稳定的文化氛围需要调整，鼓励学习、创新的文化应该加强，团队应该具有快速应对变化、面临挑战时更为系统的问题解决能力。

（3）管理变革的主要内容。

第一，产品是企业的核心竞争力。在智能工厂中，军工企业通过结合数字化技术（如人工智能、物联网、大数据等）来实现智能制造，以提升装备质量和生产效率，并降低产品成本。此外，通过产品乃至制造设备采集的大量数据，可用于故障诊断等，帮助改进设备或者生产流程，从而进一步地实现成本降低和效率提升。

第二，提高对人的因素的认识。人的因素包含两个方面。一方面是企业外部人员，在互联网、云计算、数据分析、社交媒体等工具的帮助下，海量的可收集数据可以对其供需信息、行为特点等做出更准确的描述，使企业对其更加了解，从而开发出更受欢迎的产品或服务。另一方面，对于企业内部员工来说，新时代的技术变革和商业模式变革对他们的主观能动性和能力提出了更高的要求。由于组织惰性的存在，可能增加的工作量以及变化巨大的工作内容会让员工产生消极情绪，也会对员工的能力提出更高的要求。企业需要通过合理的人力资源管理，实现顺利的转型升级。在这个过程中，企业领导应以身作则，降低文化阻力，并平衡传统制造和转型模式之间的资源，从而降低企业变革可能造成的效率下降的风险。

第三，采用智能管理模式。传统制造企业采用以 ERP 为代表的组织信息技术工具进行日常的运营管理，在智能制造背景下，新一代信息技术驱动运营管理方式的变革。传统企业垂直化的组织结构可能不再适用于智能工厂的运营，数字化的发展使水平化组织结构成为主流，因其可以促进高效率地决策。比如，设备上传感器的应用可以帮助企业优化制造流程，提升产品质量和效率；产品上的传感器可以实现对产品状态的实时监测，并采集产品相关数据,帮助企业了解产品使用情况,进而对产品进行改进或优化。智能化的发展在改变制造模式的基础上,也改变了相应的服务模式,即驱动了智能化服务。智能化产品和服务需要相应的管理模式作为支撑,企业应采取智能化管理模式。智能化管理模式主要体现在对数据的分析与应用——不仅仅是生产过程中的数据,还包括企业运营流程以及企业外部的数据,通过智能化工具对生产和管理的各个方面进行不断优化,提高运营效率。很多制造企业在这方面遇到了困难,一方面是缺少对应打通数据接口的能力,另一方面也是缺少对智能化管理重要性的认识。另外,智能化管理除了需要引入智能化技术之外,还需要对企业的组织结构、人力资源管理、流程以及企业文化等方面进行大幅调整。总而言之,在以数字化、智能化为特点的制造新时代,技术和管理缺一不可,智能制造和智能管理应受到同等重视。

第 7 章　军工智能工厂的实施案例

近年来，为深入贯彻落实《中国制造 2025》，加快实施智能制造工程，我国部分军工企业在工业和信息化部"智能制造试点示范专项行动"的推动下，积极开展智能工厂建设，并取得了一定的成效。

7.1　工信部智能制造试点示范专项概况

7.1.1　背景情况

为深入贯彻党的十八大关于信息化和工业化深度融合的战略部署，工业和信息化部决定将智能制造作为一个时期推进两化深度融合的主攻方向，并从 2015 年开始，组织开展智能制造试点示范专项行动。

（1）总体思路。

专项行动坚持立足国情、统筹规划、分类施策、分步实施的方针以企业为主体、市场为导向、应用为核心，持续推进试点示范，在试点示范中注重发挥企业积极性、注重点面结合、注重协同推进、注重基础与环境培育，形成有效的经验与模式在制造业各个领域推广与应用。

（2）专项内容。

目前，智能制造专项已持续开展 4 年，其中，智能制造试点示范项目共 305 项、智能制造综合标准化与新模式与应用项目共 589 项、制造业与互联网融合发展试点示范项目共 195 项，实现 11 项制造业大类、覆盖 31 个省市、自治区。这批智能制造专项有效带动了智能制造所需的关键技术装备突破，培育推广智能制造新模式，形成智能制造服务系统解决方案供应商市场生态系统，加快制造业重点领域智能制造的推广应用。

对于以数字化车间/智能工厂为方向的离散制造试点示范项目（如航天、航空、船舶类），其遴选要素条件有以下几个方面。

一是要求车间工厂总体设计、工艺流程及布局均已建立数字化模型，并进行模拟仿真，实现规划、生产、运营全流程数字化管理，相关数据进入企业核心数据库。

二是要求采用三维计算机辅助设计（CAD）、计算机辅助工艺规划（CAPP）、设计和工艺路线仿真、可靠性评价等先进技术。产品信息能够贯穿于设计、制造、质量、物流等环节，实现产品的全生命周期管理（PLM）。

三是要求建立生产过程数据采集和分析系统，能充分采集制造进度、现场操作、质量检验、设备状态等生产现场信息，并与车间制造执行系统实现数据集成和分析。

四是要求建立车间制造执行系统（MES），实现计划排产、生产、检验的全过程闭环管理，并与企业资源计划管理系统（ERP）集成。

五是要求建立车间级的工业通信网络，系统、装备、零部件以及人员之间实现信息互联互通和有效集成。

六是要求建立企业资源计划管理系统（ERP），并投入实际运行，其中供应链管理模块能实现采购、外协、物流的管理与优化。利用云计算、大数据等新一代信息技术，在保障信息安全的前提下，实现经营、管理和决策的智能优化。

七是对效果提出要求，要通过持续改进，实现企业设计、工艺、制造、管理、监测、物流等环节的集成优化。采用网络化技术、大数据技术实现企业智能管理与决策，全面提升企业的资源配置优化、操作自动化、实时在线优化、生产管理精细化和智能决策科学化水平。

（3）实施效果。

从智能产线、车间和工厂实施效果来看。数字化工厂被列为智能制造部署的首要任务。目前，我国已经初步建设了208个数字化车间和智能工厂，在航天、船舶、汽车、电力、纺织等领域得到了很好的应用。

比如，汽车制造行业方面，一汽大众华南基地"智慧工厂"是一汽大众四大生产基地中数字化、智能化程度最高的工厂，冲压车间拥有国际最先进的伺服压力机钢－铝混合开卷落料生产线，自动化率达到100%；焊装车间实现4款车型混线生产，车身尺寸100%在线监控，并在国内首次引入PC激光焊接工艺；总装车间使用自主开发的无线板手动智能定位系统；装配线按"h"型布置，使物流路径实现最短。输变电行业方面，西电集团提出具有行业特征的智能化工厂体系架构模型，构建行业智能化工厂示范平台，将智能化示范产线与智能制造系统结合，模拟完整的智能化工厂，通过系统集成实现工厂的互联互通，为智能化工厂在行业的应用提供示范。纺织行业等轻工业方面，我国化纤、纺纱、织造、印染、服装制造的自动化、数字化、智能化水平都有相当程度提升。国内已经有化纤全流程自动化、智能化长丝车间，智能化纺纱工厂，针织内衣工厂，筒子纱车间，筒子纱数字化自动染色生产线等。涵盖智能物流系统、智能加工系统、智能自动化装配，以及纺织装备整机智能测试与质量控制系统的纺织装备智能制造系统，基本实现了数据可视化；在线监控、预防性维护、物流预测和智能决策等的纺织机械智能制造信息物理系统（CPS），融合了技术研发和产业实际应用。

7.1.2 军工行业参与试点示范的情况

截至2018年，军工企业共有14家单位申报的项目入选工信部"智能制造试点示范专项行动"，具体情况如表7.1-1所示。

表 7.1-1 军工企业参与工信部智能制造试点示范项目情况

序号	年度	项目名称	单位
1	2015	航天产品智慧制造试点示范	北京航天智造科技发展有限公司
2	2015	微电子组装智能装备试点示范	电子科技集团公司第二研究所
3	2015	直升机旋翼系统制造智能车间试点示范	昌河飞机工业（集团）有限责任公司
4	2015	液压泵零件制造智能车间试点示范	中航力源液压股份有限公司
5	2015	支线飞机协同开发与云制造试点示范	西安飞机工业（集团）有限责任公司
6	2016	船海工程机电设备数字化车间试点示范	武汉船用机械有限责任公司
7	2016	微小惯性器件智能制造试点示范	中航工业西安飞行自动控制研究所
8	2017	航空航天复杂零部件智能制造试点示范	上海上飞飞机装备制造有限公司
9	2017	航天器结构件智能制造试点示范	上海航天设备制造总厂
10	2017	船用柴油机核心部件数字化车间试点示范	重庆红江机械有限责任公司
11	2018	商用航发发动机智能装配试点示范	中国航发上海商用航空发动机制造有限责任公司
12	2018	精密电子元器件智能制造试点示范	贵州航天电器股份有限公司
13	2018	航空锻件智能制造试点示范	贵州航宇科技发展股份有限公司
14	2018	大型天线产品智能制造试点示范	中国电子科技集团公司第三十九研究所

从建设效果来看,在专项实施的带动下,部分军工企业的智能工厂建设取得了显著成效。

航天行业方面,航天数字化产线,以及柔性加工得到了迅速发展。比如,壳段数字化加工生产线,集成了生产线各分系统,开发了适合机加工艺特点的生产线过程控制与动态管理系统,实现了重点型号的中型壳段研制与批产混线的生产应用。航天伺服壳体无人值守柔性加工单元,通过智能机器人在加工示范单元中的应用,实现多种壳体在单元内混线自主运行加工。

船舶行业方面,国内骨干船厂开展数字化车间的建设。针对船舶与海洋工程机电设备离散制造的特点,船舶企业提出了船舶配套行业首个数字化车间解决方案,为船舶配套行业提供了自主、安全、可控的数字化车间实践案例。在车间涂装阶段,建立智能喷砂、喷涂车间,构建小节段(分段)智能涂装车间等。武汉船用机械有限责任公司以"全面数字化、核心智能化"为目标,提出船海工程机电设备智能制造系统集成方案,建设在船舶配套行业首个数字化车间,开发了具有刀具磨损监测与实时调整功能的智能加工单元、具有防呆、防错功能的智能装配单元以大型焊接机器人为核心的高精度复杂构件智能焊接单元。该集成方案应用于调距桨、起重机、货油泵等典型船海工程机电设备的制造过程,实现产品升级周期缩短30%以上,产不良品率降低20%以上,生产效率提高20%以上,运营成本降低20%以上,能源利用率提高10%以上。

7.2 军工智能工厂的实施案例

7.2.1 运载火箭筒体壳段数字化装配生产线

(1)建设需求。

运载火箭筒体壳段均为半硬壳筒段结构形式,主要由桁梁类零件、中间框、上下端框、蒙皮等零件组成。其构型复杂,可靠性要求高,生产过程中涉及的工艺、人员、物料、工装、设备多样,且任务需求多变,一般采用混流排程、多品种小批量作业的生产模式。

高密度发射任务的形势下,传统的生产模式已经不能适用运载火箭筒体壳段的制造需求,急需进一步革新运载火箭制造技术,转变制造模式,以提高生产效率,保证产品制造精度。

(2)建设目标。

以生产现场的生产制造、物流转运、出入库活动为核心,以精益生产思想为指导，以集成化的数字化信息平台为载体，整合工艺设计与管理、生产计划与调度、质量检测与控制、工装物料信息管理等多种平台，形成集生产任务接收与分解、协同工艺设计、动态排产、质量控制为一体的协同工作环境。

（3）建设方案。

该生产线的框架结构由单元层、交互层、功能层和集成层构成。其中：单元层是制造活动的执行机构，通过交互层接收制造任务并反馈设备与产品实时状态；交互层承担上下层之间的信息交互；功能层向生产线参与人员提供生产线管理的各种功能，并下达具体指令；集成层是数字化生产线的纽带，通过集成各种管理系统进行数据处理并向功能层提供数据界面，具体如图7.2-1所示。

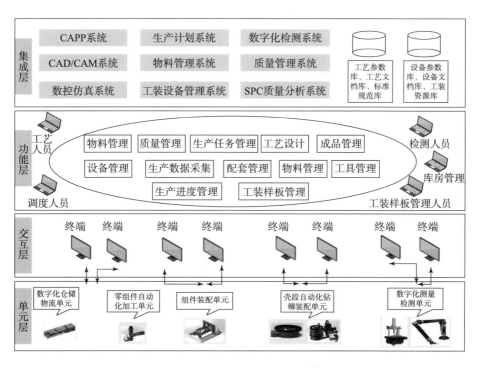

图7.2-1 筒体壳段数字化装配生产线框架结构示意图

①单元层。

单元层作为执行制造活动的主体结构，包含了一系列面向制造系统底层的制造资源，如机床、刀具、量具和材料等。此处将单元层划分为包含数字化仓储物流单元、零组件自动化加工单元、组件装配单元、壳段自动化钻铆装配单元、数字化测量检测单元等按工艺相似性整合的虚拟逻辑实体。通过底层制造资源单元化的组织模式，整合人工资源和制造资源，并通过制造执行系统进行统一调配和管理。

②交互层。

交互层基于部署在车间各个制造单元的电子屏、PC机、数字化测量检测工具等信息化终端，将车间制造执行系统的功能延伸至车间生产现场。一方面，检验人员、操作工人能够通过信息交互终端及时接收和查看调度管理和工艺管理人员下发的加工任务单、工艺技术文档等信息；另一方面，通过信息交互终端，制造活动执行者还能够及时采集生产现场每个工位的生产进度、产品质量、设备状态等信息，并及时向上层计划管理部门反馈，检验人员能够实时关注产品加工状态，并通过数字化测量、检查设备接口将产品性能数据上传集成平台，进行质量控制与管理。

③功能层。

功能层涵盖了数字化柔性装配生产线各系统涉及的所有功能。工艺人员、调度人员、库房管理、检测、工装样板管理等分管人员通过相应权限登录生产线集成平台，进行工艺设计、生产进度管理、物料管理、工装样板管理等活动。通过交互层反馈的现场信息和质量数据，能够及时有效地对生产过程和产品质量进行控制。

④集成层。

集成层是管理壳段产品柔性生产线制造活动和数据资源集成平台，包含系统集成和数据库系统集成两大部分。为了实现工艺、制造、质量各个流程的协同作业，集成层应包含工艺设计系统、CAD/CAM系统、数控仿真系统等为制造前的工艺准备提供支持；生产计划系统、制造执行系统、工装设备管理系统等进行制造活动的管理；数字化检测系统、质量管理系统等实现工序级和产品级的质量检验、不合格品审理功能。制造资源数据库为系统平台提供数据支持，包含工艺参数库、工艺文档库、标准规范库、设备参数库、设备文档库、工装资源库等，通过数据接口和其他系统集成，实现知识的共享、重用。

（4）建设效果。

该生产线涵盖了3个型号、9种产品，共12种构型的助推器筒体壳段。改变生产模式后，年产能提高70%，铆接质量100%符合QJ782铆接通用技术条件要求，壳体装配后各项形位公差全部优于设计指标要求。通过建设，全面提高物料及信息管理自动化水平、运载火箭壳段生产效率和产品质量，满足批产按需交付与研制快速响应需求。此外，新的工艺布局有效减少了厂房占用面积，改善了装配环境，可持续发展性良好。

7.2.2 基于 MBD 的小卫星数字化设计方案

（1）建设目标。

国内航天器的设计制造正在经历着从"三维设计、二维出图"阶段到"全三维数字化设计"阶段的转变。现阶段小卫星设计制造中重点解决卫星总体协同设计和三维下厂问题。本项目建设目标是，形成一套全三维数字化设计制造方法，打通了从总体集成设计到最终总装产品的数据流，实现了小卫星设计制造过程的无纸化。

（2）建设方案。

小卫星全三维数字化设计制造实现流程如图 7.2-2 所示。

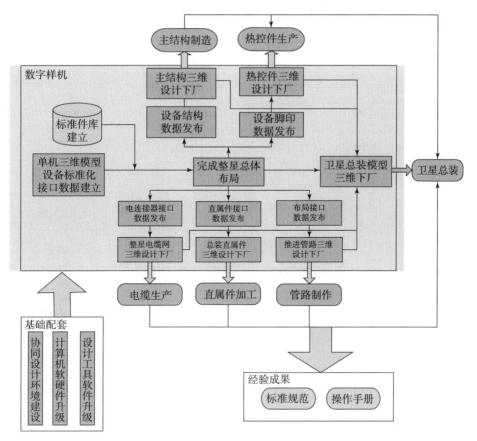

图 7.2-2 小卫星全三维数字化设计制造实现流程图

具体实现过程有以下几点。

①接口数据建立。

建立标准的设备及标准件三维模型，定义统一的设备接口参数。

②整星总体布局。

突破传统二维纸质数据的传递方式，基于同一个设计环境，建立顶层总体布局，采用自顶向下的设计模式，发布各个部分三维下厂所需的接口数据信息。

③主结构三维设计下厂。

利用顶层发布的设备接口数据，对主结构零部件进行详细设计，基于同一个数据平台，完成三维下厂模型标注，三维零件工艺审查，三维零部件受控发布、传递，由制造厂完成相应零部件生产制造。

④热控件三维设计下厂。

利用顶层发布的设备热控接口数据，对整星热控件进行详细设计，并完成相应热控零部件的三维下厂。

⑤整星电缆网三维设计下厂。

通过发布的电连接器接口、位置和节点数据，进行整星电缆网的详细设计，生成电缆分支长度，进行电缆网生产。

⑥总装直属件三维设计下厂。

根据顶层发布的直属件接口数据和位置关系，进行总装直属件的详细设计，通过全三维下厂，完成相应零部件的生产。

⑦推进管路三维设计下厂。

根据顶层发布的管路布局数据，进行管路详细设计，完成管路组件工艺审查，由制造厂通过数控弯管机完成管路自动弯管预制，最终完成管路焊装。

⑧总装数字样机形成。

更新总体模型，形成并发布完整的型号数字样机，生成产品BOM，通过总装现场三维看板和工艺，完成卫星总装。

（3）建设难点。

小卫星数字化设计方案的难点及问题有以下几点。

①协同设计环境。

传统"三维设计、二维出图"的设计制造模式，设计与设计、设计与制造数据不关联，通过层层二维图纸或文件的形式传递到下一级，造成数据重复录入、设计更改工作量大、效率低。在全三维数字化协同设计过程中，各个专业、各个部门、各个协作单位之间所用的 CAX 软件、PDM 系统相互孤立，而全三维数字化设计的关键是统一数据源，必须集成研制过程中所涉及的 CAX 软件和 PDM 系统，打通数据软、硬件传递路径，实现同一个设计环境。在小卫星的全三维数字化设计制造过程中，分析明确接口数据参数，制定标准参数集，开发与三维设计软件集成的接口，数据系统实现数据源的统一，通过 PDM 平台进行模型的管理和受控传递，实现设计环境的统一。

②总体布局与协同设计。

建立顶层总体布局，采用自顶向下的设计模式，进行协同设计，极大地提高了设计效率和正确率。卫星工程需要多学科交叉迭代，涉及机－电－热等多专业协同，各专业又由多名设计师共同设计完成。各协同设计模型，既要保持总体的相关性和各自部装模型的独立性，又要做到模型对应制造端的适应性，模型的层级规划是非常关键的。

③装配体模型设计。

全三维数字化设计制造主要以三维实体模型表达产品定义信息，相对于之前总体设计模型，卫星总体模型反映产品的更加真实的状态，特别对于小卫星的设备布局密度要求越来越高，模型外表部门特征缺失可能造成实物干涉。近年小卫星型号的模型的实体数量和特征数量成倍增长，三维模型越来越复杂。这就造成计算机内存和 CPU 资源占有量逐步增大，计算机反应越来越慢。随着对模型真实度和全数字化项目的增加，急需解决卫星整星的大装配问题。

在小卫星的全三维数字化设计制造过程中，具体解决方法有以下几点。

①单机设备模型简化处理。

卫星星上设备基本为外协单位开发的产品，总体单位进行集同设计，控制减小每台单机设备模型特征数，对于总体模型的总特征减少是非常可观的。一般情况下，总体仅需要设备单机单个本体模型，包含设备的外形、尺寸、机械接口、电连接器接口、质量特性等必要特性，不需要单机设备内部的结构。而外协设备三维模型提供总体内部简化后的装配体模型或中间格式模型，大部分简化的不够彻底，动辄几十兆甚至上百兆大小，按照现在小卫星总体设计计算机的处理能力，25 兆左右的模型是可以接受的。所以标准单机模型建立前需要再进行简化处理，再进行质量特性重新定义和模型基准设置。

②总体模型层级规划。

通过总体模型层级规划，将模型发布为结构总体模型、热控总体模型、管路模型、整星总装模型，让每一部分单独进行详细设计。当全部设计完成后，打开总体顶层模型，完成大装配体模型。

③提升计算机软硬件性能。

三维设计建模用计算机一般是企业内配置较高的计算机，大部分企业使用普通高配置计算机作为设计用计算机，但是在三维模型实体和特征成倍增长后，普通高配置的稳定性无法满足设计要求。这就需要使用图形工作站进行三维产品设计。与普通办公、家用电脑注重多媒体性能和价格因素的配置方法是截然不同的，图形工作站拥有专业图形显卡、容错能力强的 ECC 内存、更快速的芯片组、更高运行稳定性。图形工作站的配置准则在于：切实了解应用需求，以合理的价格组建一个符合应用软件要求的稳定、高速、高效的设计平台，以最大限度地实现设计人员的设计意图。此外，能管理更大内存的 64 位操作系统和配套 64 位设计软件也是必需的。

④单机模型设计更改。

现在的大部分小卫星型号任务设计难度大、时间进度紧，几乎大部分单机设备与总体设计是同步进行的，这就造成单机设备模型更改是不可避免的。而单机设备模型作为数据源载体，又处在型号设计建模的前端，它的更改将带来单机接口数据重新定义，相关各种设计的调整，含有大量的重复操作。因此，如何减少单机设备模型变更带来的影响也是一直需要研究的。

（4）建设效果。

基于 MBD 的小卫星数字化设计制造方案，实现卫星详细设计和生产装配，实现基于 MBD 技术的主结构、管路、电缆网、直属件、热控部件的数字样机设计，打通总体设计、制造和集成装配环节，提高研制效率和质量。

7.2.3 旋翼系统制造智能工厂建设方案

（1）建设背景。

直升机的关键技术主要体现在直升机的旋翼部件的设计制造技术上。

旋翼是直升机的关键部件，为直升机提供主要升力和操纵，在直升机的发展中始终处于极为重要的地位。

直升机现有的生产组织管理模式总体上存在生产计划不准确、生产执行情况掌握不及时、库房资源和物流配送与生产需求滞后等问题。直升机企业依托型号需求牵引，配置了综合管理车间制造执行系统，但在计划排程、数据挖掘和统计分析表现不足，生产过程自动化程度不高等。

2015年，工信部批准了46个智能制造试点示范项目，昌河飞机工业有限公司作为其中的一个试点，以直升机旋翼系统制造为切入点，开展智能工厂建设。

旋翼系统总厂在现有动部件数控加工、复材桨叶成形、动部件装配及ERP/MES初步集成的基础上，建设线前单元、应急生产、单件流生产线、柔性制造单元、桨叶成形制造线、装配单元等实体内容，开发制造执行系统和DNC系统、智能仓储与物流控制系统等软件内容；搭建工业级互联网络，利用感应元件对各执行终端数据的实时采集，在系统软件的统筹指挥与管控下，实现生产现场自动物流配送及无人工调度等，以此来构建直升机旋翼系统智能工厂。

（2）总体架构。

直升机旋翼系统制造智能工厂建设融入状态感知、实时分析、自主决策及精确执行的理念，结合直升机旋翼系统核心部件制造及装配中的业务流程特征，搭建企业层、车间层及单元层的三层构架智能工厂，如图7.2-3所示。

（3）建设内容。

直升机旋翼系统制造智能工厂主要以解决质量、提高效率、削减人力资源、降低劳动强度、提升智能化程度为目标，重点建设旋翼制造机加生产线、部件装配生产线、复材桨叶数字化生产线、制造执行系统、仓储与物流系统，具体内容如下。

①机加生产线。

根据旋翼系统中机加件的特征，机加生产线的建设内容如下：1个锻铸件基准制造执行单元，4条直升旋翼系统桨毂零件单件流示范生产线，1条直升旋翼系统难加工盘环单向流示范生产线，1个直升旋翼系统接头零件制造示范单元，1个直升旋翼系统铝合金盘环柔性制造示范单元。

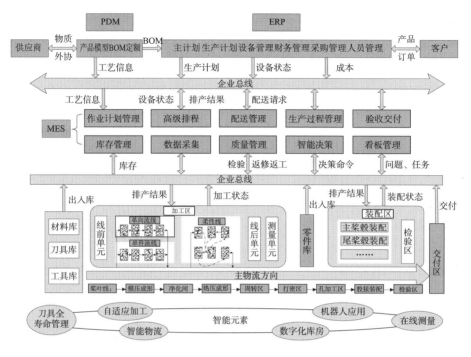

图 7.2-3 旋翼系统智能工厂建设框架

建设中，涉及的关键技术包括：制造执行单元的智能防错技术、工序间自动快速切换技术、自适应加工技术、智能刀具寿命管理技术、产品检测与质量控制技术等。

该生产线建成后，加工过程自动感知毛坯状态、机床状态和特征状态，对缺陷情况、受力大小、误差及偏差进行实时分析，自主决定余量分布、参数变化、参数补偿、错误追溯，驱动执行单元开展基准制作、参数调整、精确加工及信息输出等，实现加工过程的智能化。

②部件装配生产线。

该生产线建设中，引入了智能化装配理念，结合桨毂、自倾仪装配特点，研究和设计自动化的孔挤压强化，温差控制、部件装配的执行终端。同时，融入数字化的装配工具、智能设备、数字化技术及传感技术。建设内容包括 5 条装配生产线和 4 条维修生产线。部件装配生产线的管控策略及功能区规划如图 7.2-4 所示。

生产线建设涉及的关键技术包括：大部件数字化装配仿真技术、自动化温差控制技术、关键轴承自动装配技术、智能物料识别技术、装配过程

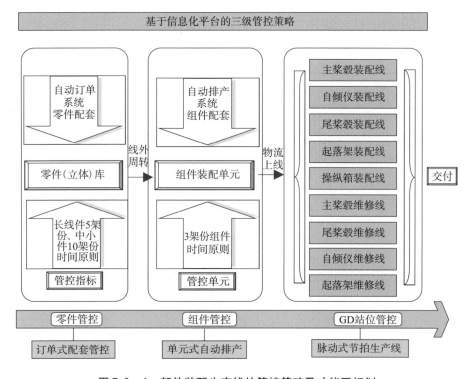

图 7.2-4 部件装配生产线的管控策略及功能区规划

数字化测量及控制技术。

③复材桨叶数字化生产线。

该生产线的建设目标是,基于桨叶成形制造技术,建设集成智能化数据管理系统、智能化运行与管理系统、制造过程智能控制系统等功能于一体的生产体系,实现桨叶产品全生命周期的管理和控制。复材桨叶数字化生产线示意图如图 7.2-5 所示。

建设内容:复材桨叶数字化生产线主要包括数字化设计中心和数字化制造中心的建设,同时,要建立低温储存材料的数字化、智能化管理系统,实现预浸料等材料的外置期、储存期管理及出入库管理,实现材料的预警功能,保证材料的有效性。

关键技术:应用铺层工艺仿真技术、数控下料技术、激光铺层定位技术、数控切边镗孔技术及激光散斑检测技术等,实现桨叶制造全过程的数字化;开展桨叶成形工艺模拟仿真技术,进行桨叶铺层和固化工艺参数的

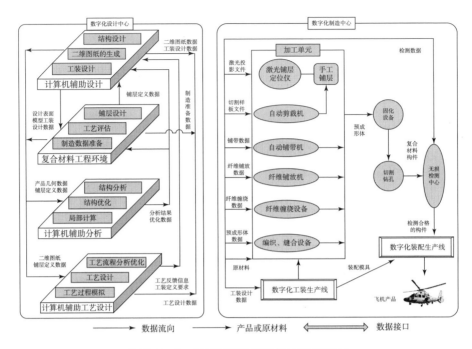

图 7.2-5　复材桨叶数字化生产线示意图

模拟验证，确定泡沫压缩量、加压压力和温度等参数；发展和应用桨叶制造 ABD 技术，实现桨叶图样信息、桨叶制造工艺信息的电子化记录和存储，推进过程控制的智能化进程。

④制造执行系统。

制造执行系统以整个工厂的数据集成为核心，以生产跟踪为主线，对车间的数据采集、产品数据管理、生产计划管理、流程管理、配送管理、生产过程管理、库房管理、质量管理、统计分析、看板管理、设备管理、工装及刀夹量具管理等车间生产业务实施全面管控。

建设内容：基于旋翼系统部件生产及装配的智能制造生产线的五层架构数字化平台执行系统，通过与上层 ERP 系统、工艺系统紧密集成。同时利用入式、传感器等设备与操作层、现场控制层紧密集成。生产线执行系统构架如图 7.2-6 所示。

⑤仓储与物流系统。

建设一个由刀具库、毛坯立体库及零件立体库构成的数字化仓储、智能化的物流线（主物流和线内物流），以及中央控制系统、物流执行控制系统；利用射频技术对仓储系统各原件进行实时感知，中央控制系统对各

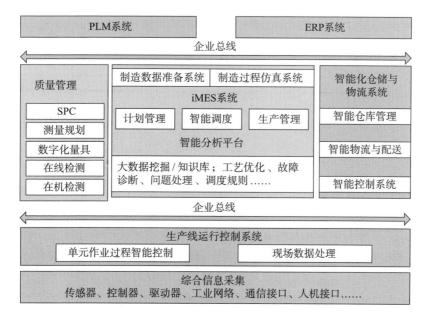

图 7.2-6　生产线执行系统架构

站位反馈信息进行实时分析，自主分析各执行终端的需求，通过物流执行控制系统实现精确配送。仓储与物流系统的架构如图 7.2-7 所示。

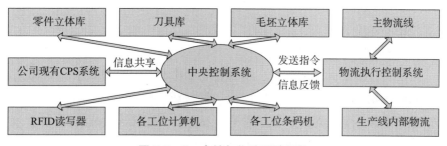

图 7.2-7　仓储与物流系统架构

建设内容：一是智能物资仓库管理。物资管理仓库由刀具库、毛坯立体库及零件立体库构成，仓库自主进行物资搬运、摆放、清理等作业，达到仓库空间充分合理利用、物资数据掌握及时和精确、搬运工作准确和高效。二是智能物流与配送。利用感应元件智能识别执行终端工作状况，优化排产，调整资源分配，做出智能化判断，工件和刀具在生产线内自动流转，实现工件和刀具自动配送到工位，工件在工序间智能流转。三是智能仓库及物流控制系统。对接生产执行及管控系统，仓库及物流控制系统自动执行中央控制系统发送的物流指令，调度主线物流和线内物流的运行：根据昌飞公司生产计划，向物流控制系统发送物流指令，并监控整个车间的生产情况，解决生产能力瓶颈。同时，系统具备智能的仓库定置、账目管理、动态监控、风险预警等功能，能对采集的数据进行逻辑判断与处理发出科学的执行指令，提升综合管理能力。

（4）建设效果。

本项目在传统信息化集成、数字化制造基础上，进一步提升制造过程的智能处理能力。在计划编制、运行调度、设备控制、工艺处理、质量分析过程中引入人工智能方法，实现基于规则、知识的决策处理。在旋翼系统制造中实现关键过程的智能化处理，极大地减轻制造过程中人的状态分析、数据处理强度。本项目使旋翼系统生产设备数控化率达到 80% 以上，产品设计的数字化率达到 100%，产品研制周期缩短 20%，生产效率提高 20%，生产人力资源减少 20%，产品零部件不良品率降低 10%，实现单线年产 50 架的批量生产能力。

7.2.4　航空智能生产管控中心建设方案

中航工业成飞公司在系统分析飞机制造业管控特点基础上，结合飞机制造业数字化技术应用现状及智能制造探索实践情况，参考工业 4.0 参考架构及中国智能制造参考架构，提出了一种面向飞机制造业的航空智能生产管控中心建设方案。

（1）建设目标。

生产管控中心以集成管理、可视化与智能化管理为基础，为成飞公司生产和物流精细化、可视化、敏捷化、智能化提供支撑平台，实现飞机制造过程的跨区域、跨组织、多视角、多粒度、实时综合集成管控。

生产管控中心全面覆盖飞机制造过程供应链、零件、保障、部/总装、试飞等专业，实现成品、外包供应商的过程管控，供应商绩效评价显性化，生产过程管控粒度涵盖项目、批次、整机、部件、段位、工位、AO/FO 及工序等，以支持飞机制造过程多要素、全专业、全流程管控。

（2）总体架构。

该平台作为公司生产业务决策支持的数字化中枢，依托数字化生产管理系统（ERP、MES）、生产大数据平台及公司级物联感知网络、集成供应链平台构建。面向航空制造业的智能制造体系结构如图 7.2-8 所示。

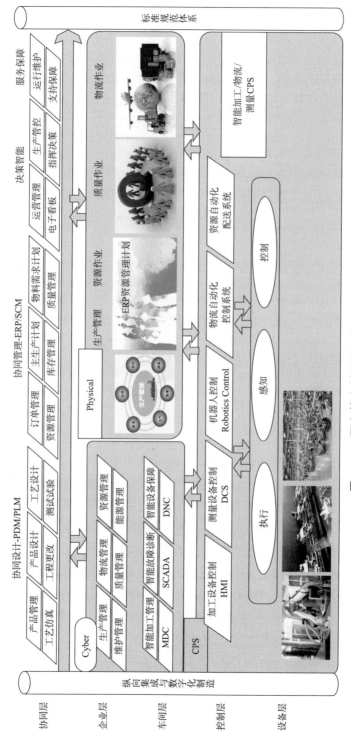

图 7.2-8 面向航空制造业的智能制造体系结构

该体系结构由设备层、控制层、车间层、企业层和协同层五个层次组成，由智能制造相关标准及数字化、信息化标准体系进行支撑，以飞机制造系统工程思想为牵引，逐步探索 CPS 技术、物联感知技术、工业大数据、机器学习等的应用；重点突破飞机结构件智能加工、飞机部段智能装配、飞机制造集成供应链管控等关键技术；逐步建立跨专业、跨企业，覆盖产品全生命周期的协同、智能制造平台，最终实现飞机产品的智能制造。

（3）关键技术。

根据航空工业成飞生产管控中心参考模型，参考航空工业成飞智能制造体系框架，明确了航空工业成飞生产管控中心架构，如图 7.2-9 所示。

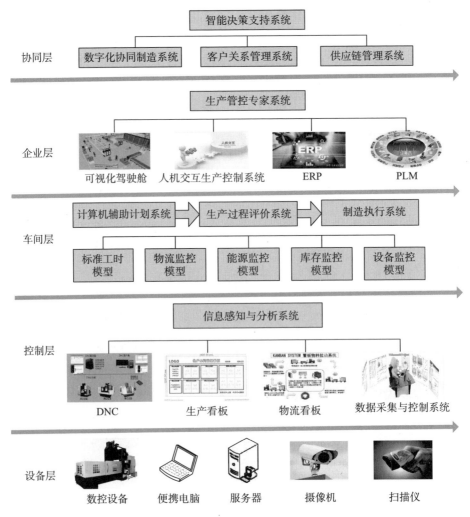

图 7.2-9　航空工业成飞生产管控中心业务架构

①信息感知与分析系统。

信息感知与分析系统重点集成设备层和控制层的系统，通过设备层和控制层对数量、位置、温度、声音、浓度等各类信息和数据进行采集、筛选、存储与分析。系统模型主要包括四个部分，从底层到顶层分别为实时数据感知层、实时数据传输层、实时数据处理层和应用服务层四个层次。

②生产管控专家系统。

成飞生产管控专家系统在生产中的应用主要集中在生产计划、物流配送、质量控制、故障诊断等方面。随着制造技术的发展，其应用范围会不断扩展，如基于知识的产品质量设计、生产过程综合指标分析与评价等。同时，在进行系统开发时，把专家系统与神经网络、模糊控制等智能工具结合在一起，充分发挥专家系统基于知识的推理能力、神经网络的分布式并行计算和联想记忆功能、模糊控制的模糊推理优势，用于解决更多更深刻的生产领域方面的问题，不断扩展这些智能决策工具的应用范围。

③基于工业大数据的智能决策支持系统。

信息感知与分析系统及智能生产管控专家系统主要解决成飞内部供应链的协同，实现内部生产管控、物流管控的"准时、经济、敏捷、高效"。

智能决策支持系统的实现有赖于公司工业大数据的充分挖掘和应用，通过机器学习、深度学习算法，融合生产业务域专家知识，逐步建立生产决策人工智能模型，解决生产业务域智能预警、专家决策等高级问题，是管控中心智能化的关键技术。

（4）建设内容。

智能生产管控中心按照"两个维度"（项目维度、专业维度），"三个视角"（计划管理、物流管理、空间实景），"六大主题"（计划、进展、质量、资源、物流、问题）进行规划和建设。按照全面加强飞机机体制造过程及成品供应链过程管控的思路，正在规划建设公司级生产大数据平台，以支持生产过程业务数据高性能、高频率、细粒度的存储、处理、分析及利用，系统应用场景如图7.2-10所示。

①基于PLM的飞机生产管控多专业视图。

智能生产管控中心完成了对飞机制造全生产价值链的专业管控视图的开发工作，从专业、项目两个维度，通过计划、物流、质量、问题、供应链等方面进行全面的展示。

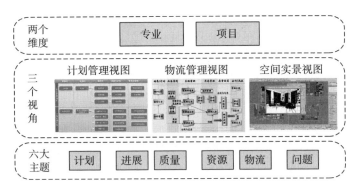

图 7.2–10 生产管控中心应用视图

②飞机制造过程的多层次、细粒度管控。

智能生产管控中心基于飞机工艺分离面，对飞机制造全过程进行多层次、细粒度管控。通过对项目、专业两个维度，实现的多层级管理，可以从项目、专业进展逐层展开，实现从飞机整机状态、部件状态、零件工序的生产全过程管控。

③飞机制造过程重点专业的虚拟可视化与三维实时复现技术应用。

智能生产管控中心通过运用虚拟现实（VR/AR）技术，阻断人眼与现实世界的连接，通过设备实时渲染的画面，营造出一个虚拟的世界。在重点关注的飞机制造过程中关键过程、试飞状态的管控等领域，分别实现了数控加工过程三维可视化复现、试飞虚拟可视化、公司三维总览、部装厂房三维监控等管控页面，更加直观、形象地展示了生产加工动态，使用户具有高度的沉浸感，提升了体验。

④飞机制造集成供应链动态管控能力。

智能生产管控中心既是生产系统、物流系统、仓储系统的信息展示平台，也是制订生产计划、进行生产调度、协同供应链各成员的决策支持平台。因此，智能生产管控中心的建设需要综合运用运筹学、管理学、数学、计算机技术及现代集成制造技术等多方面的知识和技术。除了以上所列举的关键技术外，建设成飞智能生产管控中心还可能需要研究信息融合技术、信息主动感知实现技术、专家系统的知识标识方法、推理机建设技术、决策筛选与选择技术等。

7.2.5 基于 MBE 的数字化仿真设计方案

四川成发航空科技股份有限公司根据 MBE 组成，结合企业需求与产品特点，开展 MBE 项目建设与试点应用。

（1）建设方案。

MBE 的技术架构如图 7.2-11 所示，重点建设的内容有基于模型的产品设计、分析应用、零件工艺、装配工艺、工装设计、作业指导书、制造执行、检测检验、面向 MBE 的数字化服务管理及标准定义共 10 大部分。

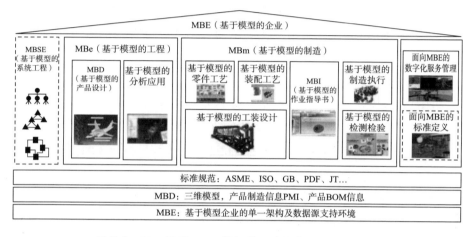

图 7.2-11 基于 MBE 的智能设计仿真平台总体框架

①基于模型的产品设计。

开展 MBD 设计辅助工具的开发与应用，建立数字化设计资源库（标准件库、材料库、元器件库、典型零件库等），统一设计工具和设计标准，实现产品的快速设计，保证设计模型的规范化，提高产品设计的质量，为下游各阶段的数据复用提供数据基础。将设计工具与 PDM（Product Data Management）系统集成，实现 MBD 数据统一管理。

②基于模型的分析应用。

通过 PDM 与任务和分析工具集成，设计员可基于任务开展设计分析，完成模型签出、分析模型构建、有限元计算以及多物理场的仿真分析，得到相应的分析结果，实现分析报告快捷创建，将分析结果与报告返回 PDM 统一管理，并与构型关联保证可追溯。

③基于模型的零件、装配工艺。

开展 MBD 工艺设计辅助工具的开发与应用，建立三维数字化工艺资源库，统一工艺设计工具和标准，完成 PDM 与工艺设计与仿真工具集成，实现继承和复用 MBD 设计模型，开展零件和装配工艺的规划与仿真，在

PDM 内统一管理。

④基于模型的工装设计。

开展工装快速设计工具开发与应用，建立工装分类与资源库，统一工装设计工具与标准，与 PDM 集成，实现复用 MBD 模型快速开展工装设计，在 PDM 内完成工装设计活动的管控与工装数据管理。

⑤基于模型的作业指导书。

应用轻量化工具，引入 3D PDF 展示工具，从 PDM 内直接将结构化工艺数据生成 3D PDF 文件与结构化展示两种形式，可直接推送至车间进行展示。

⑥基于模型的制造执行。

通过引入 EWI 工具，直接从 PDM 内提取基于模型的作业指导，进行车间展示（含 3D PDF 和结构化数据两种形式），实现基于模型的制造执行。可根据 PDM 的版本有效性，在车间展示有效数据指导车间生产。

⑦基于模型的检测检验。

引入 MBD 数字化检测辅助工具并与 PDM 集成，实现基于 MBD 的标注信息，自动提取产品特征，基于特征快速实现检测规划与代码生成，开展检测路径仿真验证，生成检测的 DMIS 执行文件；将 DMIS 文件传入后置处理环境，生成检测机床可用的检测代码，驱动机床进行基于模型的生产检测；完成检测报告与检测结果对比分析。最终在 PDM 内进行检测代码、检测质量报告的统一管理。

⑧基于模型的数字化服务管理。

开展 MBD 数字化服务辅助工具的开发与应用，基于模型特征生成三维电子技术手册，为成发零部件售后服务提供准确有效的技术支持，完成设计、生产数据向服务领域的传递；在三维环境中，准确生动地描述数字化服务过程，提供便捷的培训、维护工具与指导文件和环境。

⑨标准定义。

结合国内外 MBD 标准，参考发动机行业已有标准，编制 MBE/MBD 的设计制造标准规范的操作和指导手册，贯穿设计、工艺、制造与维护等各阶段，用于支持产品的全生命周期业务开展与数据应用。最终建立 MBE/MBD 的设计制造标准规范体系。

（2）建设效果。

目前，该系统已于 2015 年 6 月底上线运行。该系统在试点零组件的运行结果表明，在 MBE 建设中，已突破了基于模型的产品设计、分析应用、零件工艺、装配工艺、工装设计、作业指导书、制造执行、检测检验，面向 MBE 的数字化服务管理等各项关键技术，取得了良好的应用效果。同时，结合企业需要，已经编制或修订了 MBD 标准规范 10 多项。基于当前试点应用效果，MBE 需要进一步全面开展工程化应用。下一步需要加强基于模型的系统工程和知识工程建设并与现有的 MBE 环境进行融合，同时与企业的管理环境进行有效融合，实现真正的 MBE 并迈向中国制造 2025。

7.2.6 武汉船用智能生产线建设方案

武汉船用智能生产线针对船舶与海洋工程机电设备离散制造特点，提出船舶配套行业首个数字化车间解决方案，形成"上下打通、左右联动、精准执行、数字孪生"的数字化环境；开发具有刀具磨损监测与实时调整功能的智能加工单元、具有防呆、防错功能的智能装配管控系统和以大型焊接机器人为核心的高精度复杂构件智能焊接单元，为船舶配套行业提供自主、安全、可控的数字化车间实践案例。

（1）建设方案。

建立以 ERP、ESB、数据管理等为核心的智能化集成环境，形成以产品数据管理（PDM）为核心的研发设计智能化、以智能制造系统（IMS）为核心的生产过程智能化、以物联网（IoT）为核心的产品智能化 3 条应用主线。

①上下打通。

面向"设计—生产—制造—试验—服务"产品全流程，基于企业服务总线和物联网技术，实现 PDM、ERP、MES 等 11 类业务系统的深度集成，实现制造现场到生产管控系统再到企业决策的一体化管理与信息互通。利用 MDM 系统实现全厂 24 类主数据的统一管理与有效共享，借助企业门户建立面向资源整合的集成工作环境，如图 7.2-12 所示。

②左右联动。

公司建立数据体系，形成数据字典，对基础资源管理流程进行优化重构。围绕单一数据源，通过规范定义与流程标准化，集成优化多业务流程，实现生产计划、生产准备、作业执行、工序检验和不合格品处理等制造执行过程的数字化，实现业务处理与系统应用的深入融合。

③精准执行。

实现作业内容直接到位、工艺指导直接到设备、车间透明化数据直接

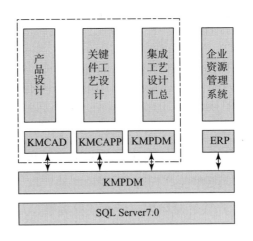

图 7.2-12 PDM 系统体系结构

到管理层,达到工艺及生产管理精细化,人员的操作、机器的动作、生产的调度精准化。

④数字孪生。

利用车间现场生产看板、质检 PAD、工位终端和机床状态监测,配合扫码采集工具,实现车间的透明化管理、物理场景动态展示、数据分析和辅助管理决策;机加工环节实现刀具磨破损预测及振动状态监测与实时调整,保障加工质量;装配环节通过装配过程的流程引导、工步驱动,全尺寸检验,有效实现装配过程的防损、防错功能,降低劳动强度,提高装配质量;焊接环节通过焊工资质管理、焊接工艺知识库和焊接机器人的融合应用,实现焊接工艺的人员匹配、焊接程序知识库的调用和经验积累,保证焊接质量;试验环节进行虚拟样机开发、装配及虚拟试验,提供浸入体验的产品快速、定制化集成设计方案,大幅提升新产品的研发水平。

(2)建设效果。

围绕船用产品"设计—采购—制造—试验—服务"全流程,在船舶配套行业形成首个数字化车间实践案例,成为国家级示范基地,形成核心系统个性化、关键设备智能化的研发制造能力,初步实现产品研发设计周期缩短55.94%、装配效率关键工序作业效率提高40%、工艺变更处理效率提高70%、产品零部件不良品率降低12%、车间生产能源利用率提高35.2%的阶段性成果,对全面提高船舶与海洋配套产品设计、制造与服务能力,助力企业将低成本的竞争优势转变为质量、效益的竞争优势,对促使船海机电设备产业保持持续、健康、稳定的发展具有重要意义。

7.2.7 沪东中华智能生产线/车间建设

沪东中华通过项目监控过程,对项目实施过程中的时间、质量、成本和人员等关键资源进行统筹安排,形成相应的研发成果。通过物联网通信技术、软件开发技术、多终端信息并发采集技术和多终端信息分发展示技术,综合工程分解及知识管理等方法,实现焊机管控项目目标。同时,遵循技术先行原则,联合多家企业开展前期技术探讨交流和技术验证,分批配置数字化焊机进行联网测试,并及时跟踪先进前沿技术,对多个品牌的两代数据采集器进行长期测试,并调整管控系统,在成熟的技术上推进应用推广。

(1) 建设方案。

项目在实施过程中,对焊接生产的数字化管控定义三级分布式结构,包括现场级管控、产品级管控和企业级管控。

其中,现场级管控主要针对焊接操作,包括焊接任务的派发、焊接参数的下传,焊接过程的监测报警以及焊接材料的使用等;产品级管控主要完成焊缝 WPS 匹配、焊接数据库建立以及针对产品的各类统计报表;企业级管控侧重分析焊接电源操作人员、供货渠道等资源配置,以及产品之间的数据整合等事宜。在焊接数字化管控平台上,这三个层级通过网络技术同步运行,各有侧重,为企业焊接生产的各类管控任务,提供数据分析方法和信息处理手段。

——数据查询监控。实时监测焊机工作电压、电流、送丝速度、焊工工号、焊接时间、焊接速度、保护气体、焊丝用量和耗电量等实时数据,并能为管理人员便捷地提供历史数据查询和报表。

——焊机作业任务包的闭环数据管控。通过数字焊机集中管控与公司生产管理系统数据进行交互,读取转化派工信息,按派工信息自动生成焊工工作规范工作包,焊工完工后可反馈数据给生产管理系统生成完工结算信息。

——焊机自由组合分组管理和刷卡便捷领工的业务模式。焊工在指定区域选取焊机使用权限,经资质认定授权焊工刷卡启动相应焊机,并按焊工权限自动下载相应焊接工艺规范(WPS)工作包。

——焊机作业过程中的状态全过程监控模式。通过焊机下载 WPS,按工艺确保焊工规范作业,短时间超限报警,长时间超限停机。通过系统集成,以系统派工为手段,将焊接过程中电流电压、焊接速度、气体流量等工艺数据与焊工、产品关联并记录进系统，导出生成焊接过程记录表，实现焊接记录实名化、信息化。

（2）建设效果。

通过系统的建设和实施，形成具体的业务场景和智能焊接模式，为焊机作业精细化管理和综合分析提供技术手段，通过监测并记录焊机开动时间、实际作业时间、故障诊测，能分析故障率、使用率、能耗相关数据。为降低焊接作业成本提供技术支撑，通过系统自动统计焊材消耗，记录焊材使用量，并根据派工要求，自动生成焊材需求量和焊材型号规格。

参 考 文 献

[1] 辛国斌等. 智能制造探索与实践 [M]. 北京：电子工业出版社，2016.

[2] 国家制造强国建设战略咨询委员会. 智能制造 [M]. 北京：电子工业出版社，2016.

[3] 中国科协智能制造学会联合体. 中国智能制造重点领域发展报告 [M]. 北京：机械工业出版社，2019.

[4] 刘强，丁德宇. 智能制造之路 [M]. 北京：机械工业出版社，2017.

[5] 吴伟仁. 军工制造业数字化 [M]. 北京：原子能出版社，2004.

[6] 陈明，梁乃明，等. 智能制造之路——数字化工厂 [M]. 北京：机械工业出版社，2016.

[7] 蒋明炜. 机械制造业智能工厂规划设计 [M]. 北京：机械工业出版社，2017.

[8] 卢小平，等. 现代制造技术 [M]. 北京：清华大学出版社，2018.

[9] 高丽，秦利，王新等. 装备力量的打造者 [M]. 北京：国防工业出版社，2016.

[10] 欧阳劲松. 对智能制造的一些认识 [J]. 智慧中国，2016（11）：56-60.

[11] 张映锋，张党，任杉. 智能制造及其关键技术研究现状与趋势综述 [J]. 机械科学与技术，2019（3）：329-338.

[12] 许敏. 智能制造若干关键技术研究 [J]. 科技创新与应用，2018（28）：156-157.

[13] 兰雨晴，余丹. "中国制造2025"与军工集团自主可控体系建设 [J]. 中国科技信息，2015（18）：94-95.

[14] 李晓红，苟桂枝，李良琦. 国外国防先进制造技术2016年发展回顾 [J]. 国防制造技术，2016（4）：4-12.

[15] 栾恩杰. 加强制造技术创新促进军工制造业发展 [J]. 国防科技工

业，2003（8）：10-12.

[16] 国防科工局协作配套中心．加速推进国防科技工业"智能制造"体系化建设［J］．国防科技工业，2015（9）：44-46.

[17] 祁萌，李晓红．美、日等军事强国智能制造装备发展策略分析［J］．国防制造技术，2017（3）：6-8.

[18] 工业和信息化部，国家标准化管理委员会．国家智能制造标准体系建设指南（2018年版）．

[19] 国家工业和信息化部，财政部．智能制造发展规划（2016—2020年）.

[20] 徐玮，常林，范召舰等．未来智能工厂的发展前景分析［J］．南方农机，2018（3）：16.

[21] 周畅．德国智能工厂-工业4.0的样本［J］．宁波经济，2015（1）：48-50.

[22] 黄培，孙亚婷．智能工厂的发展现状与成功之道［J］．国内外机电一体化技术，2017（6）：28-32.

[23] 卢秉恒，邵新宇，张俊，等．离散型制造智能工厂发展战略［J］．中国工程科学，2018（4）：44-50.

[24] 梅雪松，刘亚东，赵飞．离散制造型智能工厂及发展趋势［J］．南昌工程学院学报，2018（1）：1-5.

[25] 钱泉，耿贵宁，苏禹，等．智能工厂网络安全体系研究［J］．微型机与应用，2017（13）：1-6.

[26] 张泉灵，洪艳萍．智能工厂综述［J］．自动化仪表，2018（8）：1-5.

[27] 刘磊．智能工厂建设理论与实践探索［J］．科技经济导刊，2016（16）：192-193.

[28] 乔运华，赵宏军，王啸．基于两化融合管理体系思想的智能工厂建设规划［J］．制造业自动化，2017（6）：77-80.

[29] 周安亮，屈贤明．走向智能工厂的路径［J］．装备制造，2015（4）：80-81.

[30] 龚东军，陈淑玲，王文江，等．论智能制造的发展与智能工厂的实践［J］．机械制造，2019（2）：1-4.

[31] 焦洪硕，鲁建厦．智能工厂及其关键技术研究现状综述［J］．机电工

程，2018（12）：1249-1258.

[32] 龚涛，赵赫男. 智能工厂新型数据采集系统构建［J］. 信息技术与网络安全，2018（3）：15-19.

[33] 欧阳劲松. 智能工厂建设的思考与建议［J］. 电气时代，2018（7）：40-41.

[34] 彭瑜. 智能工厂、数字化工厂及中国制造［J］. 自动化博览，2015（1）：28-31.

[35] 李利民，侯轩，毕晋燕. 高端装备制造业智能工厂建设思路和构想［J］. 科技创新与生产力，2016（4）：16-19.

[36] 杜品圣. 德国智能工厂建设路径［J］. 中国工业评论，2016（1）：44-54.

[37] 杨春立. 我国智能工厂发展趋势分析［J］. 中国工业评论，2016（1）：56-63.

[38] 李想. 智能工厂建设的主要模式及国内外发展现状［J］. 中国航空报，2018.7.26，第007版.

[39] 黄珊，李晓红. 国外典型军工企业智能工厂建设案例［J］. 国防制造技术，2017（4）：4-8.

[40] 中国兵器工业集团第二一〇研究所. 先进制造领域科技发展报告［M］. 北京：国防工业出版社，2018.

[41] 孙红俊，张文杰，张利艳. 美欧先进军工企业航天制造智能化发展分析［J］. 卫星应用，2019（6）：26-31.

[42] 缪学勤. 智能工厂与装备制造业转型升级［J］. 自动化仪表，2014（3）：1-6.

[43] 王保民，张淑敏. 离散型制造业智能工厂建设思路与关键要素分析［J］. 国防制造技术，2016（3）：26-29.

[44] 张伦彦. 面向工业4.0的精益生产线设计和实施方法［J］. 航空制造技术，2014（18）：44-47.

[45] 罗凤，石宇强. 智能工厂MES关键技术研究［J］. 制造业自动化，2017（4）：45-49.

[46] 王锦程，谢蕾，李欣冀，等. 智能工厂框架下的MES系统构建与应用［J］. 智能制造，2018（1）：25-28.

[47] 龙罡，江涛，龚振宇. 工厂智能制造及物联网系统的规划设计研究

[J]．中国设备工程，2018（4）：206-207．

[48] 习阳．物联网技术在军工行业的应用［J］．兵工自动化，2010（12）：59-60．

[49] 柏芸，张蓬，聂题．浅探物联网在智慧军工的应用及智慧军工产业链［J］．中国军转民，2014（12）：61-62．

[50] 李方园．智能工厂关键技术应用［J］．自动化博览，2018（8）：72-74．

[51] 蒋明炜．工业互联网与智能工厂［J］．中国工业评论，2016（1）：31-36．

[52] 曹建福，陈乐瑞．智能工厂中的工业物联网技术［J］．自动化博览，2018（5）：72-76．

[53] 张力．大数据平台在航天领域中的应用［J］．数字通信世界，2013（12）：26-28．

[54] 施文昊．大数据时代下的智慧军工——浅析智慧化工业模式下军工行业如何抓住机遇发挥优势［J］．中国航天报，2015（7）．

[55] 胡亮，刘洋．工业大数据在航天制造领域的集成应用研究［J］．军民两用技术与产品，2015（12）：48-51．

[56] 邱勇．雷达装备大数据网络化研制平台体系构建［J］．雷达与对抗，2016（3）：67-70．

[57] 谷满仓，苏婕．浅析大数据思维在科研生产管理中的应用价值［J］．航天工业管理，2013（12）：4-7．

[58] 孙为军，谢胜利，汪谷银．智能工厂工业大数据云平台的设计与实现［J］．广东工业大学学报，2018（3）：67-71．

[59] 龙罡，江涛，龚振宇．工厂智能制造及物联网系统的规划设计研究［J］．中国设备工程，2018（4）：206-207．

[60] 陈璐，王旭东．物联网技术在军工行业的应用［J］．电子技术与软件工程，2014（4）：35．

[61] 张振山，陶耀东．浅析军工武器装备智能制造网络安全防护体系［J］．保密科学技术，2018（3）13-17．

[62] 张伦彦，面向工业的精益生产线设计和实施方法［J］．航空制造技术，2014（18）：44-47．

[63] 高星海，从基于模型的定义（MBD）到基于模型的企业

（MBE）——模型驱动的架构：面向智能制造的新起点[J]．智能制造，2017（5）：25-28．

[64] 张伦彦．基于模型定义和智能设备的新一代航空工厂[J]．航空制造技术，2013（8）：44-48．

[65] 范玉青．基于模型定义技术的发展及应用[J]．金属加工，2015（1）：12-18．

[66] 张晓鹏．建设数字化制造平台提升企业生产水平[J]．航空制造技术，2014（14）：61-63．

[67] 吴云峰，邱华，胡华强．面向设计与制造的数字化工厂平台[J]．中国制造业信息化，2011（1）：1-5．

[68] 刘进，关俊涛，张新生．虚拟工厂在智能工厂全生命周期中的应用综述[J]．成组技术与生产现代化，2018（1）：20-26．

[69] 刘春，郭大鹏．虚拟制造技术在飞机设计与制造中的应用[J]．航空制造技术，2017（21）：34-38．

[70] 王保民，张淑敏．离散型制造业智能工厂建设思路与关键要素分析[J]．国防制造技术，2016（1）：26-29．

[71] 蔡敏，汪挺，商滔．面向制造企业的数字化工厂评估[J]．科技管理研究，2016（15）：63-69．

[72] http：//w2．siemens．com．cn/de-assessment．

[73] 岳军．数字化工厂的构建[J]．电子工艺技术，2017（4）：193-196．

[74] 柏隽．数字化工厂的框架与落地实践[J]．中国工业评论，2016（5）：28-33．

[75] 亚楠．数字化工厂核心——MES与制造企业方案[J]．中国工业评论，2017（10）：92-96．

[76] 施宇锋．数字化工厂及其实现技术综述[J]．可编程控制器与工厂自动化，2011（11）：37-39．

[77] 李守殿．数字化工厂建设方案探讨[J]．制造业自动化，2018（4）：109-114．

[78] 杨兴根．由"机械军工"向"数字军工"转变[J]．航空科学技术，2004（1）：39-40．

[79] 欧阳劲松，刘丹，杜晓辉．制造的数字化网络化智能化的思考与建

议［J］．仪表仪器标准化与计量，2018（2）：1-6．

[80] 王德学．浅谈西门子数字化工厂体系［J］．锅炉制造，2016（6）：60-64．

[81] 单继东．航空发动机制造企业智能工厂建设［J］．航空制造技术，2018（15）：70-77．

[82] 曹志涛．航空发动机智能生产线架构与集成应用技术［J］．航空动力，2019（1）：61-64．

[83] 杜宝瑞．航空智能工厂的基本特征与框架体系［J］．航空制造技术，2015（8）：26-31．

[84] 钟立胜．航空装备制造企业——智能工厂的特点与建设策略［J］．测控技术，2018（37）．

[85] 李慧丽．航天智能工厂建设的几点思考［J］．网信军民融合，2017（8）：50-54．

[86] 谢颖．军工电子企业智能工厂规划方案浅析［J］．电子世界，2018（8）：5-7．